CLAUDE DERBLAY

ROGER DE COMMINGES

SIEUR DE SAUBOLE

GOUVERNEUR DE METZ

1553-1615

> " Le contraire des bruits qui courent des affaires ou des personnes est souvent la vérité. "
>
> LA BRUYÈRE

PARIS (V⁰)

LES PRESSES UNIVERSITAIRES DE FRANCE

49, Boulevard Saint-Michel, 49

ROGER DE COMMINGES

SIEUR DE SAUBOLE

GOUVERNEUR DE METZ

1553-1615

CLAUDE DERBLAY

ROGER DE COMMINGES

SIEUR DE SAUBOLE

GOUVERNEUR DE METZ

1553-1615

> " Le contraire des bruits
> qui courent des affaires ou
> des personnes est souvent
> la vérité. "
>
> LA BRUYÈRE

PARIS (Vᵉ)

LES PRESSES UNIVERSITAIRES DE FRANCE

49, Boulevard Saint-Michel, 49

1927

A LA MÉMOIRE

DE MON PÈRE

I

UN CADET DE GASCOGNE

L'histoire est un pays de Cocagne : elle abonde en terres inexplorées. D'un voyage de découverte nous avons rapporté ce livre, dont on peut dire que le héros, Roger de Comminges, sieur de Saubole, est le personnage à la fois le plus connu, le plus inconnu, et le plus méconnu du passé messin.

Il était Gascon, et non des moindres. Les Comminges-Péguilhan, par leur auteur Aymeric, prétendaient descendre des premiers souverains du pays (1), fait admis par la tradition locale, mais contesté par l'histoire généalo-, gique (2), bien qu'en Comminges la maison de Péguilhan, portant le nom et les armes des anciens comtes, eût le pas sur toutes autres. Les Saubole en formaient la principale branche cadette. Leur seigneurie, haut perchée sur un escarpement boisé, dominait le bourg d'Espaon près Lombez. C'est là qu'en septembre 1553 naquit notre héros, du mariage de Jean de Comminges, sieur de Saubole, avec Madeleine d'Espagne (3). Il fut, sinon leur pre-

---

(1) L'ancien Comminges comprenait les départements actuels de Haute-Garonne, Ariège et Hautes-Pyrénées : régi par une dynastie locale, il passa après son extinction aux rois de France (1453).

(2) V. le P. Anselme, t. II, p. 659.

(3) D'une famille qui, elle aussi, se réclamait des anciens comtes de Comminges.

mier enfant, du moins leur fils aîné : baptisé en l'église
d'Espaon, il eut pour parrain le chef de famille, Roger
de Comminges, baron de Péguilhan, qui lui tint lieu de
père lorsque, quatre ans après, Jean de Comminges-Saubole, champion des guerres d'Italie, périt devant Turin
d'une mort glorieuse.

L'éducation de l'orphelin fut soignée : il chassait à
l'oiseau, courait la bague, maniait la plume comme l'épée :
ce qui, avec une belle prestance, fit bien augurer de son
avenir. Roger n'était pas riche : mais l'ère des guerres de
religion s'ouvrait : en temps de troubles, un cadet de
Gascogne bien né, bien bâti, bien doué et bien élevé, peut
se promettre une brillante carrière.

Elle commença tôt pour lui. « Brûlant, comme feu son
père, de combattre pour son roi et sa patrie », il se jeta,
dès quatorze ans, au fort de la mêlée. Tantôt sous l'étendard de M. de la Valette (1), tantôt sous celui du fameux
Monluc, on le vit à Saint-Denis, Chartres, Poitiers, Châ-
tellerault, Saint-Jean-d'Angély, Clairac, La Rochelle,
Mont-de-Marsan, Jarnac et Moncontour. La gloire et la
mort le frôlèrent maintes fois, surtout à cette dernière
bataille, où chargeant l'ennemi aux côtés d'Henri de
Guise et « porté par terre » près du duc blessé, il « reçut
tant de coups sur son casque qu'il lui fut tout enfoncé ».
Sans le secours du chirurgien du prince, c'en eût été fait de
notre jeune guerrier. Il venait d'avoir seize ans. « Et depuis,
ajoute son biographe Du Gué (2), il n'y eut aucune occasion de monter à cheval et effort fait par la noblesse de
Guyenne et de Languedoc qu'il ne s'y trouvât, tant que
les guerres civiles ont duré ». Entre temps, il se signalait
dans les joûtes, tournois et autres divertissements che-
valeresques « en telle sorte que, de la bouche de ses rois

(1) Mestre de camp de cavalerie, père du duc d'Épernon.
(2) Discours sur l'extraction, naissance, alliances, affinitez, charges
et fortunes de Messire Roger de Commenge, seigneur de Saubole. Ms. de
Du Gué, son secrétaire, *B. n. fr.*, 4828 f° 131.

et des premiers du royaume, lui et ses deux frères (1) étaient réputés des meilleurs gens d'armes de France, *et lui particulièrement nommé l'un des beaux gens d'armes de son temps* ».

De ces « premiers du royaume », le plus en vue était Jean-Louis de la Valette, duc d'Épernon. On connaît la féérique ascension de ce gentillâtre gascon devenu, en quelques années, plus puissant que le roi même. Duc et pair, colonel général de l'infanterie française, gouverneur des Trois-Évêchés, il éclipsait Henri III par l'étendue de ses ressources, le faste de sa maison, l'importance de sa suite où brillaient les plus grands noms de France ; mais, politique habile, le favori la recrutait surtout parmi ses compatriotes : aussi toute la Gascogne affluait-elle chez lui, et par lui chez le roi, qu'il entourait de gens dévoués à sa fortune. Allié aux Comminges par sa mère (2), il enrôla les trois Sauboles qui, jeunes, beaux, braves, flamberge au vent, fleur-de-lys au cœur, constituaient des sujets d'élite. Roger, surtout, inspira confiance au roi. Il n'avait rien du Gascon traditionnel, insouciant, bavard, vif comme la poudre et gai comme un pinson. D'Épernon et lui « personnifiaient une variété moins connue du type local : le Gascon silencieux, méditatif et concentré ». Henri III baptisa notre héros *Discret*. A quel point il méritait ce surnom, c'est ce que montrera toute son histoire.

Il arrivait au Louvre à l'heure critique. Le roi venait de perdre son dernier frère, dont la mort déchaînait une meute d'ambitions rivales. L'infante Isabel et le marquis de Pont, neveux d'Henri III (3), le roi de Navarre son cousin, et le duc de Guise, chef de la Ligue, préten-

(1) François et Nicolas, nés après lui.
(2) Née Jeanne de Saint-Lary.
(3) Enfants de ses sœurs, Élisabeth, mariée à Philippe II d'Espagne (d'où l'infante) et Claude, mariée à Charles III de Lorraine (d'où le marquis, leur fils aîné).

daient au trône, les uns en vertu de la loi naturelle, l'autre
en vertu de la loi salique, le dernier en vertu du choix
populaire. Chacun menaçait le voisin, tous menaçaient
le roi. Pour sauvegarder la vie et la liberté du prince,
quarante-cinq gentilshommes, triés sur le volet, veillèrent
jour et nuit sur sa personne. *Discret créa cette garde*, pro-
mise à une célébrité terrible. « Il reçut, dit Du Gué, l'éli-
tion et charge d'aller en Guyenne reconnaître et amener,
comme il fit, un des bons partis de gentilshommes, dont
il forma le nombre de quarante-cinq », et la « refiance de
Sa Majesté parut, en outre, aux voyages particuliers qu'il
fit en Espagne (1) », vraisemblablement à la même date
(fin 1584). Un sien cousin et frère d'armes, Bernard de
Barran, sieur de Puylausic, mourut vers ce temps, lui
léguant sa terre de Chantelle, et, sous le bon plaisir du
roi, *sa charge de capitaine gouverneur de la ville et du château de Saint-Béat* (2). Henri III confirma cette donation
par lettres patentes du 25 janvier et le nouveau gouverneur prêta serment « es mains du chancelier le 15 mars
ensuivant ».

Un sage n'eût pas désiré plus : mais comment vivre
aux champs quand on a tâté de la cour ? et qu'était
Saint-Béat au prix de Metz où un haut emploi attendait
Discret ? Il doublait ce cap de la trentaine où commence
le règne impérieux de l'ambition. Tournant le dos au
bonheur paisible qu'il eût apprécié vingt ans après, notre
héros quitta la Gascogne pour la ville fameuse où se fixe-
ront désormais ses destins.

(1) Il avait, par sa mère, des parentés en Aragon.
(2) Saint-Béat, près Saint-Gaudens. Puylausic et Chantelle (aujour-
d'hui Enchantelle), près Lombez.

II

UNE NOBLE CITÉ

Depuis trente-trois ans que Metz faisait partie du royaume, sa condition, entre ses sœurs, était unique et singulière. Cité romaine, puis capitale d'Austrasie, elle fut longtemps ville libre impériale, c'est-à-dire ville indépendante jouissant, sous la protection de l'empereur, des privilèges d'une riche et puissante république. Ce régime l'avait peu préparée à subir un maître : aussi, lorsqu'il l'eut occupée en 1552, Henri II reconnut combien il serait difficile de gouverner cette fière cité qui se considérait non comme ville annexée, mais comme pays de protectorat. La constitution du Saint-Empire permettait ce compromis : celle de l'État français, non. Le Saint-Empire, fédération d'États disparates rattachés par un lien très lâche à un pouvoir central faible et lointain, laissait à ses membres une liberté incompatible avec l'organisation de la France, pays de forte unité nationale, régi par un monarque absolu. Un tel prince ne pouvait, sans danger pour son peuple et pour lui, accepter qu'une ville fît bande à part et prétendît former un État dans l'État. Il était à prévoir que la royauté française, assimilant les Messins à ses sujets, tenterait de leur imposer sa domination souveraine, qu'ils défendraient contre elle leur indépendance, que l'empereur les soutiendrait dans l'espoir de recouvrer « son bien », et que les princes voisins pêcheraient en eau trouble à qui mieux mieux. Ce sont, en effet, les dominantes de l'histoire de Metz à l'époque de notre récit (1).

Les Messins conservaient leurs institutions sous la suprématie et le contrôle du pouvoir royal. Un corps analogue aux États généraux français s'occupait des grandes affaires : on donnait à l'ensemble de ses représentants le nom de *Gens des trois Ordres*, ou plus simplement d'*État*. Convoquée dans les circonstances graves, cette assemblée adressait au roi des cahiers de doléances, et envoyait des députés soutenir en cour les intérêts de la cité. Les magistrats principaux étaient le *maître-échevin* assisté de *conseillers*, et les *Treize*, chargés de la police et de la justice. Ces fonctions, jadis réservées aux paraiges (familles patriciennes), avaient passé à la bourgeoisie et dépendaient du *gouverneur, lieutenant général de Sa Majesté*. A côté des magistrats locaux, Henri II créa, pour rendre la justice en son nom, un officier appelé *président*, qui jugeait toutes les causes volontairement apportées à son tribunal.

Tout cela n'alla pas sans luttes. Le protecteur avait la main leste, les protégés, la tête près du bonnet. Ils n'entendaient pas « se laisser mettre la corde au col » et regimbaient avec une vigueur parfois rude aux représentants civils du roi. Heureusement pour ceux-ci, on leur adjoignit, dans le *gouverneur de la citadelle*, un collègue dont l'assiette et le poids donnaient à penser aux plus mutins. C'était une imposante personne que cette citadelle (2), construite pour défendre la ville contre l'ennemi du dehors et tenir en respect celui du dedans. Nantie

---

(1) Ceci n'est pas l'étude du régime messin, mais seulement le cadre où s'inscrira la vie de notre héros.

(2) L'Esplanade et ses dépendances occupent aujourd'hui son emplacement.

d'une compagnie de 400 hommes, elle formait une petite cité à l'entrée de la grande : on en peut voir la disposition intérieure sur le beau plan que l'imprimeur Fabert, père du maréchal, a tracé de Metz à cette époque. Extérieurement, la forteresse développait un long rectangle flanqué de quatre bastions : deux d'entre eux, le bastion Royal et le bastion Saint-Pierre, regardaient la ville ; des deux autres, l'un, le bastion d'Enfer, dominait la vallée de la Moselle, l'autre, le bastion Champenoise, dominait celle de la Seille. On avait là l'une des plus belles vues de France : au pied des bastions Saint-Pierre et d'Enfer, la Moselle coulait, majestueuse, au milieu d'îles dont les prés verdoyants et les beaux bouquets d'arbres enchantaient le regard. Au loin ondulaient des collines aux formes douces, aux couleurs plus douces encore lorsqu'elles apparaissaient baignées de la fraîche lumière du matin ou caressées par les derniers feux du couchant. La plus proche, le mont Saint-Quentin, faisait face au bastion Saint-Pierre ; une église couronnait pittoresquement ses flancs couverts de vignobles d'où émergeaient les maisons des quatre villages dont elle était le centre paroissial. Plus loin, sur la rive gauche, on apercevait Moulins blotti dans la verdure, et sur la droite la grasse plaine de la Seille étalée au pied de collines dont la plus haute, terminant la perspective, dressait au-dessus de Corny et d'Augny la romantique silhouette du château Saint-Blaise. La molle beauté de ce paysage ressortait plus encore dans le cadre de pierre et de fer de la forteresse, posée là comme un défi de l'homme à la nature, et veillant, sentinelle farouche, au seuil de la cité.

Sous cette protection menaçante, les habitants n'étaient pas fort à l'aise. Séparée d'eux par des fossés extraordinairement larges et profonds (1), la citadelle les

_____

(1) La place de la République marque l'étendue des fossés et remparts.

dominait de ses remparts épais de dix pieds, du haut
desquels « des canons sans nombre » braquaient sur les
rues des Clercs et Serpenoise leurs gueules prêtes à cra-
cher la mort. De plus, une bonne garnison occupait la
ville. En déterminer le chiffre est impossible dans ces
années troublées où le nombre et la composition des
effectifs variaient sans cesse. Néanmoins, d'après un
texte dont nous parlerons en temps et lieu, on voit qu'en
octobre 1588 les troupes royales messines comprenaient
environ 1500 hommes, répartis en une dizaine de compagnies, et commandés par une cinquantaine d'officiers généralement appelés *capitaines*. Ce titre du commandant
de la compagnie s'étendait alors au lieutenant, à l'enseigne, et même au maréchal des logis. En un temps où
l'officier tournait au chef de bande, les capitaines étaient
une puissance. Ceux de la garnison de Metz traitaient
le gouverneur en collègue, paradant à ses côtés dans les
cérémonies, lui donnant avis dans les cas importants,
le représentant auprès du roi ou des princes étrangers,
et s'unissant pour le renverser quand il avait cessé de
leur plaire.

On juge si des gens de cette humeur ménageaient les
villes où ils séjournaient. Il n'était cité pourvue d'une
garnison qui ne rebattît de ses plaintes les oreilles de
Sa Majesté. Comment en eût-il été autrement, avec un
système qui imposait à la population civile la plus gê-
nante partie des charges militaires ? Les troupes n'avaient
pas de casernes ; elles logeaient chez l'habitant : ce qui,
surtout alors, entraînait tout un monde d'abus. Sans
doute, il y avait des règlements : le maréchal des logis
devait départir « les chambres » aux gens de guerre selon
leur grade et dans des conditions déterminées. « Deffense
aux capitaines et gens de guerre, dit le règlement de 1583,
de prendre autres logis que ceux qui leur seront ordonnés ;
et se contentera le capitaine de deux chambres et une
estable ; le lieutenant et enseigne d'une chambre et une

guarde-robe à chacun, sans toutes fois que l'hoste soit deslogé. Et deffense aux dits capitaines de souffrir que lesdites maisons soient ruinées par ceux de leur suite ». De même les meubles, linge et ustensiles nécessaires devaient être fournis par un *munitionnaire*, aux termes d'un contrat passé avec le roi. Mais les guerres civiles ayant détruit l'administration comme la discipline, le contrat du munitionnaire n'avait pas été renouvelé et la charge des fournitures retombait sur les habitants. Les capitaines, rois au petit pied, se souciaient du règlement comme d'une guigne ; ils s'installaient dans les plus belles maisons, prenaient les meilleures chambres et mettaient leurs occupants dehors. Un logis leur convenait-il ? ils n'en bougeaient plus, et le propriétaire en pouvait faire son deuil. Survenait-il quelque inconvénient ? ils changeaient de local jusqu'à complète satisfaction.

C'étaient là de grands maux : pourtant, ce n'étaient pas les pires. S'il est dur de vivre avec des intrus, il est plus dur de les faire vivre : et c'est à quoi le malheur des temps condamnait les sujets du roi. En théorie, l'entretien et solde des troupes incombait à Sa Majesté. En pratique, Sa Majesté, à court d'argent, empruntait aux habitants les deniers voulus : on leur baillait, en retour, *une assignation*, c'est-à-dire un mandat les autorisant à percevoir eux-mêmes certaines sommes dues au roi, à divers titres, par les provinces, villes ou particuliers de son royaume. Ce mode de remboursement comportait maints aléas : les débiteurs de Sa Majesté ne pouvaient ou ne voulaient payer, ses trésoriers élevaient des difficultés ; un créancier plus qualifié ou plus adroit coupait l'herbe sous le pied des porteurs de l'assignation : si bien que les prêts au roi n'étaient guère que des dons forcés. L'emploi de cet argent rendait sa perte encore plus amère aux bourgeois : car il passait tout entier aux hôtes incommodes dont la présence empoisonnait leur vie.

De toutes les villes affligées de cette calamité, **Metz** était celle qui en souffrait le plus : non que ses charges fussent plus lourdes, mais elle les portait plus impatiemment. Le roi était le maître de ses sujets : libre à lui de leur imposer des troupes. Il n'était que le protecteur des Messins : dès lors, pourquoi une citadelle et une garnison ? N'était-ce pas faire injure à un peuple loyal qui, de lui-même, eût gardé la ville à Sa Majesté ?

Si légitime que fût ce point de vue, le roi ne pouvait s'y ranger : il eût risqué de perdre la ville la plus exposée de France aux convoitises des princes voisins. « Puissante ville de Metz, s'écriera Bossuet plus tard, ô belle et noble cité ! il y a longtemps que tu as été enviée : ta situation trop importante t'a presque toujours exposée en proie ! » Proie tentante, en effet, qu'une cité réunissant tous les avantages de situation, de fortune, de rang et de beauté. Aussi, « comme une belle et riche fille à marier, était-elle ardemment recherchée, muguetée et sollicitée. » L'électeur palatin, le duc de Lorraine, l'empereur, et le roi d'Espagne la courtisaient à l'envi. Elle savait sa valeur et n'en était pas peu fière. Clef de France et d'Allemagne, dans une des plus fortes positions militaires qu'on pût voir, cité opulente au milieu de fertiles campagnes, elle dominait le *Pays messin*, vaste territoire qui ne comprenait pas moins de 265 localités (1) formant à leur reine une couronne de florissants villages. On y cultivait du blé, des vignes qui donnaient un excellent vin, des arbres fruitiers dont les produits faisaient la gloire du marché de Metz. Le commerce de la ville était actif, son industrie prospère. On vantait le luxe de ses demeures et les fêtes somptueuses qui, dans les circonstances solennelles, offraient leurs magnificences à l'admiration des visi-

(1) Répartis entre 7 régions : Val de Metz (rive gauche Moselle), Ile (entre Moselle et Seille), Saulnois (région de Seille), Haut-Chemin (entre Moselle et Nied), Franc-Alleu (est de Seille), Ban de Bazailles, Terre de Gorze.

teurs. Ces jours-là, *Metz-la-riche*, justifiant son surnom, se montrait sous un aspect particulièrement imposant : car cette cité marchande avait de la race, et il n'était pas une pierre de ses édifices qui ne portât l'empreinte de sa noblesse. Les fondements de ses murailles dataient des Césars. Ça et là, on rencontrait, dans la ville, « de grands carreaux de marbre, de jaspe, de pierre ophite », reliques des thermes et des palais d'antan ; pour fonts baptismaux, sa cathédrale avait « une cuve de porphyre, du plus beau, de forme ovale, ample à merveille » ; des colonnes antiques enrichissaient le portail de l'Évêché, la porte du Pont-des-Morts ; enfin l'on voyait un peu partout des statues, des inscriptions romaines, des ornements d'architecture, « marques de la puissance des anciens Messins et de la grandeur et magnificence de la ville qu'ils habitaient. » Bien qu'amoindrie par les nécessités de la défense, elle n'avait rien perdu de son fier aspect. « La grandeur de son enceint, dit avec orgueil un de ses citoyens (1), ses belles rivières traversées de tant de beaux ponts, ses belles et grandes places, son Champpassaille (2) environné d'arcades, capable de tenir 10.000 hommes en bataille, ses grands et superbes édifices religieux et profanes sur tous lesquels enchérit celui de la cathédrale, les belles et agréables avenues qui se rencontrent en ses sorties, d'un côté les collines, de l'autre les plaines, et de tous la fertilité du terroir, suffisent pour confirmer l'assertion qu'elle est encore à présent l'une des plus belles villes de l'Europe ».

Laisser sans garde un pareil trésor eût été folie au roi. Le laisser à la garde des Messins n'eût guère été plus sage : car ils avaient toujours été trop divisés pour qu'on pût se fier à tous et chacun. Leur histoire, comme celle

(1) P. Joly, *Le voyage du Roi à Metz*, in-fol. publié en 1610 par Abraham Fabert.

(2) Champ-à-Seille, théâtre des assemblées, exécutions et fêtes populaires.

de toutes les petites républiques, abondait en discordes : révoltes des citoyens de Metz contre leurs évêques, luttes des grands dignitaires ecclésiastiques contre les magistrats, émeutes du peuple contre les paraiges, représailles de ceux-ci, antagonisme de classes et de familles, maintenaient jadis la ville en perpétuelle ébullition. L'occupation française et les progrès de la Réforme avaient substitué de nouveaux conflits aux anciens. La crise que traversait la France ouvrait un champ favorable aux entreprises étrangères. Comment compter que les Messins, entourés d'adversaires du roi et sans cesse sollicités par eux, resteraient fidèles à un prince que ses propres sujets combattaient ? De fait, le roi ne pouvant licencier, réduire, entretenir ni payer la garnison, il en résultait une situation intolérable, un état de souffrance et de mécontentement habilement exploité par l'ennemi. Les passions religieuses servaient ses desseins. Metz, depuis un demi-siècle, était l'asile de nombreux huguenots : si la domination du roi très-chrétien l'avait empêchée « de dégénérer en une Genève », elle n'avait arrêté ni le flot des immigrants, ni leur ingérence dans les affaires de la cité. En 1585, ils formaient presque la moitié de la population (1) et détenaient 87 charges publiques. Les catholiques envahis faisaient tête, et les deux partis se déchiraient, appuyés par leurs coreligionnaires étrangers, protestants allemands, catholiques espagnols et lorrains.

Telle était la cité qu'Henri III, pensant bien faire, avait, en juillet 1583, confiée au dévouement du duc d'Épernon.

_____

(1) Metz comptait environ 20.000 âmes.

III

DISCRET A METZ

Il s'en fallait que le favori répondît aux vues de son prince ! Gorgé de biens et d'honneurs, il entendait sauvegarder sa monstrueuse fortune. Aussi, dès qu'il fut gouverneur de Metz, voulut-il reconstituer l'ex-royaume d'Austrasie. Les serviteurs d'Henri III firent place aux siens : son cousin Moncassin s'installa dans la citadelle, en attendant que le lieutenant général La Verrière passât la main à quelque autre.

L'occasion s'offrit en 1585. Au mois d'avril, les ligueurs prirent l'offensive et Guise attaqua les Trois-Évêchés. Toul et Verdun lui ouvrirent leurs portes. Il espérait pareil succès à Metz, où plusieurs capitaines tenaient pour lui, entre autres Missart et son lieutenant, de Foz et le sien, la Forêt, lieutenant de la compagnie du sieur de La Route, gouverneur de Marsal (1), et le mestre de camp La Route, frère cadet dudit gouverneur. Ces frères La Route, meneurs de l'entreprise, étaient deux ambitieux dont l'orgueil s'accommodait mal du second rang. Guise leur avait promis merveilles, ainsi qu'au sieur de Moncassin, qu'il comptait gagner. Proche parent du duc d'Épernon, Moncassin lui devait beaucoup. Mais le duc était un terrible maître. « Sa manière d'obli-

(1) Place forte sur la Seille, dépendant de Metz.

ger, dira plus tard un contemporain, ne gagne nullement
le cœur des personnes... Qui s'engage à lui, entre en ser-
vitude... S'il fait bien à quelqu'un, il le lui fait tellement
sentir, que cela même l'en dégoûte. » Les hommes, pour
d'Épernon, n'étaient que des instruments : en tout et
pour tout, il ne songeait qu'à lui. Moncassin suivit ce
noble exemple. Qui l'emporterait du roi ou de la Ligue ?
là était pour lui toute la question. Mais sa femme, hugue-
note fervente, l'adjura de ne pas céder : son collègue La
Verrière parla de trancher la tête aux traîtres, et les officiers guisards, sentant la partie perdue, s'enfuirent à
Marsal.

La Ligue se rattrapa sur « bon nombre des meilleures
places de l'État » qu'Henri III lui abandonna par le
désastreux traité de Nemours. La religion catholique
était seule reconnue en France : les huguenots devaient
s'y convertir ou quitter le royaume. Toutefois, en vertu
des privilèges de Metz, il ne serait rien innové à cet égard
dans l'étendue de son gouvernement. On peut penser
si les catholiques fulminèrent. Eh quoi ! l'hérésie triom-
pherait, au mépris de toute loi ! Non, non, pas de privilèges ! les huguenots de Metz devaient être traités
comme ceux de France. Bon gré mal gré, Henri III dut
en donner l'ordre : les protestants messins eurent un
mois pour y obéir. Ils n'en firent rien, demandèrent des
sursis, envoyèrent des ambassades, tant et si bien qu'im-
patientés, La Verrière et le président Viart (1) les som-
mèrent d'abjurer ou de s'en aller. Ils n'abjurèrent ni ne
s'en allèrent, et un terrible orage allait éclater lorsqu'apparut à Metz le duc d'Épernon dont la venue, dit le pas-
teur Buffet, « fut comme un soleil qui dissipa les épaisses
ténèbres » (6 décembre). Le roi et lui s'étaient entendus
pour contenter, autant que possible, les deux partis :
les protestants resteraient à Metz, mais renonceraient

---

(1) Président royal, grand ennemi des protestants.

aux fonctions publiques, réservées aux seuls catholiques.

Ce point réglé, d'Épernon s'occupa de la citadelle. Il
fallait là un homme sûr. Cet homme, le duc l'avait sous
la main : c'était Discret (1). Quant à Moncassin, on lui
dorerait la pilule en lui donnant la place de La Verrière,
dont les démêlés avec les huguenots serviraient de prétexte pour l'éloigner. Viart partagea son sort. Tous deux
quittèrent Metz le jour même (26 décembre) où notre
héros « *remplaça au gouvernement de la citadelle le sieur
de Moncassin*, établi lieutenant général... pour tenir cette
charge alternativement avec le sieur de La Verrière...
non révoqué ». — « J'ai réduit toutes choses, écrivit
d'Épernon à Henri III, au meilleur état que faire se
peut pour le service de Votre Majesté ». — *Pour mon
propre service*, eût été plus juste : autrement, le rusé
Gascon eût-il chassé les deux représentants du pouvoir
royal, gens fidèles auxquels on n'avait rien à reprocher ?
Telle qu'il venait de l'organiser, *Metz échappait au roi
comme à la Ligue ; un seul pouvoir y subsistait : celui des
lieutenants du duc.*

D'Épernon prenait ses sûretés : qu'Henri III, vaincu
par Guise, lui sacrifiât son favori, celui-ci resterait fort
à Metz, si ses autres gouvernements lui étaient enlevés.
En attendant, à ceux qu'il avait déjà (Metz, Loches, Boulogne, Provence), il ajouta en octobre 1587 ceux d'Aunis,
Saintonge, Angoumois, Normandie. Cependant Guise
progressait. Paris complotait de lui livrer le roi, qui interdit à l'audacieux prince l'entrée de la capitale et arrêta
un plan de défense avec d'Épernon. Le duc, sous couleur
de prendre possession de la Normandie, s'assurerait de
Rouen, puis du Hâvre, où l'on mettrait Discret, retiré
de Metz. Les gouverneurs de Chartres et de Pontoise

(1) Pourvu le 15 juin de la compagnie de Missart, il eut ordre le
26 novembre de la mettre en pied et conduire à Metz, où il fit son
entrée en décembre 1585 (Du Gué).

étaient fidèles : on gagnerait celui d'Orléans. Dans Paris,
ainsi bloqué, on renforcerait les gardes ; on ferait venir
les Suisses de Lagny : et si le peuple regimbait, les armes
ou la famine en auraient raison. Ce plan s'exécuta. Tandis
que le roi expédiait ses ordres à Guise, d'Épernon dépêchait à Discret son frère Nicolas (1) pour le ramener en
hâte. La troupe épernonienne, partie le 26 avril 1588, gagna
le Hàvre : mais Villars-Brancas, qui y commandait pour
la Ligue, montra les dents. Déçus, nos gens s'en furent
à Rouen, sans se douter qu'à ce moment même le trône
d'Henri III s'écroulait. Les Parisiens alarmés avaient
appelé Guise ; on sait le reste : l'arrivée du Balafré,
l'émeute grondant autour du Louvre, les barricades, et
la fuite éperdue d'Henri III à Chartres, tandis qu'en
son nom la reine-mère acceptait toutes les conditions du
vainqueur.

La première était la chute du favori. L'heure fatale
sonnait. Sommé par le roi, qu'il avait rejoint à Chartres,
de quitter la cour et de résigner ses charges, il se tira
d'affaire en fin renard. Le bien public exigeant sa retraite, il y souscrirait volontiers, à une condition : c'est
qu'aucun de ses gouvernements ne passât aux ligueurs :
sans quoi sa disgrâce, au lieu de sauver l'État, le perdrait.
Il proposait donc, pour la Normandie, le duc de Montpensier, grand ennemi de Guise ; pour la Provence, Bernard
de la Valette, son propre frère ; pour Metz (ville et pays)
Charles de Luxembourg, comte de Brienne, son beau-
frère : et pour la citadelle, Discret. Le roi ayant agréé
ces choix, Brienne et Discret, qui se trouvaient là, reçurent de lui l'investiture de leurs fonctions. « Au mois
de juin 1588, écrit Du Gué, le roi Henri IIIe étant à
Chartres, en la présence du seigneur d'Épernon et par sa
démission volontaire, *pourvut le seigneur de Saubole du*

____

(1) Alors écuyer du duc d'Épernon. Arrivé à Metz le 14 avril, il
repartit avec son frère après Pâques. (*Chron. de Buffet*, éd. Bouteiller,
1884, in-8°).

gouvernement en chef de la citadelle de Metz et en reçut de lui le serment en ses mains (1). L'historien lorrain Rosières (2) confirme le fait dans les mêmes termes.

Restait à régler le sort des autres places. D'Épernon chercha des candidats *ad hoc*, puis brusquement quitta Chartres pour sa forteresse de Loches. Le roi parut irrité sans qu'on sût s'il l'était vraiment. S'entendait-il avec le duc ? Peut-être : mais cela ne dura pas, car il le traita en rebelle. Relancé à Loches, le fugitif gagna Angoulême où commandait Tajan, frère de Moncassin. Prudemment, d'Épernon l'expédia à Saintes et s'installa, cependant qu'Henri III défendait de l'accueillir. Touchés trop tard par ce message, les habitants offrirent de surprendre le duc dans son château pour le livrer à Sa Majesté, qui accepta. Organisée par le maire, soutenue par la Ligue locale, l'entreprise s'exécuta le 10 août. Pendant deux jours, d'Épernon et une poignée de braves, sans nourriture et presque sans armes, soutinrent l'assaut d'une cité entière. Nicolas de Comminges-Saubole se signala particulièrement dans cette Iliade dont les héros ne durent la vie qu'à l'arrivée de Tajan et d'Henri de Navarre, accourus au bruit. Tajan, d'ailleurs, en profita pour occuper Saintes et Cognac, que d'Épernon eut peine à recouvrer : encore n'y parvint-il qu'en versant la forte somme à ce parent modèle. Enfin le roi imposa à l'infanterie française une formule de serment restreignant à son profit l'autorité du duc, et destitua Colombier et Colombat, capitaines messins fanatiquement dévoués à leur chef.

La disgrâce du favori ne faisait plus de doute : de gré ou de force, Henri III poursuivait sa ruine. Mais il l'avait trop élevé pour pouvoir l'abattre ; le sujet était plus fort

---

(1) V. aussi: Discours sur les affaires de Metz. Manuscrit inachevé de Du Gué, *B. N. fr.*, 4828, f° 20.

(2) FRANÇOIS DE ROSIÈRES, *Hist. de Lorraine et... du règne de Charles III*, B. Nancy, Manuscrit 705 (152), f° 410.

que le maître, et Guise le sentit si bien qu'il lui fit proposer une alliance. Bernard de Béon, sieur du Massez,
beau-frère de Brienne, Christophe de Bassompierre, ami
du prince lorrain, et le financier Zamet, cheville ouvrière
des intrigues du temps, menèrent cette négociation à
laquelle d'Épernon se prêta, car elle mettait un atout —
et quel atout ! — de plus dans son jeu. La victoire de
Guise s'affirmait d'heure en heure, et déjà la France
l'acclamait comme son souverain. Néanmoins, si faible
et déchu que fût Henri III, il était prudent de compter
encore avec lui. D'ailleurs, qui prouvait que les offres
du Balafré fussent sincères ? Sur ce terrain semé de
chausse-trapes, d'Épernon n'avançait qu'avec circonspection, observant de près les faits et gestes, et pesant
les chances des deux adversaires afin de trahir au bon
moment l'un pour l'autre. Il manœuvra si bien d'après
ces principes, qu'il se vanta plus tard d'avoir hâté la
mort de Guise en dénonçant à temps ses ultimes desseins
au roi.

C'est au matin du 23 décembre 1588 que se dénoua,
au château de Blois, la plus émouvante tragédie de ce
siècle fécond en événements terribles. Devant le corps
de son rival déchiqueté par les poignards des Quarante-
cinq, Henri III connut les joies du triomphe ; pour la
première fois de sa vie, il se sentit roi : et rien ne l'avertit
que cette première fois serait aussi la dernière.

LA CHUTE DE MONCASSIN

Tandis qu'entre Angoulême . et Blois se déroulaient tant de noires intrigues et de drames sanglants, Discret. rentré à Metz, y avait repris son poste, mais dans des conditions toutes nouvelles : *le lieutenant du duc d'Epernon en la citadelle était devenu gouverneur pour le roi de ladite citadelle*. A Chartres, entre les mains mêmes d'Henri III. il avait juré *de la lui garder envers et contre tous, sans personne quelconque en excepter*. Il va sans dire qu'aux yeux du duc, ce serment n'avait nulle valeur ; de cause supérieure à la sienne, d'Épernon n'en connaissait pas : qu'était Discret pour lui ? un homme de paille : l'idée qu'il pût se prendre au sérieux ne lui serait jamais venue. Il donna donc des ordres à Saubole comme d'ordinaire, et le premier qu'il lui donna, ce fut d'arrêter Moncassin.

L'histoire de ce personnage est obscure : sa figure et sa politique demeurent enveloppées de brumes. D'une façon générale, lui et ses frères (1) furent de ces sages qui disent selon les temps : « Vive le roi ! Vive la Ligue ! ». Quasi-guisard en 1585, Moncassin, les années suivantes, parut se rallier à Henri : tout au moins le servit-il dans l'affaire de la principauté de Sedan.

Ce petit état, voisin de Metz et de la Lorraine, avait

(1) Tajan et Houcillès.

pour souverain Robert de la Marck, duc de Bouillon, colonne du parti huguenot et capital ennemi des princes lorrains. Sa mort prématurée, en janvier 88, laissa sans défense son unique héritière, sa sœur Charlotte, âgée de treize ans. Aussitôt le duc de Lorraine Charles III, qui convoitait la principauté, assiégea Jametz, sa meilleure place, et ravagea les environs de Sedan, tout en offrant à la petite duchesse la main du comte de Vaudémont, son plus jeune fils ; et sans considérer ce qu'avait d'étrange cette manière « de faire sa cour à coups de canon », Son Altesse (1) pressa à la fois les négociations du mariage et les opérations du siège, comptant emporter la ville ou la femme, sinon toutes deux ensemble. Dans sa détresse, Mlle de Bouillon implora le secours d'Henri III. Celui-ci voyait le danger : Charles III tenait Toul, Verdun, Marsal ; Sedan et Jametz conquis, Metz à son tour courrait des risques. Le pauvre roi pouvait peu de chose : il tenta néanmoins ce peu. Après avoir chapitré son beau-frère, qui n'en eut cure, il proposa au palatin Jean-Casimir (2) le gouvernement des Trois-Évêchés, à charge de reprendre Toul, Verdun, Marsal au Lorrain, et de tirer Sedan et Jametz de ses griffes. Le projet avorta (3). Henri III fit alors occuper par Moncassin le château de Pange (4), citadelle lorraine au pays messin, et il ordonna audit Moncassin d'assister autant que possible « ceux de Jametz ». La Noue, défenseur du duché de Bouillon, assure n'avoir reçu de Moncassin « que des paroles artificieuses » ; pourtant, les lettres et instructions de Charles III montrent

____

(1) Titre officiel des ducs de Lorraine.

(2) Régent du Palatinat durant la minorité de son neveu Frédéric IV, Jean-Casimir, allié des huguenots français, convoitait les Trois-Évêchés depuis 20 ans.

(3) V. *Mémoires de La Huguerye*, t. II et III.

(4) A 16 kilomètres de Metz. Son possesseur, Jean de Beauvau, venait de mourir. La Huguerye attribue l'occupation de Pange à Saubole. Peut-être exécuta-t-il la mesure dont l'initiative revient à Moncassin, seul qualifié pour la prendre.

que « les ennemis de Son Altesse et particulièrement ceux de Jametz » sont toujours bien accueillis à Metz, qu'ils y trouvent toutes commodités, « et que le sieur de Moncassin les favorise et supporte à vue d'œil » (1).

C'est là une assez bonne conduite. Quant au gouvernement intérieur, Moncassin s'en tira plutôt mal. On ne pouvait s'en tirer autrement. Depuis trente ans, les soldats impayés pillaient, les bourgeois écorchés criaient, le roi obéré envoyait quelque assignation douteuse ou quelques deniers vite mangés : après quoi tout recommençait comme devant. C'est ainsi qu'au début de 1588, Jean de Viller, député des trois Ordres, et Bertrand de Mommas, délégué des capitaines, avaient rapporté de la cour, l'un 3500 livres pour les soldats, l'autre 2000 écus pour les officiers. Mais c'était une goutte d'eau dans la mer : si bien que madame de Moncassin résolut d'aller elle-même à la pêche. La pauvre femme prenait bien son temps ! c'était le moment où, menacés par les Parisiens, Henri III et d'Épernon organisaient leur défense et rappelaient Discret de Metz : ils avaient d'autres soucis en tête que le paiement de la garnison ! L'ambassadrice en avisa-t-elle son mari ? Toujours est-il que Moncassin « leva la somme » sur les habitants ; on dit même qu'il « leva » davantage et mit le tout dans sa poche. Assemblés à cette occasion, les trois Ordres exprimèrent leur indignation par l'organe du primicier (2) Fournier. « Après avoir épuisé nos bourses, on en vient à nos caves, s'écria l'orateur ; puis on viendra en nos greniers ; puis on prendra le pavé des rues ! La condition des chrétiens est meilleure entre les Turcs : car qui vit jamais une telle chose, de contraindre un peuple à payer une garnison ? Nous ne l'avons pas demandée ; le roi l'a mise comme il

(1) V. *Lettres et Instructions de Charles III*, Lepage, Nancy, 1864, in-8°.

(2) Premier dignitaire du chapitre de la cathédrale.

l'a voulu ; quelle raison y a-t-il que nous la payions ? Le
peuple n'est-il pas assez foulé par la fourniture des maisons et autres ustensiles gâtés ordinairement par les soldats ? Nous veut-on sucer jusqu'à la moelle des os ?
Enfin de deux choses l'une : ou il faudra que nous quit-
tions tout, et nous en allions, ou bien que la garnison
sorte, puisque le roi n'envoie point d'argent pour la
payer ».

S'il ne restait aux Messins « que la langue », elle était
certes bien pendue ! Ils avaient raison, d'ailleurs, et le
roi en tombait d'accord : mais dans l'abîme où il était,
comment et avec quoi les eût-il secourus ? Deux jours
après cette séance, Guise entrait à Paris d'où il chassait
son maître. Les Trois Ordres venaient de décider l'envoi
en cour de Fournier et du maître-échevin Copperel, lorsqu'ils apprirent les événements qui jetèrent la pertur-
bation dans Metz. Moncassin, toutefois, fut correct ; il
réunit les bourgeois, leur fit jurer fidélité au roi : les
paysans assemblés prêtèrent même serment. Cependant des bruits inquiétants circulaient : Henri III abdi-
quait aux mains de Guise, d'Épernon était en fuite,
Charles III revendiquait Metz pour son fils aîné. L'agi-
tation des esprits, l'incertitude du lendemain, déterminèrent Copperel et Fournier à effectuer leur voyage, malgré les périls qu'il comportait. Les capitaines, de leur
côté, envoyèrent aux informations deux d'entre eux,
Cochard et La Coste. Tous ne virent que confusion partout. Heureusement, le retour de Discret tira chacun de
peine : depuis deux mois au centre des affaires, il avait
pénétré plus d'un secret ; il apportait des nouvelles
fraîches et des ordres précis : aussi fut-il accueilli avec
joie (27 juin). Son frère François le rejoignit le 26 juillet,
et trois jours plus tard, Copperel et ses compagnons réin-
tégrèrent Metz à leur tour.

L'arrivée de ces derniers fut l'occasion d'un nouvel
orage. Catholique ardent, le maître-échevin, voyant

triompher la Ligue, avait eu une idée malheureuse.
Puisque le roi ne pouvait rien faire pour la garnison,
pourquoi ne bannirait-on pas les hérétiques de Metz
après avoir confisqué leurs biens ? Dieu merci, « on en
trouverait assez » pour payer les gens de guerre et accommoder du surplus les finances de la ville. L'imprudent
magistrat ne voyait pas que, réduits à l'extrémité par les
ligueurs, le roi et d'Épernon penchaient vers les huguenots. Le favori, qui leur avait sacrifié Viart et La Verrière, leur sacrifierait non moins volontiers Copperel.
Cela ne manqua pas. Le maître-échevin était rentré le
29 juillet. Le lendemain, les protestants « en furie » exi-
gèrent qu'il fût privé de sa charge et condamné à restituer ses frais de voyage — 1500 écus — « pour avoir demandé au roi des choses dont l'État ne lui avait point
donné commission ». Un violent conflit s'ensuivit, qui
se termina, sur l'ordre du duc d'Épernon, par la destitution de Copperel ; comme il refusait de rendre les
1500 écus, on le condamna à en verser 3000 au trésor,
et l'huissier royal Rouget vendit « ses blés, vins et
meubles » jusqu'à concurrence de cette somme, qui fut
affectée au paiement de la garnison. Les huguenots, en
style biblique, célébrèrent « ce jugement de Dieu, comme
jadis il sut bien châtier l'ambitieux et orgueilleux Aman
du mal qu'il avait conspiré à l'encontre des Juifs et de
Mardochée ». Au reste, on n'en fut pas plus tranquille
pour cela. Au souffle de la tempête qui balayait le
royaume, trônes et dominations s'envolaient comme
feuilles mortes : et les Messins qui venaient de voir
tomber le maître-échevin, virent tomber, trois mois après,
le lieutenant général lui-même.

Sa chute a deux versions : c'est dire qu'on en connaît
mal les causes. La version catholique accuse Moncassin
d'entente avec Jean-Casimir aux fins de lui livrer Metz :
300 cavaliers huguenots, entrés le 31 octobre dans la

ville, y devaient « mettre à mort les papistes » (1). La version protestante l'accuse d'entente avec Charles III aux mêmes fins : l'armée du duc de Lorraine se serait acheminée vers la cité pour la surprendre (2). Cette dernière hypothèse paraît la plus probable et l'exemple de Tajan dut inciter son frère à le suivre. Quoi qu'il en soit, le roi et d'Épernon ordonnèrent d'un commun accord son arrestation. L'ordre fut apporté à Discret par le sieur de Talange, familier d'Henri III, avec une lettre de Sa Majesté ainsi conçue :

« Monsieur de Saubole. J'envoye présentement de l'argent pour faire monstre (3) et payement aux gens de guerre qui sont en garnison pour mon service en ma ville et citadelle de Metz. Ce n'a pas été sitost et en si grande somme que j'eusse bien voulu le pouvoir faire ; mais ç'a esté incontinent, et le plus que mes finances l'ont peu permettre. J'ay commandé qu'il y soit pourveu à l'advenir de façon que mes subjects et les capitaines et soldats n'ayent point occasion de se plaindre. Cependant vous continuerés toujours la fidellité que j'ay cogneu en vous, et l'obéissance que vous avez et devez à vostre Roy *et à la conservation soubs son authorité de la place qu'il a mise en vos mains pour la luy garder fidellement et envers tous et contre tous*, vous pouvant asseurer que j'en auray bien bonne souvenance quand l'occasion se présentera, comme j'ay donné charge au sieur de Talange vous dire plus particulièrement de ma part, priant sur ce Nostre-Seigneur vous avoir, Monsieur de Saubole, en sa saincte garde.

Escrit à Blois, le xxiiie octobre 1588.

HENRY.

(1) V. MEURISSE, *Histoire de l'Hérésie*, et *Lettres de Jean-Casimir*, éd. von Bezold, t. III, notes de la lettre 118.

(2) Chroniques protestantes de Paris (*B. N. fr.*, 14530), de Metz (*B M.*, Ms. 117) et de Nancy (Ms. 882).

(3) Montre : revue-paiement des troupes.

A M. de Saubole, commandant en la citadelle de Metz pour mon service (1).

En même temps arrivèrent les subsides, accompagnés d'un état des sommes dues par le roi à tous ses serviteurs de Metz, document qui nous renseigne non-seulement sur la composition de la garnison, mais sur les rapports du roi et du duc d'Épernon à cette date.

« État, dit le titre, de la dépense que le roi veut et ordonne être faite... pour un mois de la présente année *que Sa Majesté ne veut autrement spécifier ni déclarer.*

— A M. le duc d'Épernon, gouverneur et lieutenant général pour S. M. à Metz, pays messin, etc., 166 écus 2/3.

— Au sieur de Moncassin, lieutenant général audit gouvernement en l'absence dudit sieur d'Épernon, 133 écus 2/3.

— Au sieur de La Verrière, lieutenant-général audit Metz en l'absence desdits sieurs, 100 écus.

— A 380 hommes de guerre à pied français, tenant garnison en la citadelle de Metz sous la charge de mon dit sieur d'Épernon, gouverneur d'icelle, 1310 écus 1/3.

— Audit sieur d'Épernon, pour son état de gouverneur en ladite citadelle, 66 écus 2/3.

— A son lieutenant audit gouvernement, 33 écus 1/3 (2).

Voilà, pour le moins, un texte étrange ! Pourquoi le roi ne veut-il déclarer ni spécifier l'année de cet acte ? Pourquoi, dressé le 22 octobre 1588, — date d'extrême tension des rapports d'Henri III avec d'Épernon — semble-t-il contemporain de la plus haute faveur du duc, tant l'omnipotence de ce dernier y éclate à chaque ligne ? D'Épernon cumule les fonctions de gouverneur et lieutenant général pour Sa Majesté en la ville de Metz et pays messin, avec celles de gouverneur de la citadelle et commandant des 380 hommes y entretenus pour le

____

(1) Rosières, f° 426, cop.
(2) *B. N.* fr., 3404, f° 19, orig.

service du roi. Moncassin, La Verrière et Discret ne sont que ses lieutenants : encore La Verrière n'est-il reconnu comme tel qu'en l'absence de Moncassin, et Discret n'est-il représenté que par cette impersonnelle mention : le lieutenant du duc au gouvernement de la citadelle. Quant au comte de Brienne, il n'est pas plus question de lui que s'il n'avait jamais existé. Est-ce donc qu'aux yeux du roi comme à ceux de l'ex-favori, la renonciation de Chartres ne comptait point ? Mais alors pourquoi cette lettre où, par même courrier, Henri III exhorte Saubole, *commandant en la citadelle de Metz pour son service, à conserver sous son autorité la place qu'il a mise en ses mains pour la lui garder fidèlement envers et contre tous* ? Qu'en inférer, sinon que le roi, selon sa coutume, jouait double et même triple jeu, opposant tout ensemble les ligueurs à d'Épernon, d'Épernon aux ligueurs, et, le cas échéant, Discret à d'Épernon ? La faiblesse maladive de ce prince, l'irrésolution de son caractère, son goût de l'intrigue subtile avivé par les nécessités d'une situation terrible, expliquent ces tortuosités qui n'étaient pas pour rendre la position facile à notre héros.

Néanmoins son devoir actuel était clair, aisé même. La garnison détestait Moncassin : les soldats l'accusaient de leur avoir retenu leur paye depuis trois ans, et les capitaines le goûtaient si peu que d'Épernon, l'année précédente, avait dû s'interposer entre eux. Discret n'eut donc aucune peine à effectuer la capture, qui se fit le dernier jour du mois, dans la citadelle où Moncassin assistait à la montre des troupes. Il fut arrêté à leur vue, dit Rosières, « et détenu selon l'ordre exprès et spécial qu'en avait Saubole de la part du roi et du duc d'Épernon, ainsi que par écrit il montra aux capitaines ;... et par le commandement particulier du roi, les compagnies de Moncassin, de Lieudieu et du chevalier d'Arcouan furent mises hors la ville de Metz ».

Cela fait, on se trouva fort embarrassé. Unis pour renverser Moncassin, le roi et d'Épernon n'avaient pu se mettre d'accord sur le choix de son successeur. En attendant qu'ils s'y missent — ce qui pouvait durer longtemps — que deviendraient la ville et le pays sans gouverneur ? Les circonstances exigeaient qu'on en nommât un, ce que les capitaines se montraient disposés à faire. Il y avait bien là Lieudieu, l'ex-gouverneur de Verdun, chassé par Guise et réfugié à Metz ; le commandement lui fut offert « ou de bon ou de mine » ; mais les capitaines se souciaient peu d'un homme « qui n'avait su maintenir sa fortune » et dont la compagnie venait d'être chassée par ordre du roi. Assemblés à la citadelle pendant que Lieudieu tergiversait, ils décidèrent d'élire séance tenante un chef. Ils étaient dix : La Bastide, doyen d'âge, du pays d'Agenois, très brave homme de guerre, tant de conseil que d'exécution ; le Gascon Bertrand de Mommas ; François de Comminges, dit le capitaine Saubole, frère de Discret ; Villeluisant ; Cochard ; Dupré ; La Coste ; le Basque du Halt, sergent-major ; le capitaine des portes Watrin ; et le sieur de Talange, capitaine du château de Vry (1). Discret, qui présidait, porta la parole : il proposa de nommer La Bastide, comme le plus ancien d'entre eux. Mais la Bastide se récusa : soit modestie, soit crainte des responsabilités, il déclina l'honneur qu'on lui voulait faire et déclara que Saubole seul en était digne. Tous les autres firent chorus : tellement que notre héros finit par céder à leurs instances. « La Bastide, disent Du Gué et Rosières, *n'ayant voulu accepter*, à la prière de Saubole, la charge et garde de la ville et des clefs des portes d'icelle, l'une et l'autre de ces charges, *par l'instante importunité d'icelui La Bastide et des autres capitaines*, demeura à Saubole ». « La détention et arrêt du sieur de Moncassin, rapporte de même un contemporain, *porta le sieur de Saubole,*

(1) Vry ou la Petite Metz, proche de la ville.

*par le suffrage de tous les capitaines... à la direction en-
tière du gouvernement tant de la ville que du pays... en
attendant l'ordre qu'il plairait à Sa Majesté en. pres-
crire »* (1).

Cet ordre ne vint pas, et pour cause ! Le duel du roi et
de Guise touchait à sa fin : Henri III, absorbé par la lutte,
n'avait plus d'autre pensée. Le choix des capitaines était
d'ailleurs fait pour lui plaire. Nous ne jurerions pas qu'il
plût autant à d'Épernon ; mais il n'était point en état
de s'y opposer ; il fit donc bonne mine à mauvais jeu :
et voyant le roi et le duc accepter ainsi l'événement, chacun en fit autant sans se mettre en peine du reste. « Tel
fut l'établissement du sieur de Saubole, dit un citoyen de
Metz, et de là lui procéda la faculté de commander au
gouvernement messin : en quoi rien ne lui servit tant que
sa résolution et le chaos de brouilleries qui tendait un
bandeau devant les yeux de tout le monde... Le peuple
ne fit aucune démonstration d'y trouver à redire, pour
ce que, d'un côté, il lui eût été dangereux de le faire, et
de l'autre, d'autant qu'il ploie facilement sous quiconque
lui est proposé et qu'il croit être institué pour le gouverner ».

L'auteur de ces lignes n'oublie de dire qu'une chose :
c'est que le premier acte du nouveau gouverneur fut de
l'appeler au pouvoir. Notre héros ne pouvait seul défendre
et administrer la cité la plus exposée et la plus difficile à
mener de France, au cours d'une des plus terribles crises
que le royaume eût jamais traversées. Il fallait un ministre à Saubole. Il le trouva dans la personne d'un bourgeois nommé Pierre Joly, homme de talent qui aspirait
à un destin plus large. Le rôle qu'il jouera dans notre
récit rend nécessaire d'esquisser son portrait au lecteur.

---

(1) De Gué, Rosières, ouvrages précités : et Discours (anonyme)
au sujet d'une entreprise sur Metz. *B. N.*, **fr.** 5498, f° 427.

V

PETRUS LEPIDUS

La vie de Pierre Joly, écrite par les historiens messins,
est un vrai conte de ma mère l'Oie. L'érudit Bouteiller,
le seul qui ait étudié ses origines, a fait justice d'une première légende, celle qui lui attribue des ascendances
patriciennes et le fait naître, selon la formule chère à ses
biographes, « d'une famille d'ancienne noblesse messine ». Les ancêtres de Pierre Joly, paysans aisés de Mai-
zeroy (1) conduisirent la charrue de père en fils jusqu'à
ce que l'un d'eux, rompant la tradition, vînt chercher fortune à Metz. Pierron (2) Joly, qui ne manquait d'écus ni
de jugeotte, étudia le droit, devint procureur, puis notaire impérial et royal. Il ne regretta pas d'avoir préféré
l'écritoire à la bêche ; le notariat arrondit son patrimoine
et lui acquit de la considération ; il vécut en bon bourgeois dans sa maison de Jurue (3), avec sa femme Gertrude Peltre et ses cinq enfants, trois filles et deux fils.

Pierre l'aîné — notre personnage — naquit, comme
Saubole, en 1553. Son éducation se fit hors de Metz, qui
n'avait nul collège : on envoyait les jeunes gens étudier

____

(1) Village du Saulnois. V. Notes pour servir à la biographie de
quelques Messins des siècles passés. E. de BOUTEILLER, *Mém. de la
Soc. d'arch. et d'hist. de la Moselle*, 1872.

(2) Forme campagnarde de Pierre.

(3) Rue des Juifs.

en Allemagne d'où ils revenaient « infectés d'hérésie », au grand désespoir des familles catholiques. Pour les Joly, huguenots fervents, ce danger n'existait pas, et Pierre dut faire un long séjour outre-Rhin. On trouve son nom, à la date du 31 juillet 1570, sur le registre de l'Université d'Heidelberg ; mais il est probable aussi que, comme beaucoup d'étudiants du temps, il alla de ville en ville suivre les leçons des maîtres illustres. Passionné pour la science et remarquablement doué, *Petrus Lepidus* (1) fut bientôt une lumière. Il était, dit dom Calmet, « savant dans les langues grecque et latine, en jurisprudence, en mathématiques, en belles-lettres, et possédait les auteurs anciens à un degré peu commun ». En l'engageant dans cette voie de la haute culture, son père avait sans doute de grandes ambitions pour lui. Mais c'était un homme sage que maître Pierron Joly ! Quel que fût l'avenir de son fils, il voulut le pourvoir d'un état solide. Pierre Joly le jeune suivit donc la route de Pierre Joly l'ancien : il fut procureur, notaire impérial et royal, épousa en 1577 Jennon Burtin, fille du grenetier (2) de la ville, et mena près de son père une vie analogue à la sienne.

Les lettres toutefois n'y perdirent rien. Parmi les réfugiés huguenots de Metz, il y en avait un dont s'enorgueillissait la cité. C'était le Bisontin Boissard, esprit universel qui, après trente ans de recherches par toute l'Europe, élaborait dans sa calme demeure de Fournirue ses fameuses *Antiquités romaines*. Petrus Lepidus était l'hôte assidu de la maison. Boissard et lui avaient mêmes goûts, mêmes idées, mêmes croyances : une amitié de maître à disciple (3) les unissait. C'était un rare bonheur pour le jeune Joly que la compagnie de cet homme émi-

---

(1) Les humanistes du temps latinisaient ou hellénisaient volontiers leur nom.

(2) Juge au grenier à sel. Jennon mourut jeune et Pierre se remaria en 1586 avec Sarah Busselot.

(3) Boissard avait 25 ans de plus que Joly.

nent qui avait vu tant de pays, qui savait tant de choses
et qu'on pouvait feuilleter comme une encyclopédie
vivante. Les leçons de Boissard avaient d'autant plus
d'attrait qu'il les accompagnait de dessins éclos au hasard
de son inspiration ou de ses souvenirs. Ce talent se donnait parfois carrière dans une composition qu'il ornait
d'une maxime latine ; ainsi naquit son œuvre la plus
populaire : le livre des *Emblèmes*. On appelait ainsi des
sentences développées en vers et enrichies d'images
(emblemata) qui les illustraient plus ou moins claire-
ment. Cette sorte de rébus moral piquait la curiosité des
lecteurs, qui y trouvaient plaisir et profit : et ce mélange
de sagesse pratique, de littérature et d'art convenait
particulièrement à Boissard

    Philosophe, poète et peintre tout ensemble (1).

Confident de cette œuvre, Joly la trouva « d'un goût
si délicieux » que, « désirant en communiquer le plaisir à
tous » il l'interpréta en vers français. Le livre parut en
1584 ; il eut un tel succès qu'on le réédita deux fois : en
1588 et en 1593. Il faut croire que les lecteurs d'alors
n'étaient pas difficiles : car les vers de Petrus Lepidus
sont détestables. Ses historiens affirment intrépidement
qu'il se fût fait un grand nom dans les lettres s'il eût eu
plus de loisirs à leur consacrer. Félicitons-nous qu'il
n'ait pas rimé davantage ! il n'y a guère que Chapelain,
dans toute notre littérature, pour donner à l'esprit d'aussi
riches sensations de courbature, de crampe et de torti-
colis. Qu'on en juge par la pièce suivante, prise au hasard, et qui n'est pas la pire ! L'emblème est un amas de
palmes, de couronnes et d'urnes funéraires entassées sur
un rivage. A côté, un enfant s'amuse à faire des bulles de
savon, tandis qu'un vieillard tend une baguette indica-

(1) Vers de Petrus Lepidus.

trice vers les bulles qui s'évanouissent à peine formées. *Homo bulla*, dit la légende que notre poète traduit ainsi : « L'homme est semblable aux bouillons que la pluye fait naistre sur l'eau, ou aux ampoules de savon ». Ceci promet, et la suite tient :

D'un savon limoneux cet enfant qui se joue,
Enfle à discrétion maints globes empoulés
(Qui deça, qui delà, par le vuide roulés
Sont poussés haut et bas du vent qui les secoue.

Dieu, qui tous les humains pour œivre sien advoue,
D'un terrestre limon les a ainsi moulés
Et les a, l'un petit et l'autre grand soufflés,
Selon la quantité de la venteuse boue.

Mais comme le plus beau du savon empoulé
Est d'un attouchement en fumée escoulé,
D'un simple choc ainsi se perd le jour de l'homme.

Le grand et le petit, le débile et le fort
Sont subjects au destin, courent au mesme sort,
Et n'y a rien d'humain que le temps ne consomme.

Voici mieux : au loin, les tours et les remparts d'une ville : au premier plan, un guerrier et une femme. Du ciel descend vers eux une déesse ailée qui n'a, pour toute chevelure, qu'une longue mèche sur le haut du front. Le guerrier, d'un air délibéré, retient la déesse par cette mèche, tandis que la femme, la douleur peinte sur le visage, agite un fouet à nœuds. « Qui perd l'occasion, tard se repent », explique l'auteur :

Combien d'hommes perdus pour avoir négligé
Le temps idoine et propre ont atteint de misères !
Combien d'ennuis, de maux et de peines sévères
Ont le genre mortel, pour ce point, affligé !

Humain, chétif humain, le bonheur assiégé
Eschappera du clos où, foible, tu l'enserres,
Il ne peut estre pris : tes forces sont légères,
Si de l'Occasion tu n'y es soulagé

Petrus Lepidus

Médaillon de Jean Richier
Musée d'Epinal

Elle est chauve pourtant, et sa prise est fortuite,
Paru qu'elle a, sitost elle se met en fuite
Si par le crin frontal on ne vient l'attrapper.

Happe-la donc à temps, et fuis la pénitence
Qui d'un fouet nouailleux de tarde repentance
Gesne l'homme fetard qui la laisse schapper.

C'est ainsi que Petrus Lepidus parlait la langue des
dieux ! Mais les borgnes sont rois au royaume des aveugles.
Boissard, bon poète latin, dédaignait l'idiome vulgaire,
et Pierre Joly, unique représentant de la poésie française
à Metz, y trouva des admirateurs et même des admi-
ratrices. Ce lourd et plat rimeur savait plaire. Était-il
agréable, et son nom lui seyait-il bien ? Trois effigies nous
ont transmis ses traits. La première, — un profil sur
médaille d'argent (1) — représente un individu dans la
force de l'âge : cou robuste, barbe et moustaches four-
nies, cheveux drus naturellement bouclés, visage plein,
nez fort, grands yeux étonnés sous l'arc régulier des sour-
cils : le tout respirant la santé, la vigueur, mais non l'intel-
lectualité. La seconde effigie (2) — de trois quarts sur marbre
blanc — donne une plus juste idée de l'homme : d'une haute
fraise à tuyaux serrés sort une tête à la Henri IV, front
élevé, grands yeux clairs, nez bourbonien, barbe et moustaches cavalières. La figure est ici plus vivante : néanmoins l'expression caractéristique y manque encore.
Pour voir le vrai Petrus Lepidus, c'est au musée d'Épinal
qu'il faut aller. Un médaillon de plomb assez exigu (52 sur
68 millimètres) offre la meilleure effigie connue du personnage ; on l'attribue à un petit-fils de Ligier-Richier,
Jean Richier, sculpteur et médailleur protestant, ami

---

(1) Œuvre présumée de Boissard, cette médaille a une histoire qu'on
trouvera au ch. XXII.

(2) Œuvre d'un sculpteur thionvillois nommé Leroux, ce médaillon
se trouve à l'Hôtel de Ville de Metz. Il fut offert à la cité par le docteur
Louis, petit-fils d'un ami de Joly.

des Joly (1). C'est l'œuvre d'un véritable artiste. Petrus Lepidus accuse la soixantaine : il a toujours son abondante chevelure ondée, sa courte moustache drue et sa barbiche en pointe ; mais la banale physionomie de tout à l'heure prend là un relief extraordinaire. Les traits et l'expression rappellent Henri IV, avec quelque chose de beaucoup moins mâle et de moins ouvert. Il y a du lion dans la physionomie d'Henri IV : il n'y a que du renard dans celle de Pierre Joly ; à la finesse railleuse du regard et du sourire, on devine un homme souple, adroit, matois, retors, un de ces hommes dont le peuple dit : « C'est un malin ! »

C'en fut un, en effet : et dès la publication des Emblèmes, il se montra tel. L'amitié de Boissard lui avait ouvert l'opulente demeure où régnaient Claude-Antoine de Clervant et Catherine de Heu (2), sa femme, chefs du parti huguenot au pays messin. Puissamment riches, ils aimaient la science et les savants ; une belle bibliothèque, une collection d'inscriptions antiques ornaient leur hôtel (3) où Boissard, ex-précepteur de leurs fils, avait ses entrées. Monsieur de Clervant se piquait d'humanisme ; Madame, de philosophie. Reçu par eux avec faveur, Petrus tira parti de cette bienveillance. Les affaires publiques l'attiraient ; on a de lui, datées de 1582, 45 pages in-folio sur la lecture des écritures secrètes. Il offrit ses services à M. de Clervant qui les employa aux négociations et correspondances de son parti avec l'étranger : si bien qu'en avril 87, le duc de Deux-

----

(1) Il porte l'inscription suivante : P(etrus) Lepi(dus) reg(is) cons(iliarius) et proc(urator) gener(alis) Met(tensis) Tull(ensis), Vird (unensis). On lit, à l'exergue : Ob(iit) 28 sept. 1622. Aet(ate) 69. Sous la tranche du cou sont les lettres J. R. F. (Joannes Richier fecit), les 2 premières en monogramme. V. *Revue de Numismatique*, 1888, 4ᵉ trim. Étude de **M.** Léon Germain.

(2) Héritière d'une illustre maison des paraiges.

(3) Le couvent des Carmélites (10-14 rue des Trinitaires) s'élève aujourd'hui sur son emplacement.

Ponts, parent de Jean-Casimir, demanda à Moncassin
« de lui envoyer un homme de confiance, Pierre Joly
le jeune, par exemple ».

Le crédit d'une autre belle dame ne fut pas étranger
à ce succès. Rivale de Mme de Clervant — au meilleur
sens du mot, s'entend — Mme de Moncassin sacrifiait
aux Muses ; l'antiquité lui était familière autant qu'à
Petrus Lepidus même, et tous deux, dans de doctissimes
entretiens, se communiquaient leurs lumières. Un petit
livre très rare en est la preuve. Pierre Joly, qui l'écrivit
pour sa partenaire, le lui offrit en cadeau d'étrennes le
1er janvier 1588. Il porte pour titre : *Raison des Anciens
en la consécration de certains arbres, herbes et fleurs à
aucuns de leurs dieux, et comment ils entendaient en
honorer ceux qui avaient bien mérité de la République.
Des leçons du jeune P. Joly, Messin.* Ces étrennes de
femme savante sont dédiées à « bien illustre et vertueuse
dame Jeanne de la Tour, épouse de messire Jean de
Lupiac, seigneur de Moncassin » (suivent tous ses titres,
qui sont longs). Dans son épître liminaire, l'auteur déclare
s'inspirer des propres leçons de Mme de Moncassin, en
y joignant, ça et là, un peu des siennes. Si l'illustre
dame eût publié « la multitude de ses beaux ouvrages,
enrichis d'histoires, sentences et devises héroïques,... ce
petit labeur perdrait sa clarté, au rais d'une si grande
lumière » ; mais « puisqu'ils ne doivent être profanés par
une communication publique », Petrus Lepidus s'enhardit
à mettre au jour ces quelques pages. Elles rappelleront à la
noble érudite les lectures faites sur même sujet « et diver-
sifieront d'aventure l'opinion qu'elle en aura conçue
selon la solidité de son jugement et la raison qui lui est
familière en ses discours ». Là-dessus, en un tour de jardin classique assez agréable, en somme, Joly nous mène
devant tous les arbres, herbes et plantes honorés de nos
premiers pères. Voici le chêne, consacré à Jupiter, et si
révéré des Anciens qu'ils façonnaient un de ses rameaux

en couronne pour celui qui avait sauvé la vie à un citoyen,
« lui rendant ainsi le même honneur qu'au plus grand des
dieux ». Voilà, dédié à Apollon, le laurier toujours vert,
préservateur de la foudre, « et pour cette propriété de
résister aux plus fortes armes » du plus puissant des
Olympiens, il ceignait le front des grands capitaines
comme aussi celui des poètes « qui domptent l'ignorance
et par œuvres immortelles se font vainqueurs du temps ».
L'olivier, cher à Minerve, et le myrte, à Vénus, évoquent
de plus douces choses : l'un, la concorde et la paix, l'autre,
l'amour et la persuasion. Le cèdre, au bois incorruptible,
est une noble image de l'immortalité. Le noir cyprès, aimé
de Pluton, est indice de mort et symbole de tristesse, de
mélancolie et de douleur. Par contre, le lierre, plante de
Bacchus, est l'emblème de la joie, et le pommier celui de
l'amour. L'explication est trop plaisante pour que nous
en privions le lecteur. « Il n'y a rien, dit Petrus Lepidus,
qui représente mieux l'amour que la pomme, le pommier
ayant grand'convenance en beauté de tronc et d'escorce,
estendue de rameaux et crespelure de feuilles, avec la
taille, le teint, les espaules et la chevelure de la personne
aimable : et puis parce que le fruit est ou jaulne ou rouge,
et souvent l'un et l'aultre ensemble, couleurs notoire-
ment propres aux amans, à raison que, dominant en eux
la crainte ou la timidité, elle les rend paslement jaunas-
tres, et que lors que le feu d'amour les brusle plus aspre-
ment, l'ardeur leur pousse la rougeur au visage. Voilà
pourquoy la pomme est consacrée à Vénus. Pâris aussy
(la) luy adjugea. Les dames et filles amoureuses en
scavent bien l'usage et n'ignorent qu'il se dresse mainte
pratique d'amour par son moyen. Enfin la pomme est
le vray symbole d'amour et n'y a rien qui puisse mieux
figurer cette passion qu'elle ». On peut tirer bien d'autres
connaissances des leçons du jeune P. Joly, Messin ! Mais
ne pouvant cueillir tant de fleurs, terminons par cette
odelette que lui eût enviée Trissotin.

A Madame de Moncassin.

De Chesne se courboit en rond
Le rameau, pour ceindre le front
De celuy qui, par force d'arme
Sauvoit quelque Romain gendarme.

Le sacré tortis de Laurier
A la vaillance du guerrier
Portoit une marque notoire
D'une remarquable victoire.

Qui (1) chassait les troubles espais
Et doucement traitoit de paix
Avoit pour une gloire grande,
Du doux Olivier la guirlande.

Mais à vos belles actions
Où logent les perfections,
Il n'y a branche de mérite
Qui ne soit beaucoup trop petite.

Le madrigal fut fort goûté. Il s'adressait à la *savante* et aussi à la *protestante*, mais plus encore à la *gouvernante*. Celle-ci ne se montra pas ingrate : en ce même mois de janvier 1588, Moncassin chargea Pierre Joly d'une mission à la cour de Jean-Casimir. Nous avons vu qu'après l'attaque de Sedan et Jametz par Charles III, le roi avait formé le projet de lui opposer le prince palatin, auquel on eût abandonné le gouvernement des Trois-Évêchés. D'Épernon se serait porté à Metz avec des troupes qui, jointes à celles de Jean-Casimir, eussent vivement poussé la guerre en Lorraine. C'est cette affaire que Joly devait traiter avec le Palatin et son allié Deux-Ponts. Il fit à ce sujet plusieurs voyages, le premier seul, les autres en compagnie du capitaine La Coste (2).

(1) Celui qui.
(2) V. Chron. de Buffet et Mém. de la Huguerye, t. III.

Ainsi, par la force des choses, l'activité de Pierre Joly
se tournait de plus en plus vers la politique. Un coup
du sort l'y installa définitivement vers la fin de cette
année 88 si féconde en « remuements » tragiques. Petrus
Lepidus l'avait commencée en souhaitant aux Moncassin « un perpétuel accroissement de grandeur » : il la termina en vouant ses services à l'instrument de leur chute.
« Se trouvant le sieur de Saubole embesogné plus que du
précédent aux affaires du gouvernement et pays de Metz,
dit le contemporain précité,... il approcha et appela auprès
de lui, pour le servir en la direction desdites affaires tant
politiques que plus importantes dudit gouvernement
dont la charge et direction lui demeurait entière,... et au
titre de secrétaire, le sieur Pierre Joly, natif de la dite
ville de Metz... La capacité que ledit sieur de Saubole
trouva audit Joly correspondante à la considération qui
lui en avait fait faire le choix et la préférence à aucuns
autres, le lui fit prendre à telle estime qu'en peu de temps
il lui bailla telle créance en ses conseils et aux occasions
qui naissaient de moment à autre... que visiblement chacun en eut connaissance » (1).

Tout en servant son nouveau maître, Petrus n'oubliait
pas l'ancien, témoin certaine lettre au sieur Schwebel,
chancelier du duc de Deux-Ponts. Par cette lettre, signée
du pseudonyme de Grandpierre, Joly informe Schwebel
qu'il est allé voir Moncassin dans sa prison et que celui-ci
l'a prié de solliciter le duc « de vouloir écrire à la grande
M. (Jean-Casimir) et dire à la vôtre (Deux-Ponts), qu'il
n'est arrêté pour aucun méfait, mais seulement pour une
sinistre opinion que N. (d'Épernon) a conçue de lui, comme
s'il eût participé aux pernicieux conseils de M. de Tajan,
son frère, qui s'est bandé contre ledit N. ; que cela ne
l'empêche pas de demeurer fort homme de bien et très
humble serviteur à Leurs Altesse (Jean-Casimir) et

(1) *B. N. fr.*, 5498.

Excellence (Deux-Ponts), et qu'il espère être bientôt libre et plus considéré que jamais ». En attendant, Joly prie Schwebel d'écrire à Moncassin, *mais au blanc* (1) *et par lui, Joly*. Il pense être le 15 décembre près du duc et « lui porter des nouvelles qui lui agréeront, et à tous autres » (2).

Voilà une lettre singulièrement compromettante pour son auteur. Quoi ! au moment où Saubole met toute sa confiance en Joly, ce dernier sert d'intermédiaire secret entre Moncassin et les princes allemands ! Si ce n'est qu'une imprudence, elle ouvre la porte au soupçon, et nous tenons peut-être là l'origine du malentendu qui séparera plus tard ces deux hommes. Quoi qu'il en soit, leurs destinées se lièrent ainsi que s'étaient liées jadis celles de Discret et du duc d'Épernon. Et ceci détruit une autre légende : celle qui fait du *patricien Petrus Lepidus* un héros à la romaine, défenseur des libertés messines contre le despotisme des gouverneurs français. Comme tous les Messins dont il sera question dans ce livre, les Joly furent des créatures de la France : ils firent partie de la paysannerie qui, au lendemain de l'occupation, vint prendre la place des paraiges émigrés. Bourgeois de fraîche date, intelligent et ambitieux, Pierre Joly suivit le chemin du mérite obscur désireux de parvenir : il encensa les gens en place. Boissard le conduisit à Clervant, Clervant à Moncassin, Moncassin à Saubole. Appelé au pouvoir par ce dernier, il ménagea son prédécesseur en prévision d'un retour de fortune. Tout cela n'est ni d'un Caton ni d'un Brutus, mais simplement d'un homme soucieux de ses intérêts et habile à prendre le vent, ou plutôt, pour employer son style, « à attraper l'occasion par le crin frontal ».

---

(1) A l'encre sympathique. Joly détaille le procédé dans une lettre à son beau-frère Ferry. *B. N. n.* acq. fr. 6725, f° 215.

(2) V. BEZOLD, t. III, Notes de la lettre 181

Cela dit, voyons à quelle situation le nouveau gouverneur et son secrétaire durent faire face lorsque, deux mois après leur élévation, le duc de Guise périt sous les coups des anciennes recrues de Discret.

VI

LA SURPRISE DE MARSAL

« A cette heure, je suis Roi de France : j'ai tué le roi de Paris », avait dit Henri III triomphant. L'illusion ne dura guère. Reformée autour de Mayenne, la Ligue insurgea le royaume, et la duchesse de Montpensier (1), âme de la révolte, quêta l'appui des gouverneurs de villes. Discret fut l'un des premiers sollicités. De Champagne, où elle battait le rappel, la *Reine de la Ligue* lui écrivit : « Monsieur de Saubole, je croy que vous n'estes point en doubte du traicté qui avoit esté arresté entre feu Monsieur mon frère et M. d'Espernon par Le Massez, M. de Bassompierre et le seigneur Zamet. Et pour ce que je m'asseure que mon frère le duc de Mayenne voudra entretenir tous les traictés de feu mon dict sieur frère, et que je désirerois que ce fust par vostre moyen, pour vous recognoistre gentilhomme très catholicque et homme de bien, je vous envoye ce porteur pour vous prier de me donner moyen de luy faire scavoir de vos nouvelles » (2). Rosières, qui nous a conservé cette lettre, ajoute « qu'on la fit courir et qu'elle fit croire qu'il y avait quelque intelligence pour faire entrer la ville de Metz en l'Union ». Les ligueurs revinrent bientôt de leur méprise : mais Discret,

____

(1) Catherine de Lorraine, sœur de Guise et de Mayenne.
(2) Rosières, f° 471, Cop.

édifié sur son chef, ne le vit plus des mêmes yeux ; la
défiance prit, en son cœur, la place du dévouement d'autrefois.

Déçue dans ses projets sur Metz, la duchesse se dédom-
magea en excitant Charles III au combat. Officiellement,
lui et le roi restèrent en paix : mais sous ces dehors men-
songers, la sourde lutte des précédentes années reprit une
activité nouvelle. A l'instigation du prince lorrain, La
Route, gouverneur de Marsal, se déclara contre Henri III
en février 1589. Provoqué de la sorte, « le roi fit faire
levées partout, pour se mettre en posture d'attaquer ses
ennemis. » Par l'intermédiaire de Schomberg (1), il demanda au duc de Deux-Ponts 400 reitres qui, réunis aux
troupes du sieur de Dinteville, son lieutenant général en
Champagne, chasseraient de cette province le ligueur
Saint-Paul, nommé gouverneur par Mayenne, avant
qu'il eût le temps de recevoir des renforts. Mais la Ligue
veillait. « Les princes unis, dit Rosières, ombragés de ce
que Sa Majesté appelait à son secours les protestants,
publiaient leurs manifestes et le sujet qu'ils avaient de se
tenir en état de maintenir par armes la religion catholique contre la violence des religionnaires français et
allemands, qu'on entendait remuer pour entrer dans le
royaume. Ils s'aidèrent d'une lettre que le roi écrivait à
Saubole, gouverneur de Metz, laquelle fut surprise et
publiée, conçue en ces termes : « J'ay mandé au sieur
d'Inteville qu'il vous addresse le pacquet cy-enclos, qui
sont lettres de Schomberg addressantes au duc de Deux-
Ponts, qui concernent le bien de mon service. Vous le
ferez tenir par courrier exprès, pour en avoir la response,
affin de la faire tenir au sieur d'Inteville pour me l'envoyer. Et quand ledit sieur duc amènera ou envoyera en

_____

(1) Gaspard de Schomberg, frère du mignon tué en 1578. Colonel
général de la cavalerie allemande, il servait d'intermédiaire entre le
roi et les princes germaniques

mon Royaulme quelques forces, donnez-luy passage et
le faictes accompagner jusques au lieu où sera le dit sieur
d'Inteville, avec le plus de gens de pied et de cheval
que vous pourrez » (17 mars).

Ainsi la guerre se montrait derechef à l'horizon, et le
cauchemar renaissait plus obsédant que jamais. Pour
la première fois depuis son « avènement », la question qui
allait être la plaie de sa vie apparut à notre héros dans
toute son horreur. Comment préparer la guerre ? Comment entretenir et payer les troupes ? Comment subsis-
ter soi-même ? À ces nécessités, maints gouverneurs sub-
venaient de leur propre bourse. Mais dans la sienne Discret logeait le diable : un homme aussi mal en point ne
pouvait recourir qu'à autrui. Il s'adressa à Jean-Casimir
et au duc de Deux-Ponts dont La Coste et Joly avaient
naguère tiré promesse d'un prêt de 25.000 florins. Deux-
Ponts, bien disposé, envoya Schwebel à son parent pour
conclure : mais Jean-Casimir se déroba ; il voulait un gage :
qu'on lui confiât Metz, il financerait ; sinon, non. Aban-
donnés à eux-mêmes, Saubole et ses administrés s'avi-
sèrent d'un expédient. Une antique coutume de la cité
attribuait à l'hôpital Saint-Nicolas — sorte d'Hôtel-
Dieu messin — le plus bel habit de tous ceux qui décé-
daient dans la ville et dans sa banlieue. D'accord avec le
gouverneur et le maître-échevin Jacques Praillon, les
bourgeois s'affranchirent de cette taxe moyennant
5603 écus sol, à condition que cette somme, remboursée
par Sa Majesté, serait convertie en rente au profit dudit
hôpital (1). Quant à son entretien personnel, Saubole
l'assura par emprunts « en son propre et privé nom » à
plusieurs familles nobles du pays. Le sieur de Gournay,
bailli de Nancy, lui prêta 100 écus sol ; le sieur de Bari-
sey, 130 ; la dame de Vernéville, 200 (2).

(1) *B. N. fr.*, 14530 et *A. M.* 222.
(2) *B. N. fr.*, 14530 et *A. M.* 222

En même temps, il prit des mesures pour préserver la région d'une surprise. Les maires, mainbours (1), habitants et communautés des alentours eurent ordre « de prendre armes et mettre sentinelles, la nuit, ès maisons les plus fortes et défendables de chacun de leurs villages ; d'avertir promptement à Metz si quelque troupe de soldats passait par chez eux ou séjournait dans leur voisinage ; de requérir passeport en règle de tous passants, quels qu'ils fussent ; de saisir et d'amener à Metz ceux qui n'en avaient point ; et de tenir prêts, équipés et armés, les hommes et chevaux les plus propres à faire service de guerre » (2). Les progrès de l'ennemi justifiaient ces précautions, d'autant plus nécessaires qu'établis à Marsal depuis la défection de son gouverneur, les ligueurs tenaient le pays sous une perpétuelle menace. Postés sur tous les chemins, les argoulets (3) du sieur de La Route capturaient les voyageurs pour les rançonner « et s'emparaient de tout ce qui venait d'Allemagne à Metz, tant en chevaux qu'en marchandises ». Récemment, le sieur de Saint-Quentin, enseigne du capitaine La Bastide, avec le propre fils dudit La Bastide et plusieurs bourgeois revenant de Francfort, avaient été arrêtés, « leurs chevaux pris, eux étroitement liés et garrottés, et nonobstant toute poursuite, retenus prisonniers. » La situation devenait humiliante pour les Messins. Saubole y voulut mettre fin, et son coup d'essai fut un coup de maître.

A quelque temps de là, dit une relation de l'époque (4), pittoresque et naïve comme une vieille estampe, le signor Antonio, caporal italien au service du sieur de La Route, reçut des coups de bâton d'un nommé Tafné qui servait

(1) Administrateurs.
(2) *B. N. n. acq. fr.*, 22664, fo 183.
(3) Chevau-légers.
(4) Nous n'avons pu retrouver l'original de cette relation, utilisée par les Bénédictins dans leur *Histoire de Metz*, t. III

de sergent-major et de capitaine des portes à Marsal. Antonio s'en plaignit au sieur de La Route, qui ne fit qu'en rire. L'Italien lui dit alors qu'il voyait bien que c'était par son ordre qu'il avait été maltraité, et conçut le plus vif désir de s'en venger. Peu après, La Route chassa de Marsal un sergent de la garnison nommé Manault dont il suspectait la fidélité. Manault se réfugia à Metz, alla trouver Saubole, et lui raconta son histoire et celle du caporal italien. On le gagna : il convint de retirer Marsal des mains du sieur de La Route, aux dépens de sa vie, dès qu'on lui montrerait une lettre du roi qui lui ordonnerait d'exécuter cette entreprise et lui certifierait que La Route ne tenait pas cette place pour Sa Majesté. Henri III lui écrivit selon son désir. On lui offrit de l'argent, mais il le refusa, disant qu'il n'avait en vue que le service du roi et la vengeance de l'affront reçu.

Dès lors, Manault se mit à l'œuvre. Il s'assura la complicité de son anspessade (1) et d'un autre soldat de Marsal. Du Halt, qui avait du bien en cette ville, se mêla de l'affaire et y fit entrer son fermier ; puis tous ensemble gagnèrent un serrurier qui fit de fausses clefs de la cité. La femme de du Halt leur donna du blé, de l'argent, et quoique fort indiscrète, elle garda un secret inviolable, de même que celle de Manault, demeurée à Marsal avec sa fille, et qui était aussi du complot. Date fut prise pour l'exécution du projet. Il fallait hommes et subsides. Les gens de bonne volonté ne manquaient pas : à eux seuls, les huguenots eussent fourni tout le contingent, tant ils haïssaient La Route. L'argent fut moins aisé à trouver : finalement Schomberg avança « deux mille tant d'écus », et rien ne s'opposa plus à la réalisation de l'entreprise. Elle fut préparée avec soin. On envoya, à diverses reprises, un homme à cheval marchant à petits pas, avec une montre, afin de savoir au

______

(1) Sous-officier d'infanterie.

vrai combien il faudrait de temps pour aller de Metz à
Marsal. Puis les troupes messines, — 1250 hommes, —
rentrèrent en ville après en être sorties. Cette manœuvre
fit croire à l'ennemi qu'on n'osait venir l'attaquer : car
le fermier de du Hall étant venu à Metz pour servir de
guide à l'expédition, La Route, dès son retour à Marsal,
l'interrogea sur les troupes qui étaient sorties de la ville.
Le fermier déclara, selon les instructions de Saubole, que
ces troupes « consistaient en cavalerie, tant militaire que
bourgeoise, au nombre de 300 chevaux ». — « Tu dis
300 chevaux ? répliqua La Route avec mépris : je sais
bien ce qu'ils peuvent faire à Metz de cavalerie : ils ne
sauraient monter 50 chevaux, tous coquins de bouchers ! » (1). Il ajouta que s'ils venaient du côté de Marsal,
les femmes de cette ville suffiraient à les assommer. Cependant il donna l'ordre à tous les maires des villages
situés entre Metz et Marsal d'avoir quelque surveillant
aux approches de chaque lieu et de l'avertir en toute
diligence s'il passait par là des gens de guerre. Mais ses
adversaires, consommés dans l'art des surprises, dé-
jouèrent ces précautions.

Le 27 avril 1589, jour de pleine lune, on s'ébranla.

Le sergent Manault et le capitaine Fremin, suivis de
sept cavaliers, partirent vers midi, prirent des chemins
détournés pour ne pas éveiller l'attention, et arrivèrent
à la nuit tombante au bout du pont de Marsal. Tout était
calme et désert. Les neuf cavaliers mirent pied à terre,
attachèrent leurs chevaux à une haie et leur lièrent la
langue pour les empêcher de hennir. Puis, prenant un
petit chien qu'ils avaient apporté, ils lui tirèrent l'oreille
pour le faire crier (signal convenu avec leurs complices
de la ville). Aux cris du petit chien, le fermier de du Halt
sortit de Marsal, vint retrouver nos gens, leur donna du
vin, et les assura que tout allait bien et que le sieur de

____

(1) Les bouchers, très nombreux à Metz, étaient d'excellents soldats.

La Route serait, à son ordinaire, couché dès les neuf heures. Puis les dix hommes restèrent immobiles, guettant les messagers que les maires des villages enverraient avertir La Route du passage des troupes messines. Il en vint trois, que Manault, Fremin et les leurs cueillirent à l'entrée du pont : c'est pour cela qu'ils étaient partis les premiers. Vers minuit arriva le gros de la troupe, commandé par les capitaines Saubole et Mommas. Tous descendirent de cheval et commencèrent à marcher le long du pont dormant (1) dont les planches, n'étant ni chevillées ni clouées, faisaient grand bruit. On parvint ainsi au pont-levis. Là, il fallait descendre sept à huit pieds, puis remonter, passer par une poterne et gagner une terrasse à côté du corps-de-garde. Cela se fit sans difficulté parce que la sentinelle était gagnée et les soldats du corps-de-garde endormis. Mais un accident faillit tout gâter : le chien du pistolet d'un des Royaux s'abattit et fit partir le coup. A ce bruit, les soldats s'éveillent : heureusement, l'anspessade de Manault répare le mal en leur disant que c'est une pierre du moulin qui vient de tomber.

Tout le monde entré dans la place, sauf une compagnie de cavalerie laissée dehors, on se saisit de la porte de Bourgogne, puis on frappe au logis de La Route. Il se lève, paraît à une fenêtre et aperçoit les assaillants dont l'un, le jeune Marsouillers (2), dirige un pistolet sur lui. Le coup manque. La Route, voyant sa maison cernée, franchit une muraille, passe chez un voisin, en sort par une porte de derrière, court au premier corps-de-garde, qu'il trouve vide, et de là à la porte de Bourgogne au haut de laquelle se tiennent deux Messins. — Qui vive ? crie La Route en s'approchant. — Vive le roi ! répond l'un des interpellés. — Le roi ! rugit La Route en s'élançant vers lui, la pertuisane haute. Le Messin pare l'attaque :

1) Pont fixe établi sur un fossé.
(2) Sans doute Marsolières, plus tard capitaine à Metz.

ils se prennent au collet et roulent en bas des degrés. Le bruit de la lutte attire Fremin et Manault qui accourent. Manault, reconnaissant La Route, lui allonge deux coups de hallebarde dans la cuisse. Alors Fremin lui dit : « Monsieur, vous avez fait tout ce qu'un brave cavalier pouvait faire : vous êtes prisonnier de guerre ». — Puis voyant qu'au lieu de se rendre, le blessé tâche d'attraper quelque arme, il ajoute : « Monsieur, ne bougez, ou je vous donne du pistolet dans la tête, » et il appelle Manault pour l'aider à retenir La Route. Mais au nom de Manault, celui-ci, comprenant tout, entre dans une fureur à ne pouvoir être contenu. Alors un nommé Forget lui fait sauter la cervelle d'un coup de sabre.

Il est une heure du matin : les Messins sont maîtres de la ville ; réveillés en sursaut, soldats et bourgeois, accourus trop tard au lieu indiqué en cas d'alarme, sont désarmés un à un. Tafné fut tué dans sa maison : mais il ne périt personne d'autre et l'on ne pilla rien. Dans la demeure du gouverneur, on saisit des coins et autres outils dont il se servait pour fabriquer de la fausse monnaie, ce que le capitaine Saubole fit constater par la justice. On trouva aussi, caché sous un lit, un enfant de neuf à dix ans tout tremblant : c'était le fils de La Route (1). Les vainqueurs rassurèrent le pauvre petit et « ne lui firent que des caresses ».

Le corps du gouverneur gisait toujours devant la porte de Bourgogne. Il y resta jusqu'à midi, puis fut enterré sans cérémonies : les Royaux estimèrent qu'il n'en méritait pas, et que c'était aux Ligueurs à lui rendre des honneurs, si la fortune de la guerre les ramenait jamais à Marsal. Ils n'y manquèrent point. Au côté droit du chœur

---

(1) Cet enfant, Jacques de La Route, fut élevé par son oncle, que Charles III combla de faveurs. Jacques mourut à 20 ans, le 4 juin 1600 : il fut inhumé, selon son vœu, dans la chapelle Notre-Dame du couvent des Minimes de Nancy (1. *dép.* Nancy. H. 1049).

de l'église, on voit encore aujourd'hui un tombeau simple
et noble. A sa partie supérieure, un bas-relief représente
un chevalier armé de toutes pièces, agenouillé devant
une croix. « Lecteur chrestien, dit l'inscription placée
au-dessous dans un entablement de pierre, par le debvoir des vivans aux deffuncts, ne sois ennuyé de lire cette
escriture, qui t'advertit qu'icy devant repose le corps de
magnanime et généreux seigneur Fouquet de La Route,
gentilhomme natif du Dauphiné, lequel ayant faict
plusieurs actes mémorables de fidélité, bon sens et
vaillance en combattant généreusement tant à Cazal,
devant Bourges et au siège de La Rochelle, qu'en la rencontre de Saint-Quirin et en plusieurs expéditions de
guerre pour le service de Dieu, de la Foy catholicque et de
son Roy, en récompense de ses vertus fut proveu du gouvernement de ceste ville de Marsal, en laquelle il s'a comporté avec telle intégrité et debvoir, qu'il a esté chéry et
honoré des habitans d'icelle et des lieux circonvoisins
comme protecteur et bien-facteur de la contrée, uniquement aimé de Son Altesse et des princes catholicques et
effroyablement redouté de l'ennemy de la Foy, contre
lequel, ez guerres dernières, il ha heureusement faict
preuve de sa valeur, jusqu'à ce qu'ayant esté infidèlement,
barbarement et proditoirement (1) trahy par quelques
siens serviteurs et soldas corrompus par les ennemis,
repentinement (2) il tomba entre leurs mains, et pour
la querelle de Dieu et de sa Foy, au très grand regret
desdits Princes et extresme affliction de la Province,
receut, par une généreuse mort, le renom immortel en
terre et la gloire éternelle au ciel. Il vescut LIII ans,
mourut le XXVIIe d'avril, an de salut 1589. Prie Dieu pour
luy et imite le mesme zèle ».

C'est ainsi qu'on écrit l'histoire ! Le « lecteur chrétien »

(1) Traîtreusement.
(2) Par surprise.

qui s'arrête, édifié, devant cette tombe, ne se doute guère
que le saint, le héros dont on lui recommande « d'imiter
le zèle » vécut de rapine et porta les armes contre son
pays. Reconnaissons toutefois que si Fouquet de La Route
fut loin d'avoir tous les mérites énoncés dans son épitaphe, il posséda, du moins, la vertu de son siècle : un
courage indomptable qu'il ne mit pas toujours au service
des factions ; longtemps il servit brillamment le roi ; la
première partie de sa vie plaide pour lui contre la dernière, et il y a, dans sa fin d'intrépide soldat victime
d'une trahison, quelque chose qui rend indulgent pour
ses fautes.

L'absence des argoulets du gouverneur de Marsal facilita la victoire messine. La Huguerye (1) raconte dans
ses Mémoires qu'ayant eu à porter une dépêche, il se mit
en chemin ce jour-là escorté d'un argoulet chargé de
veiller à sa sûreté. Ils allèrent coucher à Lunéville. « Et le
lendemain matin, dit-il, comme nous étions hors des
portes, allant notre chemin vers Badonvillers, nous
vîmes de loin une troupe de cavalerie courant à la déban-
dade et venant vers nous ». L'argoulet « les reconnut
être tous de la compagnie du capitaine La Route, gouverneur de Marsal, d'où ils venaient : et y voulant entrer,
de retour d'une cavalcade qu'ils avaient faite de nuit,
avaient trouvé la ville prise par ceux de Metz et ledit La
Route tué : pour quoi ils se retiraient à Lunéville ». Le
duc de Lorraine apprit ainsi la surprise de Marsal, la
mort de La Route et l'installation du capitaine Saubole
à sa place, avec une garnison de 4 à 500 hommes. Ces
nouvelles imprévues lui furent amères. « Je crains bien,
dit-il, que cela ne nous amène de l'altération ». De fait,
Saubole aîné s'annonçait comme un voisin gênant. Mis
en goût par la prise de Marsal, il estimait, écrit Rosières,
« en faire autant de Toul, par le moyen du même sergent

______

(1) Secrétaire de Jean-Casimir, passé au service de Charles III.

Manault ; mais Saint-Paul survint, qui se jeta dedans avec 4000 hommes de pied et quelques lanciers : et se rendirent les États de cette ville à Son Altesse » qui, peu après, occupa pareillement Verdun (août 89). Ces succès consolèrent Charles III sans lui rendre pourtant la sérénité : car il pressentait que les deux frères, l'un à Marsal et l'autre à Metz, allaient lui donner du fil à retordre.

TRISTE FIN D'UN TRISTE RÈGNE

Les craintes que le voisinage des Sauboles donnait à Charles III l'excitèrent à presser vivement Jametz. La ville était depuis le 28 décembre 1588 au pouvoir du duc de Lorraine : mais son valeureux gouverneur Robert de Thin, sieur de Schelandre, après avoir disputé le terrain pied à pied, s'était enfermé avec ses compagnons dans le château : et là, cernés par toute l'armée lorraine, ils faisaient tête à la meute en vrais *sangliers des Ardennes* (1) qu'ils étaient.

Résolu à en finir coûte que coûte, Charles III concentra ses efforts sur cette place imprenable. Le roi ne pouvait la sauver, ayant à se sauver lui-même : traqué par les ligueurs, campé à Tours, son dernier refuge, il rappelait d'Épernon et mendiait le secours d'Henri de Navarre. Le 30 avril, — trois jours après la prise de Marsal — celui-ci arrivait au Plessis-lez-Tours. Sa présence changea la face des choses. « Il faut combattre, Sire : pour regagner votre royaume, il faut passer sur les ponts de Paris », dit-il à Henri III : et suivant ce chef énergique, l'armée royale marcha sur la capitale. Réconforté, galvanisé, le roi se voyait déjà rétabli ; il voulait châtier les

(1) Surnom héréditaire des La Marck : il leur venait du fameux Guillaume, contemporain et allié de Louis XI.

rebelles, faire rentrer tout le monde dans l'ordre : et décidé à ne pas s'en tenir aux paroles, il mandait au fidèle
Discret :

« Monsieur de Saubole, vous sçavez que les villes de
Sedan et Jametz sont de longtemps en la protection des
Roys mes prédécesseurs et de moy, et combien elles
importent à mon Estat. C'est pour quoy j'escris à mon
frère le duc de Lorraine et le prie de laisser ma cousine
de Bouillon en patience et retirer ses forces de la ville et
des environs de Jametz, remettant de traicter de ses prétentions (1) à l'amiable. Mais pour ce que le temps presse
ma dite cousine et que, tirant à la longue, le chasteau de
Jametz se pourroit perdre, je vous prie vous comporter
en si bonne intelligence et assistance avec ma dite cousine de Bouillon ou les siens, et les sieurs d'Inteville et
de La Noue, *que ces places soient conservées en ma protection et que Jametz soit avitaillé et le siège levé d'alentour,
par toute l'assistance et faveur que vous luy pourrez donner,*
retirant par la force des armes ce qui est deu au respect
de ma protection, s'il est refusé à la justice et à la raison
et à la prière que j'en fais par mes lettres à mon dit frère
le duc de Lorraine, après luy en avoir escrit par tant de
fois, m'asseurant que vous obéirez à ce mien commandement pour l'importance dont il est à mon service » (21 mai
1589) (2).

Cette lettre, dit Rosières, fut secondée d'une pareille
et plus pressante, du 11, « ayant su le roi que Jametz était
au hasard de se perdre ». De fait, Schelandre et ses compagnons, qui tenaient depuis seize mois, n'en pouvaient
plus, et la reddition de la place paraissait imminente.
Mais il fallait empêcher Saubole d'intervenir. Le duc lui
envoya Jean Bardin, contrôleur en l'état de l'évêque de

(1) Charles III réclamait Jametz comme ancien fief du duché
de Bar.
(2) Rosières, fo 471, vo, Cop.

Metz (1) pour le prier *de ne pas assister les huguenots de Jametz*, attendu que Sa Majesté approuve la guerre que leur fait Son Altesse. Quant à la ville de Toul, si Sa dite Altesse l'a occupée, ce n'est pas pour l'enlever au roi, mais au contraire pour la préserver du sac que lui préparaient les gens du sieur de Saint-Paul, « étant icelle ville de l'ancienne garde et protection des ducs de Lorraine ». Loin de Charles III la pensée d'entreprendre sur l'autorité du roi ! Il compte donc que, de son côté, M. de Saubole « n'attentera rien contre lui » et qu'ils vivront en bons amis et voisins. Pour preuve, le duc offre au gouverneur de Metz la liberté de plusieurs Royaux, **pris** devant Jametz par les troupes lorraines (2).

Malheureusement pour Son Altesse, les lettres du **roi**, précédant Bardin, mirent Saubole en garde contre les paroles dorées du Lorrain. Les instructions d'Henri III étaient d'ailleurs conformes aux sentiments dont notre héros avait assuré La Noue dès les premiers jours de son élévation. « Ceux de Metz, écrivait La Noue au duc de Montpensier, oncle et tuteur de Mlle de Bouillon, ne nous ont donné jusques icy que des parolles. Celles de Moncassin ont esté artificieuzes. *Celles de Saubole, qui maintenant commande, je les tiens pour sincères* : mais ils n'oseroient se mouvoir sans leur gouverneur (3) ». Les Sedanais souhaitaient que d'Épernon et ses lieutenants messins les soutinssent ouvertement, chose impossible tant qu'Henri III et Charles III resteraient officiellement en paix. Il en résultait de part et d'autre une situation fausse et difficile. On se faisait la guerre sans se la faire, tout en se la faisant. Dans ces conditions, le seul moyen dont on disposât, c'était *la course*. Un capitaine d'aventures, dûment mais secrètement autorisé, s'en allait sur-

______

(1) L'évêque de Metz, Charles, cardinal de Lorraine, était le second fils de Charles III.

(2) *Lettres et Instructions de Charles III.*

(3) Lettre du 8 janv. 1589, *A. N. K*, 101, n° 78, Orig.

prendre quelque ville ou ravager quelque campagne, d'où il ramenait butin et prisonniers. Sur ce, on le désavouait, jurant qu'il avait agi sans mandat et qu'on n'était pour rien dans l'affaire. La correspondance de Saubole avec Charles III est pleine d'incidents de ce genre. Le sieur d'Artigoty, capitaine lorrain, attaque la ville et le château de Brienne ; à Saubole qui s'en plaint au nom de son chef, Charles III déclare que le sieur de « Roticoty » a depuis plusieurs mois suivi Mayenne, et que lui, duc de Lorraine, ne peut répondre des actes de ses vassaux quand ceux-ci sont au service d'un autre prince. Un peu plus tard arrive à Metz le capitaine Salin, chargé d'enquêter sur un certain Gravelotte dont Son Altesse a fort à se plaindre. Saubole l'a soi-disant banni : cependant on l'a vu dans le pays. Comme par hasard, Saubole est malade : il fait remettre une lettre à l'envoyé : non, Gravelotte n'est ni à Metz ni en aucun lieu du gouvernement ; il y est venu une ou deux fois pour affaires personnelles et en est aussitôt reparti, sachant que Saubole n'aurait jamais souffert qu'il restât. En réalité, Gravelotte n'est pas loin, Salin le sait, et le gouverneur ment pour sauver la face (1).

Néanmoins, sous l'hostilité des actes, perce, du côté lorrain, un grand désir de conciliation. Un messager messin a été arrêté par ordre du duc : celui-ci en exprime courtoisement ses regrets. « Il eût bien désiré que... les justes occasions de défidence qu'on lui a données du côté de Metz ne l'eussent nécessité à faire telles et semblables captures, son intention ayant toujours été *de correspondre en toute bonne amitié et intelligence* non-seulement avec ceux du corps de ladite cité, mais aussi *et principalement avec les lieutenants du roi qui y commandent*. Il est, au sieur de Saubole, fort aisé, facile et honorable de se comporter avec Son Altesse... en toute bonne

(1) *B. N. Lorraine*, t. XIII, fo 87, Orig.

correspondance : ce qu'advenant, Son Altesse, *qui a toujours désiré les voies de douceur,* ne s'éloignera des moyens qu'on trouvera les plus expédients pour y parvenir ».

Vains efforts ! Saubole reçoit ces invites avec la déférence qu'un gentilhomme doit aux avances d'un souverain, mais il poursuit les courses destinées à dégager le château de Jametz : si bien que Charles III appelle les Espagnols à l'aide « pour combattre, dit-il, soit dans-le pays soit dehors, ceux qui voudraient aspirer au renvitallement dudit château ». Philippe II envoie force troupes. Maîtres de la campagne, Espagnols et Lorrains livrent à la place un assaut terrible auquel elle résiste deux mois encore. Enfin, le 24 juillet, l'étendard lorrain remplace, au sommet du donjon, le drapeau noir des La Marck qu'on présente au duc vainqueur. Le siège de Jametz a duré vingt mois : Charles III y a perdu deux millions et quantité de ses meilleurs soldats. Il peut se vanter, dit un contemporain, « de n'avoir terre qui ait si cher coûté à ses prédécesseurs et à lui que la place de Jametz », et cet aveu n'est pas un mince titre de gloire pour les héroïques défenseurs de la forteresse. La nouvelle fit événement jusque hors de France. Saubole l'annonça au duc de Deux-Ponts dans une lettre où, après avoir narré la capitulation, il ajoute : « Les Lorrains menacent Sedan : mais quoy qu'il arrive, je tiens que le premier morceau leur coustera cher, la perte estant pour Madamoiselle de Bouillon, et l'injure au Roy qui ne la lairra longtemps impunie » (26 juillet) (1).

A cette date, notre héros avait tout lieu de parler ainsi. Après une marche victorieuse, l'armée royale, forte de 40.000 hommes, venait d'arriver aux portes de Paris. Déjà le jour de l'assaut était fixé et les dernières dispositions prises, lorsqu'Henri III tomba sous le couteau de Jacques Clément. S'il n'avait pas su vivre, il sut mou-

----

(1) *B. N. V*. Colbert, t. XXX, f° 324, Cop.

rir en roi. Dans un retour émouvant sur le passé, il rappela sa longue patience et l'acte de « souveraine justice » qu'il payait de son sang : puis, exhortant Henri de Navarre à se convertir « tant pour le salut de son âme que pour celui du royaume », il le présenta à ses gentilshommes, les priant, comme ami, et leur ordonnant comme roi, de le reconnaître après sa mort, d'avoir pour lui l'affection et la fidélité qu'on doit à son maître, et de lui en prêter le serment séance tenante : ce qu'ils firent. « Voilà, dit d'Aubigné, la fin d'Henri troisième, prince d'agréable conversation avec les siens, amateur des lettres, libéral par delà tous les rois, courageux dans sa jeunesse et lors désiré de tous, en vieillesse aimé de peu, qui avait de grandes parties de roi, souhaité pour l'être avant qu'il le fût, et digne du royaume s'il n'eût point régné ». Ce portrait, le meilleur qu'on ait fait du feu roi, resta dans la mémoire et dans le cœur de Discret, si intimement mêlé aux dernières péripéties de sa vie tragique. Il pleura le malheureux prince dont la confiance en lui ne s'était jamais démentie. L'appréhension de l'avenir avivait ses regrets : car il prévoyait que, de tous les ennemis d'Henri IV, le pire allait être le duc d'Épernon.

Au temps de sa toute-puissance, d'Épernon avait patronné *le Béarnais*, prince obscur, insoucieux et pauvre, dont il ne soupçonnait pas la valeur. Dès qu'elle perça, il le prit en haine : pour l'entraver, l'évincer, le perdre, il ne recula devant rien. A l'heure de son avènement même, il tenta d'arrêter le destin. « De l'éloignement de ses troupes ou de leur demeure, dit son panégyriste Girard, dépendait la subsistance ou la dissipation de l'armée royale : de son union avec Sa Majesté, celle de la plus grande partie des catholiques et la ruine des ligueurs : on s'en pouvait encore promettre la prise de Paris, et ensuite la paix et le repos du royaume ». D'Épernon ne le voulut pas : sous prétexte de scrupules religieux, il se retira, emmenant 7000 hommes, l'élite de l'armée qui, après

son départ, fondit comme neige au soleil. Le 7 août, elle
avait diminué de moitié et continuait à diminuer de
jour en jour.

D'Épernon, pendant ce temps, se vengeait des ligueurs
d'Angoulême. Ceux qui habitaient la ville durent fortifier à leurs frais le château. Les autres, retranchés dans
deux places voisines, Saint-Germain et Villebois, furent
assaillis par toutes les forces épernoniennes. Saint-Germain fut pris sans beaucoup de peine. Villebois en donna
davantage au duc qui, enfin maître de la place, fit pendre
tous ses défenseurs. Le siège de Villebois resta célèbre
dans les annales du cru. Nicolas de Comminges-Saubole
y périt « d'une mousquetade en la tête », belle mort de
soldat, digne d'un des héros de l'Iliade d'Angoulême (1).
Avec lui disparut le plus dévoué des trois Sauboles à la
personne et à la cause du duc. Il s'en fallait que ses frères
le fussent autant : d'Épernon n'allait pas tarder à l'apprendre.

(1) Il était capitaine de chevau-légers. Girard et d'Aubigné le font
périr, par erreur, à Saint-Germain. Girard rapporte même que pour
venger sa mort, ses soldats massacrèrent la garnison à qui on avait
promis la vie sauve, fait inexact puisque notre Saubole fut tué à Villebois (V. Du Gué).

VIII

LA GUERRE LORRAINE

Les malheurs d'Henri IV sont trop connus pour qu'on s'y
arrête. Rappelons seulement qu'entre ses adversaires,
le duc de Lorraine se signala par son ardeur. Chevalier
de la foi catholique, Charles III briguait la succession de
Saint-Louis. Entre le trône et lui, il n'y avait plus que l'infante : et « le peuple français ayant le nom espagnol en
horreur, tout semblait rire » à ce prince brillant, élevé au
Louvre, marié à une fille de France, souverain d'une cour
toute française, et d'une nation de même langue et de
mêmes mœurs que les Français. Henri III mort, il refusa
de reconnaître Henri IV, posa la candidature du marquis de Pont, son fils aîné (1), à la couronne, et prépara
une guerre à outrance contre le *Navarrois*. Philippe II et
lui s'armèrent, tandis que le marquis rejoignait Mayenne,
en attendant qu'un mariage avec l'infante fondît leurs
deux causes en une.

Un nuage obscurcissait l'horizon lorrain. Metz et
Marsal, voisines redoutables, menaçaient de le devenir
plus encore en luttant contre Charles III au nom du

(1) De son mariage avec Claude de Valois, sœur d'Henri III
Charles III avait trois fils : Henri, marquis de Pont-à-Mousson;
Charles, cardinal de Lorraine, évêque de Metz ; et François, comte de
Vaudémont.

prétendu monarque. Les Sauboles — qui l'eût pensé ? — se ralliaient à ce va-nu-pieds et leurs administrés aussi : en quoi tous s'avéraient fous, ceux-ci pourtant moins que ceux-là : car les premiers n'ignoraient rien d'une situation dont les seconds ignoraient tout. De fait, concentrés en eux-mêmes, les Messins connaissaient mal la France ; ils la voyaient, comme jadis, forte et prospère, et le dénuement d'Henri IV leur échappait aussi complètement que naguère la détresse d'Henri III. Le char de l'État s'était bien un peu embourbé : mais conduit par le Béarnais, il allait remarcher à souhait. C'est donc en toute confiance qu'inquiets des armements lorrains, nos gens prièrent le roi de leur expédier des secours. Des secours ! autant eût valu lui demander la lune ! Néanmoins, ne voulant pas décevoir complètement les Messins, il envoya Sancy lever des reîtres en Allemagne ; mais ces levées, concentrées lentement et sans ordre, furent surprises et dispersées par Charles III « avant même d'être rassemblées et d'avoir fait montre ». Ce désastre précipita la déclaration de guerre dont Henri IV prit l'initiative le 14 janvier 1590.

Pendant ce temps, un des compagnons de Sancy, le huguenot Antoine de Moret, sieur des Réaux, ralliant les gens du colonel Frantz, contingent de 500 chevaux arrivé après la défaite des reîtres, « trouva moyen de couler avec eux jusque dans le pays messin où, tenant la campagne, ils rassemblèrent ce qu'ils purent du débris général de leur levée, et ayant formé un petit camp volant à la faveur et épaulement de la ville de Metz, se mirent à entreprendre sur les pays de Son Altesse ». (1). Aux reîtres de des Réaux, se joignirent les bandes de Schelandre qui, retirées à Sedan depuis la reddition de Jametz, saisirent avec joie l'occasion de se venger des Lorrains en rendant aux Messins l'assistance récemment

_____
(1) Rosières.

prêtée. La ville de Sainte-Menehould, connue pour son loyalisme, envoya plusieurs compagnies, « toutes de cavalerie et bien délibérées ». Enfin, attirés par l'appât du pillage, de nombreux volontaires accoururent de Champagne « où la guerre avait rongé toutes choses ». N'y trouvant plus rien à prendre, ils gagnèrent « Metz et la Lorraine, qui regorgeaient de biens : de sorte qu'en moins de rien, se trouvèrent dans la ville 8 à 900 cavaliers » (1). Tous allèrent rejoindre Schelandre et des Réaux en pays messin, « sans toutefois, dit Rosières, que le sieur de Saubole, gouverneur de Metz, les avouât ni autorisât à visage découvert. Cela fut cause que Son Altesse lui envoya un trompette par le retour duquel elle fut... certiorée de l'intelligence de ceux de la campagne avec ceux de la ville, Saubole ayant dit seulement, pour réponse au trompette, *qu'il y avait une armée aux environs de Metz qu'il ne pouvait réprimer* ». Cette réponse et les ravages que l'armée susdite, couverte par Metz et Marsal, effectuait en terre lorraine, décidèrent Charles III à une rupture. Il déclara crime de lèse-majesté pour ses sujets, toute relation, quelle qu'elle fût, avec les habitants des deux villes, « et en rendit preuve, en même temps, par les effets des gens de guerre qu'il avait en pied » (2).

Saubole, de son côté, saisit les biens meubles de la noblesse lorraine et attaqua ses châteaux en pays messin. Il commença par celui de Villers-Laquenexy, propriété du sieur de Gournay, bailli de Nancy, coup de main qui coûta la vie à un sien neveu, « homme d'armes dans sa compagnie » ; le nom de sieur des Moulins (8) que

(1) Mémoire des choses (les) plus notables advenues en Champagne de 1585 à 1598, éd. G. Hérelle, 1882, in-8°.

(2) Les meilleures sources, pour l'exposé de cette guerre, sont la Chronique protestante de Paris (*B. N. fr.*, 14530 : point de vue huguenot messin) et l'Histoire de Charles III, de Rosières (point de vue catholique lorrain).

(3) Jean de Comminges-Saubole était sieur en partie de Moulis (près Saint-Girons).

lui donne Rosières, fait croire qu'il était fils de quelque
sœur aînée ignorée des généalogistes. Saubole l'avait
élevé, et sa perte le toucha fort : mais il n'eut pas le temps
de s'affliger car le jour même (27 janvier 1590) les hostilités se déchaînèrent sur toute la ligne. Les Lorrains de
Pont-à-Mousson, fondant sur le village messin de Lorry,
prirent quelques habitants, qui étaient huguenots « et les
firent cruellement mourir, notamment un pauvre vieillard
de 80 ans qu'ils rôtirent, découpant à d'autres les oreilles
en fleurs de lys ». Pour venger ces infortunés, les capitaines protestants Renaudin de Flavigny et Paul (1) atta-
quèrent la cavalerie ennemie en plusieurs rencontres
« dans l'une desquelles le capitaine Paul, rudement traité,
fut renvoyé fort blessé ». Enfin, un coup de main sur la
ville lorraine de Boulay, organisé par La Bastide, échoua
par la trahison d'un chanoine de Metz qui en avertit le
sieur d'Ancerville, commandant de la place ; préparé à
recevoir les assaillants, celui-ci les repoussa avec vigueur
et La Bastide périt ; son corps, ramené à Metz « en grand
deuil », fut inhumé dans la cathédrale avec force cérémonies et honneurs (18 février).

Irrités de ces insuccès, les Messins s'échauffèrent à la
lutte. Quelques jours après l'échec de Boulay, Saubole,
convoquant « dans l'Ile devant les ponts » les habitants
des villages circonvoisins, commanda à tous ceux qui
pouvaient « porter armes, de s'en équiper et fournir : et
furent les autres pris pour pionniers pour aller assiéger
Norroy (près Pont-à-Mousson) en l'église duquel y avait
une forte tour où les Lorrains avaient mis garnison ». Ils
firent une vive résistance, au cours de laquelle un gentilhomme du sieur de Schelandre fut tué en parlemen-
tant. Furieux, les Messins prirent d'assaut la place et en
massacrèrent les défenseurs, rendant cruauté pour

____

(1) Boucher messin qui, avec Flavigny, accompagna La Coste et
Joly en 1588.]

cruauté : « de trois frères, dit Rosières, l'un fut contraint
à pendre les deux autres pour sauver sa vie ». Les vainqueurs ne s'en tinrent pas là : ils pillèrent l'église, où les
habitants avaient « réfugié leurs meubles », mirent la
tour par terre et emmenèrent les cloches à Metz.

Cette revanche ne suffit pas à Saubole. Averti que les
Lorrains assiègent le château de Raucourt (près Nancy),
il forme une petite armée pour le secourir. Il y a là 500 cavaliers et autant de gens de pied. Des Réaux commande
en chef ; le colonel Frantz mène les reîtres ; le sieur de
Saint-Quentin, la compagnie de Saubole ; du Halt et le
capitaine sedanais Loppe, les coureurs. Partis de
Fleury (1) le 25 février, ils apprennent en route que Raucourt vient d'être pris et que les Lorrains se retirent sur
Nomény (2) avec leur artillerie. Ne voulant pas rentrer
bredouille à Metz, des Réaux tente d'enlever le canon
des Lorrains. Il s'avance, tombe sur l'arrière-garde ennemie, une quarantaine de cavaliers qui prennent le galop
pour rejoindre le gros de l'armée. Des Réaux les poursuit,
arrive vers Bouxières (3) en vue des troupes lorraines,
voit qu'elles se retirent sans ordre et les attaque. Aussitôt Maillane, gouverneur de Toul, lui fait face avec quatre
compagnies d'Albanais et celle d'Haussonville, gouverneur de Verdun. Après un rude choc, les Lorrains plient
et prennent leur course vers Pont-à-Mousson, où ils
comptent trouver asile. Mais les habitants en ont fermé
les portes, craignant que les vainqueurs n'entrent avec
les vaincus. Un carnage affreux comble de morts les
fossés de la ville où se sont jetés les soldats lorrains que
leurs adversaires taillent en pièces. « Les Messins pu-
blièrent, dit Rosières, qu'il était demeuré 400 morts sur
la place, 60 prisonniers, les drapeaux pris et tout le ba-
gage gagné ». L'historien lorrain réduit ces chiffres à

(1) Entre Metz et Raucourt.
(2) Près Nancy.
(3) Village messin de l'Ile.

« 60 tués et autant de prisonniers dont deux capitaines ». Quoi qu'il en soit, *la bataille de Bouxières* rendit les Messins maîtres de la campagne, et Saubole, voyant ses soldats dispos, décida *l'attaque des châteaux de la Seille*.

Louvigny, attaqué le premier, se rendit sans résistance ; puis vint le tour de Goin, « beau et fort, auquel fut trouvé une infinité de blé et autres biens ». La prise de Goin « occasionna les Lorrains qui étaient dans Raucourt d'en sortir, et à leur partir, le brûler ». L'effroi ouvrit ensuite aux Messins les portes de Sailly, Feron, Silly, Phlin et Mailly. Saubole pourvut à la sûreté de tous, laissant dans chacun d'eux un certain nombre de soldats qui firent des courses jusqu'auprès de Nancy, « amenant tout le butin qu'ils pouvaient dans Metz pour illec être vendu ».

Les Lorrains ne demeuraient pas en reste. Avertis que les forces ennemies sont toutes du côté de Pont-à-Mousson, ceux de la prévôté de Briey « s'assemblent plusieurs centaines », courent au village de Sémecourt, incendient l'église, tuent et blessent les habitants, emmènent des prisonniers. Un autre jour, ce sont les Lorrains de Moyeuvre qui, à leur tour, « courent et pillent sur le pays messin ». Les Messins, le 21 mars, leur rendent la pareille, puis organisent une expédition sur Sierck. Le capitaine huguenot (1) qui les mène envahit l'abbaye de Rethel proche la ville, saccage et massacre à cœur joie ; les gens de Sierck arrivent à la rescousse ; grande bataille, perdue par ces derniers, et rentrée triomphale des vainqueurs chargés de butin.

L'avantage, en somme, restait aux Messins, dont la victoire d'Ivry enfla le courage. On la fêta tant et plus à Metz ; des feux de joie s'allumèrent par toute la ville ; Saubole « commanda aux catholiques de faire une pro-

---

(1) La Chronique protestante l'appelle le sieur de Bu (peut-être Gaspard de Heu, sieur de Buy, cousin de Mme de Clervant).

cession générale et de chanter le *Te Deum*, avec autres
réjouissances » ; les huguenots eurent ordre « d'aller au
prêche à la Horgne-au-Sablon (1), pour rendre grâce à
Dieu de ladite victoire » (14 mars). L'édit de Nemours
avait supprimé l'exercice public du culte protestant,
mais le crédit du sieur des Réaux en permit le rétablissement hors de Metz. Des Réaux faisait prêcher son ministre à la Horgne et les huguenots messins en profitaient.
On devait bien cela au brave gentilhomme en qui Saubole trouvait un si valeureux auxiliaire. Bientôt tous
deux eurent leur victoire d'Ivry. Au début d'avril, les
Lorrains, avec 8 à 900 chevaux et quelque infanterie
vinrent assiéger Phlin (2), où il n'y avait que 20 hommes
de garnison. Après « six vingts coups de canon », les défenseurs, voyant la brèche faite et ne recevant nul secours,
se rendirent bagues sauves. Le secours, cependant, était
en route. Saubole avait eu grand'peine à le constituer. Il
venait d'envoyer les troupes sedanaises à Marsal, menacé
d'une attaque ; « les reîtres étaient diminués, les châteaux
fournis, » et les volontaires, gorgés de butin, rentrés chez
eux ; tout ce que notre héros put réunir pour secourir
Phlin « fut 200 cavaliers et autant d'arquebusiers à
cheval, avec quoi des Réaux se mit aux champs ». Les
choses tournèrent comme à Bouxières. En chemin, des
Réaux rencontre les défenseurs de Phlin qui lui disent
que le château est pris, la cavalerie lorraine en retraite
sur Pont-à-Mousson, et le canon embourbé près de Nomény où l'infanterie est demeurée. Aussitôt des Réaux
marche vers Nomény ; arrivé en vue de l'infanterie, il
feint de retourner sur ses pas ; les Lorrains le poursuivent
en désordre ; soudain, faisant volte-face et courant droit
à Nomény, les Messins barrent la route à l'ennemi, lui
tuant 80 hommes et lui faisant 50 prisonniers. De là, les

(1) Métairie distante de Metz d'un kilomètre.
(2) Et non Château-Salins (erreur des Bénédictins).

vainqueurs gagnent Phlin où, rencontrant le régiment
d'Esnes, ils le taillent en pièces près d'un moulin, sur la
Seille, dans les flots de laquelle un grand nombre de
Lorrains périrent noyés. Cette action, qui eut lieu le
18 avril, est connue sous le nom de *bataille de Nomény* (1).
Elle marque, pour Saubole et les siens, l'apogée des succès et le commencement des revers.

Depuis cinq mois, ils faisaient merveille : mais leur
petite armée sans solde et sans renforts s'usait par ses
victoires mêmes. Dans chaque forteresse conquise, il fallait laisser des hommes de garde ; on n'en pouvait mettre
que très peu ; néanmoins, si restreints qu'ils fussent, ces
prélèvements affaiblissaient la garnison de Metz et com-
promettaient la sécurité de la ville. Le départ des volontaires avait enlevé à Saubole une grosse partie de ses
effectifs ; le reste diminuait à chaque combat. Les Sedanais étaient à Marsal. Restaient les bourgeois de Metz :
toutefois comme, malgré les maux de la guerre, ils continuaient à entretenir les soldats, on n'osait avec leur
argent, prendre encore leur sang. Et pourtant, il l'aurait
fallu ! Parvenus au summum d'effort, Saubole et des
Réaux ne pouvaient garder l'avantage sans l'appoint de
troupes fraîches qui, dans les grandes batailles, décide
de la victoire. Mais où prendre des hommes ? Henri IV
assiégeait Paris, qu'il comptait réduire à bref délai. « Aussitôt après, mandait-il aux Messins, je vous aiderai : c'est
chose impossible à présent ».

Le duc de Lorraine saisit le moment. Il fit venir des
munitions de Flandre, rappela le marquis de Pont, qui
ne s'entendait pas avec Mayenne, et dont les troupes
jointes aux siennes formèrent une armée de 8000 hommes.
Les deux princes la commandèrent en personne et entre-

---

(1) De Thou, qui mentionne cette victoire au livre 98 de son Histoire,
se trompe en disant qu'elle fut remportée sur les Espagnols et que le
régiment détruit fut celui de Nervèze (Narvaez).

prirent des opérations régulières. Les premières eurent
pour objet *la reprise des châteaux de la Seille.* Chacun
d'eux n'avait qu'une garnison dérisoire, variant entre
dix et vingt hommes ; tout ce que pouvaient ces malheureux, c'était de succomber avec honneur : ce qu'ils firent.
Mardigny, dûment canonné, se rendit à composition. On
prit d'assaut Louvigny, défendu par le sergent La Roche,
qui fut pendu avec ses compagnons « parce que, dit Rosières, ils s'étaient moqués de l'impôt que Son Altesse
avait fait mettre sur les cheminées ». Ce n'était pourtant
pas un cas pendable ! Successivement Goin, Pontoy,
Sorbey, tombèrent au pouvoir des Lorrains ; et Charles III
fort de ces succès, se mit en devoir d'exécuter le projet
qui lui tenait le plus au cœur : *la reprise de Marsal.* Ce
n'était pas seulement pour ses salines et sa situation
militaire que Son Altesse voulait à tout prix reprendre
cette place : c'était pour en chasser le cadet Saubole et
ses gens, terreur du pays lorrain comme La Route et les
siens l'étaient naguère du pays messin. Le duc avait
essayé du procédé de ses adversaires ; un certain Pierre
Gies, ex-maître d'hôtel de feu La Route, le fils et le gendre
du boutavant (1) des salines, et un autre bourgeois de
Marsal tramèrent un complot pour lui livrer la ville :
mais découverts par le capitaine Saubole, ils furent exé-
cutés après un procès rapidement instruit.

L'événement décida Charles III à un siège en règle.
Les circonstances y étaient propices. Il n'y avait à Marsal
que 500 hommes et quelques pièces, fauconneaux et
autres munitions tirées de Metz, maigre défense en regard
des forces lorraines. On se trouvait, en outre, au début
d'un été brûlant, et la sécheresse avait tari les marais qui,
en temps ordinaire, rendaient la place presque imprenable. Le duc savait que Saubole ne pourrait secourir
son frère, n'ayant plus à Metz assez d'hommes pour assu-

(1) Celui qui fait valoir.

rer la défense des deux cités. Enfin toutes les forces de Champagne étant au siège de Paris, il semblait peu probable que la petite garnison de Marsal, ainsi abandonnée à elle-même, résistât longtemps au furieux effort de l'armée lorraine. Aussi Charles III, « au lieu de battre d'autres châteaux des environs de Metz, fit-il, dans les premiers jours de juin, tourner tête à ses soldats vers Marsal ». Trente pièces de canon vinrent de Nancy ; on lâcha les écluses de l'étang de Lindre pour activer l'assèchement des marais et faciliter l'approche des troupes. Par ce moyen, les Lorrains « gagnèrent pied à pied le bord du fossé, dressèrent trois batteries, accommodèrent des ponts artificiels sur la Seille et emportèrent un ravelin », le duc en personne allant et venant dans les tranchées. Pour réduire plus sûrement les assiégés, il fit tirer à boulets rouges sur la provision de bois préparé pour les salines, dont ceux-ci se servaient en guise de fascines. Aux effets de l'incendie s'ajoutèrent ceux du bombardement : quinze jours durant, l'artillerie lorraine battit les murailles où s'ouvrit une large brèche. Entourés d'un cercle de fer et de feu, le capitaine Saubole et ses gens se défendirent furieusement ; mais « après plusieurs belles et hardies saillies (1) et escarmouches, désespérés de secours, ils capitulèrent le 26 juin ». Tous quittèrent le lendemain Marsal « armes en mains, tambours battants, enseignes déployées, mèches allumées », avec 60 chars de bagages, deux desquels conduisaient les pièces tirées de Metz. « Son Altesse, dit Rosières, les avait réduits à l'extrémité, mais voulut bénignement leur pardonner et, comme ce grand roi de Macédoine, faire un pont d'argent à ses ennemis. Les princes ne doivent jamais désespérer leurs ennemis, *ains ménager sagement les occasions*, et les ramener par douceur... *sans vouloir rompre l'anguille au genou* ».

Charles III, nous le verrons, avait son idée à l'endroit

(1) Sorties

des Sauboles. En attendant, il occupa solidement Marsal et, après en avoir expulsé les malpensants, fit transporter le corps de La Route dans l'église où les Lorrains lui élevèrent le tombeau qui s'y trouve encore.

Ce succès exalta l'orgueil du prince. Il avait, l'an passé, réduit Schelandre à capituler dans Jametz ; il venait de contraindre Saubole cadet à lui rendre Marsal ; pourquoi ne réussirait-il pas à vaincre Saubole aîné dans Metz ? N'était-il pas temps de « mettre le pied sur la gorge » à cette cité qui lui faisait « une si dure et cruelle guerre ? ».

Dans cette intention vengeresse, Charles III et son fils s'emparèrent des châteaux et forts de Pange, Berlize, Ancy, Ax, Saint-Blaise, Grosyeux et Moulins, ce dernier à peine distant d'une lieue de Metz. Le 22 juillet, toute l'armée lorraine s'y vint établir. Le duc avait résolu de *bloquer la ville*. Il gagna le grand pont de pierre sous lequel coulait alors la Moselle, « se rendit maître du passage de la rivière, fit couper les arbres d'alentour du village qu'il environna de remparts et de tranchées : et firent là les Lorrains un fort merveilleux, tant de bois que de terre, étant là renfermés comme dedans une place forte... Le duc y fit loger et placer le canon en sorte que rien ne pouvait sortir ni entrer qu'à la risque de ses troupes ». En même temps, ses soldats procédaient, par toute la contrée, à cette dévastation méthodique connue dans la stratégie du temps sous le nom significatif de *dégât*.

Le dessein de Charles III était plus politique que militaire. Le duc avait maints adhérents à Metz, dans le clergé, qu'il dominait par son fils l'évêque, dans la noblesse, où primaient ses vassaux et les gentilshommes à ses gages (1). Malgré la surveillance dont ils étaient

----

(1) La plupart des vassaux du duc en pays messin, membres des anciens paraiges, figuraient comme représentants de la noblesse aux assemblées des trois Ordres. Les « gentilhommes aux gages de M. de Lorraine » étaient ceux d'entre eux qui exerçaient des charges à la cour de Nancy.

l’objet, ses partisans entretenaient avec lui des intelligences qui venaient de coûter la vie à deux d’entre eux : l’un, Jacques d’Artaize, avait écrit au duc lorsqu’il assiégeait Louvigny ; l’autre, Claude des Moines avait (on s’en souvient) averti d’Ancerville de l’expédition sur Boulay. Décapités le 23 juin, ils furent, le premier, coupé en quatre, chaque quartier exposé sur un chemin, et sa tête plantée sur la porte Saint-Thiébaut ; le second, enterré « pour ce qu’il était homme d’Église ». Ce terrible exemple avait ralenti le zèle des conspirateurs ; mais alors les Lorrains étaient devant Marsal ; à présent, ils étaient devant Metz, et la présence de Charles III rendait courage à ses amis : ceux-ci devinaient que son but était moins d’attaquer la ville que de l’affamer, afin d’y susciter une émeute à la faveur de laquelle ils lui en ouvriraient les portes. « À quoi, dit Du Gué, le sieur de Saubole ne se trouva peu empêché… parmi un peuple divisé en religion, d’humeurs assez diverses, appauvri par les grands et continuels prêts qu’il faisait… pour aider à la solde des gens de guerre… avec tout cela sans pouvoir entendre nulles nouvelles du roi, ni lui en faire savoir aucune de l’état déploré où se trouvaient ses affaires au pays messin, (état tel) qu’à aucunes fois ledit sieur de Saubole s’est vu sans avoir un quart d’écu sien ni espoir d’où en pouvoir recouvrer ».

Le silence d’Henri IV s’expliquait par le marasme où le plongeait l’opiniâtre résistance des Parisiens et l’arrivée d’une forte armée espagnole que le duc de Parme, neveu de Philippe II, amenait à leur aide. Il comptait d’ailleurs qu’alarmés des conquêtes de Charles III, les princes germaniques protestants secourraient Metz contre lui. « J’ay ceste ferme créance, écrivait Saubole au duc de Deux-Pont le 24 juin, (qu’en gardant toutes ses forces autour de Paris, le roi) s’asseuroit que nous serions secourus du costé d’Allemagne, et le croit encores, pour nous faciliter la récolte prochaine, laquelle venant à nous estre interdite, on peut bien compter ce gouvernement perdu » (1). Il le paraissait en effet. Nul secours ne venait d'Allemagne, les princes, perplexes, n'osant l'envoyer. Aussi le 23 juillet, informant Deux-Ponts que l'ennemi bloque Metz et que le roi espère toujours en ses alliés, Saubole observe-t-il amèrement : « Le duc de Lorraine se promet de si bons amis entre eux et parmi ceux qui ont charge des affaires de Sa Majesté, qu'il n'appréhende aucunement ce secours, qu'il estime debvoir estre nul (2) ».

Pour les peuples comme pour les individus :

Il n'est meilleur ami ni parent que soi-même.

Notre héros le comprit : voyant l'ennemi et la famine aux portes, il recourut à la levée en masse que le commun péril exigeait. « Tous les bourgeois eurent ordre de s'équiper d'armes, chacun selon son pouvoir et état. » Ce commandement fut beaucoup mieux accueilli que Saubole et surtout que Charles III ne s'y attendaient. Le blocus « animait » tellement les Messins « qu'incontinent tous les hommes valides, tant d'une religion que d'une autre, s'armèrent, prêtèrent le serment et furent prêts à marcher » pour déloger l'ennemi de Moulins. Les Lorrains apprirent que les habitants avaient 6 à 7.000 hommes de pied, avec canons et cavaliers pour effectuer ce projet. Ceci fit réfléchir Son Altesse, qui croyait ses affaires plus avancées qu'elles n'étaient dans la place. Le prince sentait bien qu'à lui seul il ne parviendrait pas à prendre une ville devant laquelle avait échoué Charles-Quint. Là-dessus le duc de Parme requit son allié de l'assister quelque peu dans son expédition sur Paris. Cette demande fournit à Charles III un honnête prétexte pour lever le siège et s'en retourner avec ses gens. Ils partirent si vite que lorsque les Messins arrivèrent en armes à Moulins, ils n'y trouvèrent plus personne. « Sans coup férir, ils s'en

---

(1) V. Bezold, t. III. Lettres 367 et 378.
(2) V. Bezold, t. III. Lettres 367 et 378.

virent maîtres, et ensuite des autres châteaux et forts des
environs qui pareillement leur furent délaissés, toutes les
troupes lorraines ayant reçu l'ordre de se retirer du côté
de Neuchâtel pour se rafraîchir ». Néanmoins, comme
avant de partir les Lorrains avaient menacé de revenir
vendanger les vignes du pays messin, Saubole installa
soldats et bourgeois armés à Moulins pendant la durée des
vendanges, qu'on fit ainsi « avec la force comme on avait
fait la moisson ». En dépit de ces traverses, les Messins se
gaudirent du délogement précipité de l'ennemi. Quant
à Charles III, il déplora bien haut l'envoi de renforts au
duc de Parme « qui l'empêcha d'avoir raison de la ville de
Metz, laquelle il avait jà réduite à des extrémités très
grandes » lorsque l'inopportune demande du général
espagnol « lui fit perdre toute commodité de venir à bout
de son entreprise ». Et pour bien montrer qu'il n'entendait
nullement y renoncer, il partit pour Liége où il recruta
de nouveaux régiments, voulant porter son armée à
10.000 hommes, afin « de faire quitter la campagne aux
Messins, les resserrer de plus près qu'il n'avait encore fait
dans leurs murailles, et se venger des ravages par eux
commis en ses pays depuis l'exploit de Moulins et des
châteaux et forts voisins ».

La lutte annoncée n'eut cependant pas lieu : car malgré
leurs rodomontades les belligérants n'en pouvaient plus,
et à Nancy comme à Metz on était unanime à souhaiter
une trêve qui permît à chacun de reprendre haleine.

IX

LA TRÊVE DE NOVÉANT

On imagine, d'après ce qui précède, les souffrances en-
durées, pour la querelle de leurs princes, par ces deux
peuples de même race, de même langue, naguère unis
par des liens séculaires. La pauvre Lorraine, écrasée
d'impôts, saignante de mille plaies, « retentissait de cris,
pleurs et lamentations ».

On n'était pas plus à l'aise dans le camp opposé. La
guerre tarissait les principales ressources des Messins ; ils
vivaient du commerce des blés, des vins, et les Lorrains
étaient leurs meilleurs clients ; ravagées par les courses,
les campagnes demeuraient en friche ; leurs habitants,
réfugiés à Metz, y accroissaient le nombre des bouches à
nourrir. Et c'était à ces gens qu'il fallait demander de sus-
tenter une garnison dont leurs moyens, en temps de
paix, ne suffisaient pas à entretenir la moitié ! Des maux de
la guerre, ce n'était pas là le moins cruel. Aussi, tant qu'il
put, Saubole chercha-t-il des ressources ailleurs. Il fit
flèche de tout bois, utilisant les revenant-bons de la lutte,
rançons des prisonniers, butin razzié en terre ennemie,
produit des sauvegardes (1), amendes infligées aux con-

(1) Protection accordée moyennant finance contre le pillage.

trevenants à la loi, vente de marchandises lorraines, confiscation des biens de criminels. Mais il s'en fallait que ces moyens *d'infortune* fussent suffisants (1). Alors le gouverneur recourut aux salines de Marsal. Le 12 mai, il vend 1.050 muids de sel, pour 8.000 écus, à plusieurs gros marchands huguenots de Metz, Mathurin Chauveau, sieur de la Grange-Fouquet, Regnault Goz, sieur de Grosyeux, Jacques Hannès, dit l'Espingal, changeur des monnaies, Toussaint Le Coq et autres. Toutefois, comme le sel est à Marsal et que Saubole doit le faire venir, aux frais et risques du roi, dans un délai maximum de trois mois, les acheteurs ne lui verseront comptant que 4.000 écus ; ils donneront les 4.000 autres quand la moitié du dit sel leur aura été délivrée : et comme il faut bien qu'ils y gagnent, défense sera faite de vendre sel tant qu'ils n'auront pas écoulé le leur à raison de 10 francs la quarte, soit dans le pays, soit hors, s'ils le préfèrent. (2)

Ceci est arrêté le 12 mai (1590). Six semaines après, tout est par terre : Marsal est perdu, le sel aussi, l'argent idem. Il faut retomber dans l'ornière et recourir aux habitants : mais la scène traditionnelle revêt, cette fois, un caractère particulièrement émouvant. Devant toute la communauté assemblée par le maître-échevin assisté des conseillers et des Treize, Saubole et des Réaux viennent exposer la nécessité, tant pour le service de Sa Majesté que pour la conservation du peuple messin, de trouver promptement 6.000 écus pour la solde des gens de guerre français et étrangers veillant à la défense du pays. En garantie de ce prêt, le roi offre « certaines bagues » (3), qu'il a confiées à des Réaux « pour les bailler en gage et consigner, soit entre les mains des magistrats, soit au trésor public de la ville ». Effectivement, les 6.000 écus réalisés par levée

____

(1) Du Gué (fº 152 vº) évalue à 15.000 écus l'appoint ainsi fourni, d'après le relevé qu'en fit dresser la Chambre des Comptes, l'an 1599.

(2) A. M., 86, liasse 10, pièce 17.

(3) Bijoux.

générale, des Réaux, en présence de Saubole, de Nicolas de Sandras, conseiller maître des requêtes, et des deux sommités de la garnison, du Halt et Mommas (1), remet à Jacques Praillon « une table de diamant en ung anneau d'or esmaillé de noir, pesant l'or et la dite table demy once moins quinze grains; plus une autre bague à pendre au col (2), où y a une grande esmeraude taillée à facettes, garnie de figures d'or entour, esmaillée aux costez de ladite esmeraude, pesant l'or et la dite pierre 2 onces 3 trézeaux et demy, lesquelles bagues ledit sieur des Réaux a dit et desclaré appartenir à Sa Majesté ». Praillon et ses collègues promettent de les garder fidèlement et de les restituer quand Henri IV leur rendra les 6.000 écus avec intérêts ; sinon « il leur sera loisible de les vendre ou engager en la meilleure forme et manière que faire se pourra » (14 juin).

Six semaines passent encore. Voici Marsal pris, sa garnison réfugiée à Metz, l'ennemi établi à Moulins, les 6.000 écus dévorés. Saubole, aux abois, mande les notables, les conjure « de rechercher tous les moyens possibles de trouver deniers, encore qu'il sache très bien le devoir que l'Etat de cette ville a fait par ci-devant de fournir argent pour la garnison : mais il est contraint de revenir à la charge : il y va du salut de tous ». Les notables secouent la tête. Rien à faire, tout est épuisé et ruiné, tant le général que le particulier : il n'y a plus d'objets précieux que dans les églises. Ne pourrait-on, suggèrent les huguenots, utiliser ces joyaux, dans la pénurie où l'on est ? Le gouverneur ne demande pas mieux ; mais Messieurs du clergé jettent les hauts cris ; jamais ils ne consentiront à ce sacrilège ! qu'on s'avise d'un autre expédient : car celui-ci

(1) Premier capitaine depuis la mort de La Bastide.
(2) Pendentif.

« n'est pas tolérable » (1). Enfin, après une laborieuse consultation, on résout ceci : Messieurs des Etats, « pour faire
de plus en plus paraître leur affection au bien et avancement du service du roi », rendront au sieur dés Réaux la
bague et le pent-à-col de Sa Majesté, afin qu'il en tire parti
du mieux qu'il pourra. Des Réaux ne se fait pas prier ;
le 24 août, en présence des mêmes personnages, il reçoit
les joyaux des mains de Praillon, et les Messins, démunis
de leur gage, referment en soupirant leur coffre vide.

N'est-elle pas touchante, cette page d'histoire ensevelie
depuis trois siècles dans la poussière des archives messines,
et ne mérite-t-elle pas de figurer dans cette suite de ta-
bleaux populaires qui s'appelle la reconquête de la France
par Henri IV ? Le Béarnais sacrifiant ses joyaux à la
défense de Metz et les Messins sacrifiant ces gages au
bien de son service, feraient un pendant pittoresque à la
victoire d'Ivry. Nos historiens, séduits par les actions
brillantes, n'ont daigné prendre garde au rôle des habitants
de Metz et de leur gouverneur dans l'épopée nationale
qu'un grand écrivain nommera plus tard *la Henriade*. Ce
rôle eut pourtant son importance. Tandis que le roi, héros
déjà légendaire, moissonnait les lauriers aux champs
d'Arques et d'Ivry, Saubole et les Messins, embarrassant et
retenant en Lorraine toutes les forces de Charles III furent
la troupe dévouée qui, pour faciliter la victoire du chef,
attire sur elle les coups d'un gros d'ennemis et tombe obscu-
rément dans un coin du champ de bataille.

Ils étaient à bout : les soldats tenaient encore, mais les
bourgeois demandaient grâce. Une députation vint supplier
le gouverneur « d'incliner à une trêve avec M. le duc de
Lorraine, afin qu'ils eussent quelque peu moyen de respirer ». Notre héros ne se montra pas contraire à ce vœu :

(1) On « visita » seulement les susdits joyaux, dans l'espoir d'en
pouvoir utiliser quelques-uns : mais tous étant nécessaires au culte'
on conclut « qu'il était impossible d'y toucher » (*A M.*, 222, séance du
17 novembre 1590).

lui aussi avait grand besoin de *respirer*! Mais, dit Du Gué, « reconnaissant qu'il y allait du salut de toute la Champagne et peut-être d'une bonne partie du royaume au profit de son vrai et naturel prince, que de retraire et entretenir Son Altesse dans ses pays propres, en cette saison où le roi, attaché au siège de Paris, avait sur les bras une pressante armée étrangère..., il délaya et ménagea tellement la nécessité qui l'accablait, et au-dedans et au-dehors de son gouvernement, qu'il fit couler le temps de la convention de cette trêve jusqu'au 30 du mois de septembre 1590 ». L'intervalle fut rempli par des pourparlers engagés sous les auspices de Jean-Casimir et de son parent Deux-Ponts par leur mandataire Jacques du Val, sieur de Mondreville : Français de naissance, Lorrain de cœur et d'intérêts, excommissaire des gens de guerre allemands, il pouvait s'entendre avec tout le monde, et l'épuisement universel lui facilita la tâche.

Les conférences s'ouvrirent à Novéant-sur-Moselle (1), entre Jean de Lenoncourt et Claude Bardin, délégués de Charles III ; Bertrand de Mommas et Pierre Joly, délégués de Saubole. On avait choisi ces plénipotentiaires, Lenoncourt, pour ses missions antérieures auprès du gouverneur de Metz ; Bardin, pour celles de son frère ; Mommas, pour son mariage avec la veuve du sieur de Pange (2) ; Joly, pour sa qualité d'*alter ego* de Saubole. Tous quatre, après des négociations assez aisées, arrêtèrent, le 28 septembre, les conditions suivantes : Les hostilités cesseront entre les pays et sujets du duc de Lorraine et le gouvernement et les habitants de Metz et du pays messin. Les uns et les autres vivront en toute concorde et amitié, comme ils faisaient avant la guerre selon les clauses du traité de Nomény (3).

---

(1) Village situé à 14 kilomètres de Metz et dépendant de la terre de Gorze.

(2) Marie de Salcède. Elle épousa Mommas le 25 octobre 1588.

(3) Traité passé en 1563 entre la ville de Metz et les ducs de Lorraine pour régler leurs droits respectifs.

La culture et le commerce seront libres ; les prisonniers, libérés moyennant rançon courtoise pour les civils, et un mois de solde pour les militaires ; les châteaux mutuellement conquis, restitués sous réserve de les rendre à leurs détenteurs actuels 15 jours avant l'expiration de la trêve. Seront admis au bénéfice de cette trêve non-seulement les possessions directes de Son Altesse, mais aussi les pays protégés par elle : Trois-Évêchés, Terre de Gorze et marquisat de Nomény ; comme de même en jouiront les pays protégés par le roi. Par articles secrets, Charles III consent à y comprendre Sedan , Villefranche et Langres, villes dont les garnisons lui font une guerre acharnée, à condition qu'elles cessent leurs entreprises sur les terres de ses vassaux situées dans leur voisinage, nommément sur celles des sieurs de Lenoncourt, voisines de Villefranche, et des sieurs de Bourbonne, Mélay et Artigoly, voisines de Langres. La trêve est conclue pour 15 mois (1er oct. 90, — 1er janv. 92) si le roi la ratifie ; et pour 3 mois seulement (1er oct. 90 — 1er janv. 91) s'il ne la ratifie pas (1).

La publication de l'accord de Novéant fut faite à Metz le 29 septembre : après quoi la gendarmerie étrangère se retira ; les reîtres du colonel Frantz quittèrent la ville le 6 octobre ; des Réaux et les Sedanais partirent le 9 ; en même temps Saubole remit aux mains de leurs propriétaires les châteaux et places dont il s'était saisi. Ainsi se terminait par une paix incertaine entre des adversaires également harassés, cette année de luttes sanglantes dont le sac de Norroy, la bataille de Bouxières, celle de Nomény, la prise et reprise des châteaux de la Seille, le siège de Marsal et le blocus de Metz avaient été les épisodes marquants.

Combien de temps durerait ce répit ? On se posait la question avec anxiété : car il semblait douteux qu'Henri IV

______

(1) *B. N.*, fr., 5045, f° 250. *B. I.*, col. Godefroy, t. XCVII, f° 118. *B. M.*, *Preuves non imprimées de l'Histoire de Metz*, t. II, f° 507 (Les articles secrets manquent).

maintînt un arrangement qui rendait les mains libres
au duc de Lorraine. Celui-ci, au reste, poursuivait ses
desseins contre Metz. L'attitude des princes allemands lui
faisait croire qu'ils le verraient volontiers reprendre les
Trois-Evêchés à la France au nom et comme mandataire
du Saint-Empire. Il leur fit donc représenter (1) qu'en
attaquant Metz, il n'avait songé qu'à se défendre et non
à violer les droits du corps germanique. Qui mieux que
Charles III sait combien ladite ville importe audit Saint-
Empire et quels efforts fit Charles-Quint pour la recouvrer ? Mais les circonstances, alors, étaient contraires ;
l'hiver empêchait l'armée de tenir la campagne ; d'émi-
nents capitaines, bien munis de toutes choses, dirigeaient
la résistance ; les habitants, d'une seule religion, avaient
tous même esprit ; la France était une et forte. Aujourd'hui
la France et Metz sont aussi divisées en religion qu'en
opinion ; le duc de Parme vient de ravitailler Paris ; les
ligueurs gardent tous les passages environnants ; ils tiennent,
en outre, les principales places et villes de Champagne : en
admettant que le Béarnais voulût assister les Messins
assiégés, il ne pourrait s'ouvrir un chemin qu'au prix
d'énormes difficultés. Si donc le roi de Navarre ne trouve
des princes protestants d'Allemagne pour secourir Metz,
cette ville, investie au printemps, pourrait être prise en
trois ou quatre mois et remise sous l'obéissance du Saint-
Empire. Charles III se fait fort d'y réussir, avec l'aide de
Dieu et de deux bons régiments que l'empereur et les
princes catholiques lui enverraient à cette fin. Sinon, il
devra requérir l'aide espagnole, la conquête de Metz étant
nécessaire au salut de la Lorraine : mais quoi qu'il advienne, Son Altesse y reconnaîtra toujours le Saint-Empire,
à condition qu'on lui rembourse ses frais de guerre (2).

(1) Par le baron de Sprinzenstein, envoyé à Nancy pour réconcilier
Charles III avec l'archiduc Ferdinand d'Autriche, dont les troupes
lorraines avaient pillé les terres d'Alsace.
(2) *B. N. Lorr.*, t. XIII, f° 97.

L'éloquence de l'ambitieux prince fut vaine. Il avait déjà Toul, Verdun et Marsal : plutôt que de le voir y ajouter Metz, Messieurs du Saint-Empire préféraient encore laisser les choses telles quelles. Déçu dans son attente, Charles III envisagea la lutte avec moins d'ardeur. Néanmoins comme le mois de janvier 91 approchait, il prit ses mesures en prévision d'une rupture que redoutaient également Lorrains et Messins. Depuis la conclusion de la trève, ils s'étaient remis à vivre et à espérer. Les relations se renouaient : chaque jour, les habitants de Metz recevaient des plus proches villages lorrains « vivres et commodités qui leur apportaient grand soulagement ». Les paysans messins, rentrés chez eux, commençaient à reprendre le travail, lorsqu'à leur indicible terreur, ils virent « l'ennemi ramasser ses forces et rétablir ses garnisons aux alentours de la ville et du pays. » Epouvantés, ils se sauvèrent « tout nus » à Metz, où régnaient l'angoisse et la désolation. Quoi ! on avait à peine eu le temps de souffler, que déjà la guerre reprenait ! Un chœur de supplications s'éleva vers le gouverneur « pour qu'il lui plût faire prolonger la trève ». Les Lorrains, de leur côté, imploraient même faveur de leur duc : si bien que devant la détresse des deux peuples, Saubole et Charles III décidèrent d'un commun accord de prolonger ladite trève jusqu'à Pâques.

On respira un peu, mais bien peu. Qu'est-ce que trois mois pour relever des ruines de guerre, et à quoi bon tant de peine si, ce temps révolu, tout est remis en question ? « M. de Saubole a eu pitié de nous, Sire, écrivent le 7 janvier les magistrats de Metz au roi. Nous supplions Votre Majesté qu'il lui plaise vouloir approuver, ratifier et confirmer ce qui a été accordé par mon dit sieur, *non-seulement pour ledit temps*, (la brièveté duquel ne permettrait à personne de cultiver et ensemencer les terres, et moins de faire la récolte) *mais aussi pour toute l'année*, si le bien de votre service le peut permettre, attendant une paix qui nous

est tant nécessaire et tant désirée ». A ce vœu, Henri IV
ne pouvait se rendre : tout au plus lui était-il possible
d'accorder des prolongations de trois mois en trois mois (1)
seule concession que « la nécessité de ses affaires » lui
permît. « Nous avons entendu par vos députés et par
les lettres du sieur de Saubole ce qui a été accordé pour
la continuation de la trêve, écrit-il aux Messins le 28 avril.
Nous approuvons la continuation d'icelle jusques au jour
de la Pentecôte, et mandons au sieur de Saubole de prolonger encore jusques au premier jour de juillet prochainement venant, dans lequel temps nous aviserons de la
prolonger davantage, selon qu'il en sera requis pour le
repos de votre pays et le bien de notre service. Ledit
sieur de Saubole vous fera, sur ce, entendre plus particulièrement notre volonté. » (2).

Henri IV voyait bien que les Messins en avaient assez.
Il chercha dès lors un autre adversaire à Charles III, et
le trouva en la personne d'Henri de La Tour, vicomte de
Turenne, le meilleur et le plus habile de ses lieutenants.
Le roi l'envoya dans toutes les cours protestantes d'Europe pour y draîner troupes et subsides. Le duc de Lorraine avait prévu le danger en observant qu'il serait rela-
tivement aisé de prendre Metz *si le Navarrois ne trouvait
des puissances huguenotes pour la secourir.* C'est à quoi
s'employa Turenne près de la reine d'Angleterre, des
Etats de Hollande, des électeurs de Saxe et de Brandebourg, du prince Jean-Casimir, de la ville de Strasbourg
et *tutti quanti.* Il réunit ainsi, au prix de mille peines,
une imposante armée de reîtres. L'électeur de Saxe,
tout-puissant allié d'Henri IV, ayant exigé que le prince
d'Anhalt-Bernbourg en fût chef, on convint que Turenne
commanderait jusqu'à ce que l'armée eût rejoint le roi,

(1) V. pour ces prolongations : *Lettres et Instructions* de Ch. III.
Preuves non impr. de l'Hist. de Metz, t. II, fos 511 et 515. *B. N.
Lorr.*, t. IX, fo 118.
(2) Lettres missives.

et qu'ensuite Anhalt prendrait sa place. Le passage des
reîtres, fléau plus redouté des Lorrains que tout autre,
suffirait, pour le présent, à donner de l'occupation au
duc Charles.

Cependant les Messins, voyant venir juillet sans que
Sa Majesté parût songer à la trêve, conjurèrent Saubole de
la prolonger, ce qu'il ne fit que sous réserve de l'appro-
bation royale. Un messager partit la solliciter, et en attendant son retour, prolongation fut accordée d'abord jusqu'au 8 juillet, ensuite jusqu'au 1er septembre. Mais
atteindre le camp d'Henri IV n'était pas commode ; postés
à tous les passages, les ligueurs arrêtaient les courriers,
interceptaient les dépêches ; en outre, le roi se déplaçant
constamment, il fallait lui courir après de ville en ville :
si bien que le messager de Saubole, parti dans les premiers jours de juillet, n'était pas encore revenu le 13 août,
comme l'atteste ce billet de notre héros à Charles III :
« Monseigneur, nous approchons de quinze jours l'expiration de nostre tresve, sans que celuy que j'ay envoyé
vers le Roy soit de retour : et bien qu'il fust dit, en trai-
tant la dernière prolongation, que si je n'avois nouvelles
dans tout le mois d'aoust, le 1er septembre seroit le quin-
ziesme avant ladite expiration, si est-ce que, pour n'en
estre rien demeuré par escrit et afin que je ne sois prévenu, j'envoye ce porteur vers Vostre Altesse pour le luy
ramentevoir, afin que si elle l'a aggréable, elle me l'advoue par ses lettres et le tienne pour résolu dès maintenant. Sinon, qu'il luy plaise commander que les chas-
teaux me soient remis en main dès le seiziesme de ce
mois (1). »

L'armée des reîtres venait de passer la frontière : on
peut penser si Charles III avait envie de rompre la trêve !
Il s'empressa d'acquiescer à la demande du gouverneur
de Metz qui, l'en remerciant deux jours après, ajoute :

(1) *B. N. Lorr.*, t. XIII, f°s 112 et 114. Orig.

« S'il plaist à M. de Mondreville de se trouver lundy à
Novéant, j'y enverray pour conférer avec luy. »

Cette conférence allait donner lieu à un épisode où le
zèle royaliste de Saubole et le zèle ligueur de ses adversaires s'affrontèrent dans un engagement aussi drama-
tique que les combats qui les avaient jusqu'alors mis aux
prises.

X

LES TENTATEURS

« Tout ainsi que la trève, dit Du Gué, donna du relâche
à la fatigue des gens de guerre du pays messin, moins
d'ouverture à la bourse des habitants du secours de leurs
deniers qu'ils faisoient, et (moins) de sujet aux guerroyants
es pays de ne plus tant songer... à se rendre, par la force
de leurs armes, seigneurs de cette renommée ville pour
avoir borné le *Plus oultre* de ce grand empereur Charles
cinquiesme (1), elle les porta à méditer des pratiques et
menées pour, par or, argent, projets de grandeur et d'émi-
nents honneurs, voire d'appréhension... d'une grande
chute de condition, ébranler et faire brèche à la constante loyauté de ce généreux seigneur de Saubole. »

En effet, proches voisins de notre héros, Espagnols et
Lorrains connaissaient les épines de sa couronne : sa pau-
vreté ; sa position ambiguë entre d'Epernon et le roi ;
l'impossibilité de servir deux maîtres ennemis dont chacun disait : « Qui n'est pas avec moi est contre moi »; la
difficulté de gouverner un Etat qu'on ne pouvait traiter
ni en pays français, ni en pays conquis, ni en pays indé-
pendant, et qui participait à la fois de ces trois caractères ;

(1) Allusion à l'échec de Charles-Quint devant Metz, « Plus outre »
étant la devise de l'empereur.

enfin le perpétuel et harcelant souci de faire vivre une garnison affamée, mécontente, aux frais d'un peuple épuisé, non moins mécontent. Ce n'était pas là un sort enviable, et Saubole, dans le secret de son cœur, en devait souhaiter un autre. Ce sort, Charles III et Philippe II ne demandaient qu'à le lui faire aussi doré qu'il le désirerait. Grosse somme d'argent, titres d'honneur, terres et seigneuries, Metz valait cela et bien davantage ! Il ne fallait plus compter la prendre de force : le refus d'aide du Saint-Empire, l'arrivée de Turenne et de ses reîtres, bornaient de ce côté tout espoir de conquête. Les renforts que venait de recevoir Charles III, — 4.000 Suisses levés par Mayenne et un corps d'Italiens envoyé par le Pape, — suffiraient tout juste à défendre ses Etats contre les reîtres. Quant à l'Espagne, son armée opérait devant Paris sous le duc de Parme qui avait même, pour cette opération, emprunté des troupes au duc de Lorraine. Les ressources nécessaires au siège de Metz manquaient donc aux deux alliés. Néanmoins l'or et les promesses sont souvent plus efficaces que les canons, et Charles III n'avait pas attendu jusqu'à ce jour pour faire comprendre à Saubole son vif désir de le gagner : ses lettres conciliantes, ses procédés courtois, l'honorable capitulation accordée aux défenseurs de Marsal, manifestaient déjà ses intentions. Sur le conseil de son fils l'évêque, il s'était risqué à les rendre plus claires. Une information du 4 juillet 90, émanant « d'un quidam digne de foi », rapporte que le duc de Lorraine... veut s'emparer de Metz et probablement la remettre aux mains de l'Espagne, ne pouvant la garder devant l'opposition de l'Empire et de la France ; que le gouverneur est homme de sens ; que Son Altesse a préparé le terrain auprès de son frère ; et qu'un des promoteurs de l'affaire est *notre évêque* (1).

Mais déjà, dans cette voie, un parent de Charles III

____

(1) V. Bezold, t. III, lettre 367. Notes.

l'avait devancé. C'était un membre de l'Empire, cousin de Jean-Casimir et du duc de Deux-Ponts. Il se qualifiait avec pompe de « très illustre prince George-Jean, palatin du Rhin, duc de Bavière, comte de Veldenz et de Lutzelstein » : en France, on l'appelait plus simplement le comte de la Petite-Pierre (1).

Curieuse figure que celle de ce personnage ! Les fées avaient mis dans son berceau, l'une la souveraineté du comté de Veldenz, l'autre celle du comté de Lutzelstein et le rang de prince d'Empire, la troisième un mariage avec la fille du roi de Suède Gustave Wasa, la quatrième les dons intellectuels les plus rares, et la dernière le grain de folie qui devait tout perdre. Folie des grandeurs, folie des inventions, folie des constructions, la fortune de George-Jean sombra dans ce triple gouffre. Pour la refaire il se voua au commerce, à l'industrie, à l'alchimie, qui achevèrent sa ruine. Alors, comme son compatriote le docteur Faust, il se donna au diable, c'est-à-dire au roi d'Espagne : rétablir ses affaires avec l'or de Sa Majesté catholique devint son rêve. Du jour au lendemain, ce protestant zélé, cette colonne du temple, se mua en suppôt de la Ligue : de son château de la Petite-Pierre, il accabla le duc de Parme (2) d'offres de service éperdues.

Le 28 mars 1591, son conseiller Godefroy de Taxis (3) vint trouver Farnèse et lui développa ces offres. Parmi divers projets marqués au coin d'un esprit chimérique et brouillon (4), George-Jean se faisait fort, moyennant 200.000 florins d'Allemagne, d'acheter la ville de Metz à ses gouverneurs pour le compte de Philippe II. In-

(1) Traduction française de Lutzelstein.

(2) Alexandre Farnèse, duc de Parme, neveu de Philippe II par sa mère Marguerite, fille naturelle de Charles-Quint. Farnèse, depuis 1578, gouvernait les Pays-Bas espagnols.

(3) Ex-conseiller de l'archevêque de Cologne (V. v. BEZOLD, t. III, lettre 515, note 1).

(4) V. ces projets (même lettre).

terrogé sur cette affaire, Taxis déclara qu'elle était sûre ;
que les gouverneurs, deux frères nommés *Cebolle*, natifs de
Bayonne, étaient ligueurs au point de fermer leurs portes
à tout envoyé du Béarnais, réservant l'accès de la place
à ses seuls ennemis ; qu'en cette qualité, lui, Taxis, avait
visité la citadelle, et que les dits Cebolles n'attendaient
plus que l'argent promis pour conclure le marché. L'émis-
saire du comte de la Petite-Pierre rêvait-il en énonçant
ces énormités ? Nullement. Les Sauboles, en l'occurrence,
dupaient l'ennemi pour surprendre ses secrets, et ils
jouaient si bien leur rôle que Taxis et son maître s'y
étaient pris. Farnèse, au reste, n'eut pas le temps d'élu-
cider la question : il allait partir pour la France. Cependant il assura Taxis que si George-Jean « pouvait effectuer
ce qu'il avait commencé à traiter pour la réduction de
Metz », l'Espagne lui fournirait les fonds nécessaires et
reconnaîtrait largement ses soins.

Le duc de Lorraine eut-il vent de la chose ? craignit-il
que Veldenz ne lui soufflât Metz ? Toujours est-il que
pour arriver premier, il employa le négociateur même de
la trêve, Jacques du Val, sieur de Mondreville (1). Nous
avons entrevu ce personnage. Fils d'un riche bourgeois
de Caen anobli par Henri II pour ses services, il avait
fait à la cour une brillante fortune. Successivement trésorier des guerres, ambassadeur extraordinaire près de
l'Empereur, chevalier de l'ordre du roi, gentilhomme de
la chambre, maître d'hôtel de la reine-mère, commissaire
et conducteur général des gens de guerre allemands, il
épousa en 1578 une opulente héritière, Anne de Bossut,
qui lui apporta le comté de Dampierre et la baronnie de
Hans, près Sainte-Menehould. Henri III et sa mère

____

(1) Aujourd'hui Mondrainville, à 12 kilomètres de Caen. Jacques
du Val figure aussi dans les écrits du temps sous les noms de Man-
dreville et d'Emandreville (ce qui l'a fait confondre avec Martin du
Bosc, sieur de ce dernier lieu).

s'évertuèrent à lui assurer ce beau parti. « Je le tiens en
telle estime et rang entre mes bons serviteurs, dit le roi,
que j'aurai son contentement à bien grand plaisir : même
... il peut espérer plus grand avancement de moi, comme
ses mérites l'en rendent digne ». « Le roi Monsieur mon
fils et moi, ajoute Catherine, avons si grande satisfaction
de ses services et le connaissons tellement digne de notre
faveur, que cela nous a mûs d'accompagner sa poursuite
de notre recommandation. » — Pourtant trois ans après,
ce serviteur vanté, s'inféodant au duc de Guise, le se-
condait dans sa révolte contre l'autorité royale : gouverneur de Sainte-Menehould il tint cette place à la dévotion
du Balafré et se fit bientôt connaître comme « un des
principaux artisans de la Ligue ». Lors de la prise d'armes
de 1585 et au cours des années suivantes, Mondreville
essaya vainement de soulever ses administrés contre le
roi ; chassé de la ville, il suivit Guise à Blois, et après sa
mort, passa au duc de Lorraine dont il servit les desseins
avec autant de zèle qu'il servait naguère ceux de son
parent.

L'ambassadeur était bien choisi pour mettre les points
sur les i. Le succès lui semblait certain, une première ouverture ayant reçu favorable accueil. Saubole, pendant
ce temps, informait Henri IV, qui lui enjoignit d'arrêter
le tentateur, besogne que notre homme simplifia en se
jetant dans la gueule du loup.

« Sire, écrit Saubole, avant hyer bien tard j'ay receu
lettres du sieur de Mondreville par lesquelles il me mandoit
qu'il avoit tant et de si grandes choses à me faire entendre
pour le bien de la France et mon intérest particulier,
qu'il n'auroit repos qu'il ne me les eust communiquées.
Sur quoy, après avoir pensé et advisé au commandement
pregnant (1) que Vostre Majesté scait m'avoir fait, j'ay
délibéré l'aller rencontrer à lieue et demy d'icy, faisant

(1) Péremptoire

contenance de vouloir chasser, affin qu'il n'y eust aucun
qui s'apperceut de mon dessein, louant Dieu que l'occasion
s'offroit d'elle-mesme contre celuy que je désespérois le
jour auparavant de pouvoir jamais attraper selon que je
l'escrivois à Vostre Majesté.

Sire, il se trouva au lieu assigné, où sans beaucoup de
délay, il commença à me tenir le mesme langage dont il
m'avoit entretenu par autres, et entama son propos
par la connoissance qu'il avoit de mon entière affection
à l'Eglise catholique, à laquelle il avoit tant de zèle qu'il
n'appréhenderoit la mort pourveu qu'il luy eut fait quelque
bon et notable service. Et voulant passer outre (1), je luy
interrompis son propos, l'advisant que nous estions suivis
des cappitaines de la garnison qui prenoient de près garde
à mes actions ; que s'il luy plaisoit prendre un mauvais
repas dans vostre citadelle, avec le sieur de Chamblay (2)
son beau-frère, selon qu'ils en faisaient la feinte pour aller
à Thionville, nous en discourrions plus à loisir. Il s'y rendit
si facile que, sans demander aucune asseurance, il s'y en
vint. Je luy donnay à soupper, pendant lequel arriva le
sieur de Beauchesne, vallet de chambre de Vostre Majesté,
si à propos que, la nappe levée, tous les cappitaines, à qui
en mesme temps je fis une sommaire déduction de la
praticque dudit Mondreville, s'estant trouvés unanimement d'accord qu'il estoit, par permission de Dieu, tombé
entre les bras de la justice pour estre salarié de sa perfidie, luy desclarèrent, par mon advis, qu'il estoit prisonnier de par Vostre Majesté et par son commandement,
apporté par ledit Beauchesne. Voilà l'arrest d'un des plus
cauteleux ennemis de Vostre Majesté, laquelle je supplie
très humblement me commander ce qu'elle veult en estre
fait. Mais quoy qu'il en soit, je requiers, Sire, qu'il me

(1) Et comme il voulait poursuivre.
(2) Jean de Haraucourt, sieur de Chambley, avait épousé Elisabeth
de Bossut, sœur de Madame de Mondreville. C'est lui qui, en 1585,
avait porté les propositions de Guise à Moncassin.

soit fait réparation de l'injure que j'ay receu de luy, affin qu'à son exemple il ne se trouve jamais esprit si téméraire d'oser tenter à la réputation d'un homme d'honneur.

Je n'ay rien de M. de Turenne, depuis les dernières que j'escrivis à Vostre Majesté, sinon qu'il s'advance tousjours. Il ne trouvera à l'entrée un seul homme de résistance. Monsieur de Lorraine avoit pour prétexte de son voyage le siège de La Fauche (1), mais la cause estoit une entreprise sur Langres, laquelle, par la grâce de Dieu, luy est faillie. Il a pour encores (2) ses troupes aux environs de Neufchasteau, et luy debvoit hier arriver à Nancy. C'est à ce coup, Sire, que Vostre Majesté le peut chastier de sa félonie. Tout y est disposé icy. Je supplie le Créateur donner à Vostre Majesté très heureuse et longue vie.

De vostre citadelle de Metz, ce 25e aoust 1591.

Vostre très humble, très obéissant et très fidelle subject.

R. DE COMMENGE (3).

J'ay tout maintenant receu advis que M. de Lorraine n'est encores arrivé à Nancy. J'y ay homme pour en scavoir la certitude. Sire, je prépare ce que vous m'avez commandé pour les canons (4) ; mais comme j'y rends la promptitude que je dois, je supplie très humblement Vostre Majesté de m'envoyer promptement l'acquit patent qui m'est nécessaire. Sire, s'il eschet confiscation, je supplie très humblement Vostre Majesté gratiffier ceux qui ont charge en ce commandement de la despouille du sieur de Mondreville. Je la désire plus pour les cappitaines que pour moy, qui me contenteray des bonnes grâces de Vostre Majesté ». (5)

---

(1) Place forte de Champagne, près Chaumont (Haute-Marne).
(2) Encore à présent.
(3) Orthographe du temps. La forme Comminges est moderne.
(4) Henri IV avait ordonné à Saubole de livrer à Turenne 3 canons.
(5) *B. N. fr.*, 3618, fo 138. Cop.

En même temps notre héros écrit à du Jay, secrétaire du roi :

« Monsieur, j'envoyeray à M. le viconte (1) et dedans demain pour tout le jour (2) ce que vous luy escrivez. Il n'est qu'à dix lieues d'icy : et pense (3), avant que vous ayez receu ce mot, qu'il sera tout voisin de ce gouvernement, avec le fruit de ses longs labeurs (4). Je ne scay à quoy pense M. de Lorraine qui, pour je ne scay quelle espérance vaine de s'agrandir par l'usurpation d'une place, laisse ce qui luy appartient descouvert et permet aux gens du Roy d'entrer fort librement dans ses pays. Je vous dirois les particularitez d'une sienne entreprise faillie sur Langres si elles estoient bien asseurées : tant y a que l'on dit que de ceux de la ville qui estoient de l'intelligence, il y en a quinze de pendus, et tous d'église, et plus de quatre-vingts prisonniers. Et c'estoit là où M. de Lorraine disoit aller recevoir ses Italiens, de bien (5) le vray subject du voyage duquel le siège de la Fauche estoit le prétexte. Ceste faute met parmy les siens un merveilleux estonnement (6). Croiez que l'oisiveté se bannit de son peuple. Tout le monde est en action pour fuir ce qu'il a de meilleur et le cacher devant les reistres, lesquels ne trouvent rien de sacré. Il faut, s'il vous plaist, continuer en ceste correspondance, demander des nouvelles affin que mon dit sieur le viconte demeure fidellement adverty et que le Roy n'ignore rien de ce qui se fera de deça.

J'escrivois cecy quand le sieur de Beauchesne, vallet de chambre de Sa Majesté, est arrivé. Je luy ay commis ce que vous escriviez à mon dit sieur le viconte. Il a été

(1) Turenne.
(2) Demain dans la journée.
(3) Et je pense.
(4) L'armée des reîtres.
(5) Ce qui est bien.
(6) Une extraordinaire consternation.

tesmoin de l'arrest que j'ay fait de M. de Mondreville par commandement de Sa Majesté à laquelle j'en escris bien au long, et vous supplie luy en faire tenir la dépesche le plus seurement et promptement que faire se pourra, et à M. de Fontenay (1) et aux autres, les lettres respectives. Je vous serviray en autre occasion de mesme volonté que je prie Dieu, Monsieur, vous avoir en sa très sainte garde.

En la citadelle de Metz, le 25e aoust 1591.

Vostre très humble à vous faire service.

R. DE COMMENGE (2).

C'est une bonne fortune d'avoir ces lettres, si pleines et d'un tour si vivant qu'on a, en les lisant, l'illusion d'entendre parler Saubole. Pierre Joly, peut-être, a tenu la plume : mais certainement Roger de Comminges a dicté, et la partie de chasse, l'entretien secret, le souper, l'arrivée de Beauchesne et l'arrestation font tableau dans ce récit encore chaud des émotions du narrateur. L'indignation le transporte à la pensée qu'un Français l'a cru capable de trahir son roi. *Je requiers, Sire, qu'il me soit 'fait réparation de l'injure que j'ai reçue de lui, afin qu'à son exemple il ne se trouve jamais esprit si téméraire d'oser tenter à la réputation d'un homme d'honneur !* Aussi, quelle joie vengeresse à voir ce *cauteleux ennemi du roi* tomber, *par permission de Dieu, entre les bras de la justice pour être salarié de sa perfidie !* Quelle ardeur à poursuivre le duc de Lorraine, instigateur du crime ! *C'est à ce coup, Sire, que Votre Majesté le peut châtier de sa félonie* : *tout y est disposé ici.* Quel empressement à informer Henri IV de tout ce qui peut lui être utile ! Quelle vigilance à observer les mouvements de l'ennemi, la marche de ses entreprises, *qui grâce à Dieu lui sont*

____

(1) Grand-prévôt de France.
(2) *Id.*, 3618, f° 137. Cop.

faillies, la frayeur du peuple lorrain *où tout le monde est en
action pour fuir ce qu'il a de meilleur et le cacher devant les
reîtres, lesquels ne trouvent rien de sacré.* Quel zèle enfin
à seconder Turenne, tantôt en lui faisant passer lettres
et nouvelles, tantôt en lui envoyant vivres et munitions.
Qu'eussent dit de ce style George-Jean, Farnèse et
Taxis ? Le dernier surtout eût frémi en songeant au ca-
chot où Mondreville attendait la mort.

Il n'avait rien d'autre à attendre : lèse-majesté, haute
trahison, c'était l'échafaud pour lui, la misère pour les
siens ; et la pensée de sa veuve sans pain, avec deux enfants et un troisième à naître, le poignait. Ces angoisses
touchaient peu Saubole : Mondreville méritait son sort,
et ses biens seraient une bonne aubaine pour la garnison.
Néanmoins, fidèle à son rôle, Discret plaignait le prisonnier et se lamentait avec lui. Ce Béarnais ! il vous avait
des yeux et des oreilles partout ! Qui donc l'avait averti ?
Comment échapper à sa vengeance ?

Le duc de Lorraine se posait mêmes questions. Inquiet
du péril de son mandataire, il reprochait à Saubole d'avoir
violé la trêve en l'arrêtant. — « Je n'ay jamais eu en
l'âme, protestait celui-ci, autre volonté que d'observer
la tresve et la foy donnée sur le traicté d'icelle : et n'y a
homme qui s'en puisse plaindre avec raison, y ayant
apporté la conscience que doibt toute personne d'honneur en ses actions. L'arrest de M. de Mondreville n'y
préjudicie en rien ; il est fait par exprès commandement
du Roy et pour causes que Vostre Altesse ne vouldroit
aucunement advouer, selon que luy dira le sieur de Chambley » (à qui je m'en remets pour exposer la situation). —
Plus heureux que son beau-frère, l'incorrigible Chambley
venait encore une fois de l'échapper belle (1). Il se
concerta avec Charles III sur les moyens de sauver Mon-

(1) « Sans le respect de votre maître, lui avait dit La Verrière en
1585, je vous ferais mettre la tête là où vous avez les pieds. »

dreville, et des pourparlers s'engagèrent entre Nancy, Metz et les divers camps où gîtait la fortune errante d'Henri IV. Le résultat de ces conférences fut que Mondreville serait échangé contre le baron de Saint-Amand, prisonnier des Lorrains depuis la reddition de Vassy. Toutefois l'échange demandait du temps, et Mondreville, qui était (ou se disait) malade, aspirait à sortir tout de suite : ce qu'Henri IV accorda si Mme de Mondreville se constituait en otage à sa place. Le captif se récria ; sa femme était près d'accoucher ; elle ne pouvait voyager sans risquer sa vie ; d'ailleurs comme Mondreville voulait témoigner sa gratitude au roi par un service important auquel participerait ladite dame, le succès de l'entreprise exigeait qu'elle restât sur place. Pour preuves de sa sincérité et de son bon vouloir, Mondreville offrait ses deux fils et son frère unique (1), assurant que « s'il avait mieux, il le consignerait, et que, quand il n'aurait que sa parole, elle le forcerait assez de se représenter », puisque Sa Majesté daignait lui faire grâce.

C'est ce que Saubole explique au roi dans une lettre où, poursuivant ses informations politiques et militaires, il ajoute : « Au demeurant, Sire, j'ay eu certain advis que M. de Mayenne s'est bien advancé pour entreprendre sur Mouzon (2), dont j'ay adverty M. le viconte de Turenne. Il est certain que M. de Lorraine attend l'issue à Verdun soubs prétexte d'un abouchement qu'il doibt avoir avec M. de Guise (3) que l'on dit debvoir estre aujourd'hui à Stenay. Ledit duc ne s'en promet rien plus que de se veoir appelé à la royauté, et mesnage à Rheims par père Frizon (4) qu'on le recherche de s'y acheminer. Son fils le comte de Vaudémont va en France : il luy

----

(1) Nicolas du Val, abbé commendataire de Moiremont (près Sainte-Menehould.
(2) Près Sedan.
(3) Fils aîné du Balafré.
(4) Doyen du chapitre de Reims, ardent ligueur.

donne dix cornettes de cavalerie que l'on dit ne monter à
plus de 400 hommes. Le demeurant de ses forces tournera
teste vers La Fauche ou Coiffy (1) pour y entreprendre.
Le duc de Saxe trespassa le 5ᵉ de ce mois, laissant à tous
les bons un extresme regret de sa mort : voilà l'Empereur
hors de tutelle et, s'il estoit remuant, en estat de bien
traverser (2) le monde. Le duc Casimir, à ces nouvelles,
s'est acheminé vers Prusse avec son nepveu, qu'il prétend marier à la fille du pays. En passant à Francfort,
il a veu M. de Fresnes (3), et de là s'est résoleu de veoir
MM. les marquis de Brandebourg et landgrave de Hesse,
pour y résoudre quelque chose utile aux affaires de Vostre
Majesté et luy préparer nouveau service, si besoing faict.
La certitude de cette mort a faict que le sieur de la Clielle (4)
passe par le plus abbrégé chemin du présent où Vostre
Majesté l'envoye. X. (nom illisible) a environ 100 chevaux pour la Ligue, et le duc de la maison de Saxe qui
tient de mesme que luy, en a 1.500 avec lesquels il ravage
l'évesché de Munster et la traicte comme ennemye, pillant
villes et bourgs. Voilà Sire, l'estat de tout ce que j'ay
digne de Vostre Majesté (5) ».

Tandis que, d'une microscopique écriture, le secrétaire
du gouverneur traçait ces lignes sur un tout petit bout
de papier, Mondreville, au large d'une vaste feuille, remerciait Charles III de ses démarches. « Pour ce qu'il a
pleu à Vostre Altesse avoir souci de conserver ma vie,
lui dit-il, je la supplie aussi croire que je ne l'espargneray
non plus pour son service que j'ay faict jusques icy, et ce,
pour double occasion : la première, pour ce qu'elle est
sienne, luy en ayant fait présent lors que je me suis du

(1) Près Langres.
(2) Troubler.
(3) Philippe Canaye, sieur de Fresnes, agent d'Henri IV en Allemagne.
(4) Isaïc Brochart, sieur de la Clielle, agent d'Henri IV à l'étranger.
(5) *B. N. fr*, 3644, fᵒ 114. Orig.

tout donné à elle ; l'autre, pour ce qu'elle se l'est acquise, l'ayant sauvée quand je l'ay voulu perdre ; reste donc qu'elle ne luy demeure inutile, mais qu'elle s'en serve, s'il luy plaist : ce qui ne peut estre, toutesfois, qu'elle ne soit accompagnée de la liberté, sans laquelle ceux qu'on estime vivre se doibvent plustost appeler umbres (ombres) que personnes en vie. Pour ce, Monseigneur, supplieray-je très humblement Vostre Altesse parachever ce qu'elle a si bien commencé et estre cause que je vive entièrement et avec vérité : et je croiray lors avoir obtenu cela quand j'auray cest heur d'estre auprès de Vostre Altesse pour luy rendre le très humble service que je luy doy (1) ». Mondreville, au fond, tremblait qu'on ne se ravisât : et de fait, il y eut des à-coups qui le plongèrent en des transes mortelles. Enfin, toutes difficultés surmontées, il quitta Metz pour Nancy

Jurant, mais un peu tard, qu'on ne l'y prendrait plus.

Cependant Farnèse, ignorant l'aventure, écrivait peu après à Philippe II :

Sire,

Au mois de mars dernier, George-Jehan, Palatin du Rhin, conte Deuweldens, m'envoya · dire par Godefroy de Taxis, son conseiller, entre aultres choses, qu'il avoit traicté et convenu avec les gouverneurs de la citadelle de Metz, pour mettre en mains de Vostre Majesté la dite citadelle, ensemble la ville avecq l'artillerye, pouldres, balles, grains, vivres, armes et généralement touttes provisions et munitions desdictes ville et citadelle moyennant quelque somme d'argent, me demandant si je ne le trouverois bon et si je le pouvois asseurer que l'argent seroit furny. Et cognoissant l'emport (2) de l'affaire et

(1) *B. N. Lorr.*, t. XIII, f° 132, Orig.
(2) Importance.

combien telle place pourroit servir non seulement à la
seureté du Luxembourg et d'aultres frontières, mais aussi
à l'avanchement du dessein de la Saincte Ligue, je luy ay
dit qu'il povoit ce faire selon l'extraict que j'ay joinct
icy ; de manière qu'il avoit continué ceste négotiation,
m'aiant présentement renvoyé ledit de Taxis me dire
qu'il estoit d'accord. Et comme je me partois pour
France, j'ay donné charge au conseiller d'Estat d'Asson-
leville de traicter avecq luy, comme il auroit faict l'an
passé : auquel ledict de Taxis a déclairé que ledict duc
son maistre avoit convenu et arresté avecq ledict gouverneur nommé Cebolle, qui est Gascon, natif (comme il
estime) de Bayonne, aussi pour son frère puisné, aussi
nommé Cebolle, lequel commande en la cité comme
l'aisné en la citadelle (1) : et ce, pour le pris de deux
cent mil florins d'Allemaigne, de quinze basses le florin,
qui viendroit à l'escu d'or cent trente trois mil escus ou
environ, somme à la vérité petîtte si l'on considère l'emport de l'affaire, disant ledict Taxis que la seule artillerye
et suytte avec les armes, munitions et provisions de
guerre vaillent beaucoup plus. A l'occasion de quoy j'ay
dict que j'en advertirois incontinent Vostre Majesté,
pour entendre sa volonté et pour fère pourveoir promptement les deniers, si elle le trouve bon, exhortant cepan-
dant ledict duc de entretenir sa negotiation. Il me
dict, de plus, que les dicts deux commandeurs frères se
portent comme catholiques (2) et qu'ils sont mal avecq
ledict Biarnois duquel ils se défyent, mesme ne laissant
aucuns de ce costé-là entrer en ladicte citadelle. Au contraire, ledict capitaine a laissé entrer ledict Taxis en
icelle, qui dict avoir visité comme Aleman le tout. Si l'on
y veult entendre, je donneray bon ordre qu'il n'y ait

(1) Quand l'aîné s'absentait, le cadet le remplaçait : mais il n'eut
jamais d'autre charge officielle que celle de capitaine d'une compagnie.
(2) Ligueurs.

un arrière-traict et que le tout soit bien asseuré devant
que les deniers soyent furniz, afin qu'il n'en advienne
aucun fourcompte (1). Et seront contens, moyennant
bonne asseurance, ne toucher argent que la tradition et
livrance de tout ce que dessus ne soit furnye. Mais surtout
qu'il sera besoing user de célérité et battre le fer (comme
il dict) pendant qu'il est chault, craindant que lesdits
Cebolles ne se rapointent avecq ledict Biarnois (2) ».

Voilà qui fait peu d'honneur au service des renseignements du roi catholique en pays messin ! Néanmoins, si
mal informé qu'il soit, un politique tel que Farnèse
ne peut être entièrement dupe. *Taxis dit* que son maître
a conclu l'affaire : *il estime* que les Sauboles sont de
Bayonne ; *il dit qu'ils se portent* comme ligueurs, sont mal
avec le Béarnais, ferment la citadelle à ses partisans,
l'ouvrent à ses adversaires ; *il dit* avoir visité le tout. Il
prétend tout cela : mais est-ce vrai ? Il faut se garder
à carreau. Si l'on y veut entendre, le duc de Parme *donnera bon ordre qu'il n'y ait un arrière-trait et n'en advienne
aucun forcompte*. Au reste, le départ du général espagnol pour une nouvelle campagne de France arrête la
négociation : et Farnèse meurt à la fin de cette campagne,
précédé dans la tombe par George-Jean (3).

Ainsi disparurent les auteurs de la tentative germano-
espagnole, dont Discret dut aviser le roi comme de la
tentative franco-lorraine. Ses lettres nous manquent :
mais les contemporains les connurent, car on en retrouve
l'écho dans leurs écrits. Du Gué y fait allusion lorsqu'après
avoir relaté l'affaire Mondreville, il conclut : « Elle tes-
moigne de la grande probité, fidellité et loyauté de ce
bon Françoys (Saubole) *qui fit aussi paroistre qu'il enten-
doit aussy peu l'allemand et l'espagniol pour désservir son*

(1) Mécompte.
(2) V. Bezold, t. III, lettre 653.
3) Jean-Casimir les y précéda tous deux : il mourut en janvier,
George-Jean en mars et Farnèse en décembre 1592.

Roy et sa Patrie, que le premier langage qui luy en avoit esté ouvert dans sa langue maternelle. Bref on peut dire de luy qu'il n'a esté homme d'or ni d'argent, *et que cent, deux ni trois cent mille escus,* charges, retraitte et alliances grandes, honnorables et seures, n'ont rien pu en son endroit. » — Plus brièvement — et pour cause ! — le Lorrain Rosières observe : « On pratiquait Saubole : *rien ne put ébranler sa fidélité.* » — Et l'auteur d'un mémoire des choses notables advenues en Champagne de 1585 à 1598, dit avec chaleur et pittoresque : « Tout ainsi que le duc de Lorraine s'estoit emparé des villes de Toul et de Verdun... il avoit toujours espéré convenir avec le sieur de Sobole (1) pour... Metz et Marsal... *Mais Sobole ne se laissa persuader par les Lorrains ni mesme par les Espagnols, encore que les uns et les autres luy fissent de très grandes offres. Aiant esté longtemps aux escoutes et veu abattre la rosée, il fit entendre au Roy l'affection qu'il avoit à son service, lequel il vouloit préférer à tous les biens et honneurs qui luy estoient offerts pour s'en despartir : que c'estoit sa résolution de vivre et de mourir son très humble serviteur et luy en rendre toutes sortes de preuves, pourvu qu'il en eût le moyen.* »

Il ne tarda pas à l'avoir. Au commencement de septembre, l'armée des reîtres arriva à Metz. Le mardi 4, dit la chronique protestante, « le prince d'Anhalt fut logé à Magny, et le mercredi 5, M. de Turenne se logit à Metz ; ...lesquels accompagnés d'autres ducs et comtes entrèrent dans la ville le jeudi et descendirent à la citadelle pour saluer le sieur de Saubole ; où ayant été quelques heures sortirent, se retirant en leurs quartiers. Le vendredi, l'armée marchant passit sur le pont de Mollin (Moulins). Leur artillerie, qui durant leur séjour avait été logée à

---

(1) Orthographe fréquemment adoptée par les contemporains, sous l'influence soit du latin Soboles (race, rejeton) soit de la prononciation méridionale.

la Cour-l'Évèque (1), sortit : il y avait sept pièces de
campagne et deux autres, belles par excellence. Le samedi, il sortit de la citadelle trois grosses pièces d'artillerie
avec leur attirail, qui furent envoyées au camp ». C'étaient
celles qu'Henri IV avait ordonné à Saubole de livrer.
« Vostre Majesté, écrit notre héros, a veu les trois canons
que par son commandement je deslivray à M. le vicomte
de Turenne ? Ils sont montez tout à neuf et y a deux
roues de plus. Je supplie... Vostre Majesté commander
que lettres de décharge me soient expédiées et que le
trompette en soit le porteur, afin que je me voye hors de
l'appréhension que j'en ay (2) ».

Henri IV, en effet, vit les canons : il se trouvait à
Sedan pour y fixer le sort de la jeune duchesse de Bouillon.
C'était la partie capitale de ses desseins contre la Lorraine : il avait résolu de marier Charlotte de La Marck à
Turenne, qui prendrait désormais le titre de duc de
Bouillon. Ce mariage, faisant d'une pierre deux coups,
enlèverait définitivement la principauté de Sedan à
Charles III et lui attacherait aux flancs un ennemi dont
rien ne le débarrasserait plus. Turenne-Bouillon ne perdit pas de temps à s'affirmer tel : la veille de ses noces,
il s'empara de Stenay. Repoussé avec grandes pertes
dans une tentative pour reprendre cette ville, Charles III
se rabattit sur la Champagne où ses troupes bloquèrent
les cités royalistes. Pour les dégager, il fallait que les
Messins reprissent les armes : rappelé en Lorraine par
la rupture de la trêve, le duc, pris entre Bouillon et Saubole, ne pourrait plus quitter ses États. Aussi faisait-il
effort pour maintenir l'accord de Novéant, que Mondreville, en bon serviteur, défendait du mieux qu'il pouvait.
« Quelque instance que j'aye faicte par deça pour pro-

____

(1) Le Palais épiscopal, à côté de la cathédrale. Un marché couvert
occupe aujourd'hui son emplacement.
(2) B. N. fr., 3618, f° 115, Orig.

longer la tresve, mande-t-il à Charles III le 4 mai 92, je ne la puis obtenir que jusques à la fin de ce mois, *aymant mieux le sieur de Saubole rompre, qu'il luy soit reproché avoir faict quelque chose oultre le gré et la volonté de son prince* auquel il a escrit qu'attendant son commandement, il prolongeroit ladite tresve pour un mois ou trois sepmaines. Or son messagier qu'il a dépesché en France... pour entendre ledit commandement n'estant encores de retour, il ne peult passer oultre ledit temps d'un mois sans donner occasion à ceux qui... le veulent faire entrer en guerre (1) de le calomnier et le rendre suspect envers son dit maistre, *duquel il veut toutes ses actions estre approuvées.* Vostre Altesse donc... me fera là-dessus entendre sa volonté ». J'aurais aussi bien besoin, ajoute Mondreville, «de la lettre que le sieur de Saubole escrivit au Roy de Navarre (Charles III l'avait interceptée) incontinent après qu'il m'eust arresté, et de laquelle maintes fois Vostre Altesse m'a fait mention afin que je cogneusse le peu de volonté que ledit Saubole avoit en la conservation de ma vie. Pour ce, s'il plaist à Vostre Altesse m'envoyer la dite lettre, je m'en serviray fort bien par deçà » (2).

Ceci ne promettait rien de bon à Discret ! Néanmoins, quels que fussent ses projets, le politique Mondreville ménageait son ex-geôlier en vue du maintien de la trêve, dont la durée paraissait de plus en plus précaire. Le duc de Lorraine en précipita lui-même la rupture par de nouvelles entreprises et de nouvelles conquêtes. En Champagne, le marquis de Pont s'empara de Coiffy, La Fauche et Montéclair. En Alsace, l'évêque de Metz prétendit à l'évêché de Strasbourg et soutint ses prétentions par les

(1) Allusion au duc de Nevers, gouverneur de Champagne et comte de Réthelois, qui disait au roi : « La trêve de Metz est la ruine de la Champagne, et la mienne en particulier ».
(2) *B. N. Lorr.*, t. XIII, f° 134, Orig.

armes. Menacés par les troupes lorraines, les magistrats strasbourgeois firent appel au roi qui, à ce moment même, entrait en conflit avec le duc d'Épernon, à la suite d'événements dont l'exposé fera l'objet du prochain chapitre.

La gravité des circonstances extérieures et intérieures en cette fin du mois de juin 1592, détermina Saubole à envoyer Pierre Joly trouver Sa Majesté, afin de connaître ses décisions sur toutes les affaires en cours. La rupture de la trêve et le paiement de la garnison ne figuraient pas seules au programme : outre ces questions générales, Petrus Lepidus devait traiter avec Henri IV certaines questions particulières dont la solution allait grandement modifier la situation de son patron et la sienne.

XI

ROI DE FRANCE ET ROI D'AUSTRASIE

En abandonnant le Béarnais, d'Épernon croyait lui avoir porté un coup mortel : on juge de sa rage lorsqu'il s'aperçut que la royauté se refaisait sans lui et que, pour rester quelque chose, il fallait se résoudre à rentrer dans le rang. Il se rallia après Ivry, plutôt, à vrai dire, en égal qu'en sujet, coopérant avec humeur aux sièges de Paris, Chartres et Noyon, où les plus mauvais postes, prétendait-il, étaient réservés à ses troupes. Aussi nul ne le retint quand il parla de les mener « se rafraîchir » en Angoumois. Henri IV et lui se quittèrent froidement, pressentant qu'éclaterait bientôt le conflit qui couvait depuis si longtemps entre eux.

L'événement qui devait le déterminer se produisit le 11 février 1592. Ce jour-là, au siège de Roquebrune près Fréjus, Bernard de la Valette, gouverneur de Provence, fut tué d'un coup de mousquet. Lui disparu, toutes les calamités fondirent sur le pays ; la Ligue y reprit pied, Aix et Marseille appelèrent le duc de Savoie : mais de tous les fléaux qui désolèrent l'infortunée province, le pire fut son nouveau gouverneur le duc d'Épernon. Aux premières nouvelles de la mort de son frère, il avait revendiqué le gouvernement comme sien. Henri IV souhaitait voir la Provence en de tout autres mains ; néanmoins un refus lui eût mis sur les bras une guerre de plus : car sans attendre son agrément, d'Épernon levait déjà une armée pour prendre *son bien* de force si Sa Majesté faisait mine de lui en contester la possession. Henri n'était pas encore le maître. Il dévora l'outrage et accorda le gouvernement ainsi *demandé*, en se promettant de le reprendre dès que les circonstances le lui permettraient.

Il avait, en attendant, une revanche toute prête. « Je ne sais, disait naguère Discret, à quoi pense M. de Lorraine qui, pour quelque espérance vaine de s'agrandir, laisse ce qui lui appartient découvert et permet aux gens du roi d'entrer librement dans ses pays. » D'Épernon commit même faute. Il s'engagea dans l'affaire de Provence sans songer au gouvernement de Metz, où le loyalisme de Saubole donnait au roi toute facilité de rétablir son pouvoir. Une telle imprudence étonne chez cet homme si occupé de ses intérêts et toujours en éveil sur tout ce qui pouvait y porter atteinte. Sa confiance en Discret était-elle si entière qu'elle bannît de son esprit toute inquiétude ? Cela paraît peu probable ; depuis longtemps, leur entente n'existait qu'en surface ; d'Épernon affectait de voir en Saubole son meilleur serviteur ; Saubole affectait de voir en d'Épernon le meilleur serviteur du roi : il prenait leurs ordres, associait leurs noms comme s'ils eussent marché la main dans la main. Ces dehors n'abusaient point le duc ; mais il se disait qu'il n'y avait pas péril en la demeure, qu'il briserait Discret quand il le voudrait, et que jamais le Béarnais *n'oserait* lui faire échec dans son *royaume d'Austrasie*. L'orgueil perd toujours les hommes de ce caractère, et d'Épernon en avait autant que feu Guise.

Henri IV était trop avisé pour ne pas profiter de l'occasion. Puisque le duc lui faisait pièce dans le midi, il lui rendrait la pareille dans l'est. Aussi bien le moment était-il venu de donner à Saubole quelque récompense notoire : car la seule qu'il eût reçue jusqu'alors avait été, l'an précédent, la transformation de sa compagnie de chevau-légers (1) en *compagnie de gendarmes* et l'octroi d'une *compagnie de chevau-légers* à son frère, qui n'en commandait qu'une de gens de pied.

Les modifications de cet ordre constituaient des distinctions enviées. « Autant un homme à cheval l'emportait sur les gens de pied, autant la cavalerie était estimée au-dessus de l'infanterie. Un capitaine de la première était l'égal, en ce temps, d'un mestre de camp de la seconde. Une distance énorme séparait aussi les différents corps de cavalerie les uns des autres. Le *carabin* (arquebusier à cheval) n'était rien devant le *chevau-léger*, qui lui-même était peu de chose devant le *gendarme*. Le gendarme procédait directement du Moyen-Age : il en portait encore le costume superbe, hoqueton couvert d'orfèvrerie, à la livrée du capitaine, descendant jusqu'à mi-corps sous sa cuirasse dorée... Un gendarme représentait trois personnes, maître, écuyer, valet, les deux derniers légèrement armés et montés sur des bêtes moins vigoureuses, mais d'un bon secours dans le combat. Le chevau-léger servait avec deux chevaux et un homme. Le carabin servait seul (2) ».

Toute flatteuse qu'elle fût, cette marque de faveur était néanmoins légère en regard des sacrifices faits par Saubole à la cause royale. Mais Henri IV avait eu ses raisons d'attente ; la première était l'incertitude de ses affaires ; la deuxième, l'obligation de ménager d'Épernon tant que celui-ci se tiendrait tranquille ; enfin le roi voulait éprouver si la fidélité de notre héros était bon teint. Il n'en doutait plus, à présent : et comme, en même temps, ses succès lui donnaient plus d'assiette et la conduite du

---

(1) La compagnie d'arquebusiers à cheval de Saubole, transformée par Henri III en compagnie de chevau-légers, servit quelque temps en Provence sous la charge de son lieutenant (et non la sienne, comme l'écrit le P. Anselme), puis revint à Metz où, l'ayant remise en pied, il en donna la lieutenance au sieur de Saint-Quentin (Du Gué).

(2) Vicomte d'AVENEL, *Prêtres, soldats et juges sous Richelieu.*

duc d'Épernon plus de motifs de sévir que par le passé, il prit une résolution décisive. La trève de Novéant en fournit la matière : l'extension des entreprises lorraines rendant sa prolongation impossible, Henri IV enjoignit à Saubole *de reprendre les armes, mais dans des conditions toutes différentes et à un titre tout nouveau.* A cet effet, il lui octroya des *lettres patentes datées du camp de Châlons le 15 juillet* 1592, par lesquelles Sa Majesté, « en attendant qu'il en soit autrement ordonné, commet et députe le sieur de Saubole pour commander dans la ville de Metz et pays messin, et aux gens de guerre y étant en garnison ; avoir l'œil à la conservation de l'un et de l'autre, à ce qu'il n'en arrive aucun inconvénient au préjudice du service du roi ; faire la guerre et incommoder, autant que faire il pourrait, les ennemis des environs ; maintenir tant les habitants de ladite ville de Metz que du pays messin en bonne union et mutuelle intelligence les uns avec les autres ; mander, convoquer et assembler toutes et quantes fois qu'il connaîtrait être nécessaire les maires, échevins et lesdits habitants, pour leur ordonner et faire entendre ce qu'ils avaient à faire (1) ».

En fait, cette commission n'ajoutait rien au pouvoir de Saubole. En droit, elle modifiait sa situation du tout au tout. Jusqu'alors, aux yeux du duc d'Épernon, il était purement et simplement son lieutenant dans la citadelle, la ville et le pays. A ses propres yeux, il était lieutenant du roi dans la citadelle, et du duc dans la ville et le pays. *Aux yeux du roi, il était désormais jusqu'à nouvel ordre, son lieutenant dans la citadelle, la ville et le pays, sans qu'il fût question du duc d'Épernon.* Ce dernier ne pouvait méconnaître la portée de l'avertissement. Henri IV ne sortait pas encore du provisoire : mais il était clair qu'au jour de son triomphe, le provisoire deviendrait définitif

____

(1) Pièce citée par Du Gué, Rosières, l'auteur des *Choses notables* et celui du *Discours au sujet d'une entreprise sur Metz.*

si Saubole restait aussi fidèle et d'Épernon aussi factieux
qu'ils l'avaient jusqu'alors été l'un et l'autre.

Le roi ne s'en tint pas là. Sollicité par les huguenots, il
venait de leur rendre, avec la liberté du culte, le droit
d'exercer les fonctions publiques. Leur envoyé Denis
Lebey, sieur de Batilly, fut chargé de suppléer le président Viart en son absence, et sur les instances de Saubole qui, depuis longtemps, vantait Petrus Lepidus à
Sa Majesté, Henri IV éleva ce dernier à la dignité de
procureur général au gouvernement de Metz, Toul et
Verdun, « en contemplation, dit un contemporain, des
services que ledit sieur de Saubole l'avait informé qui se
pouvaient attendre de la capacité dudit sieur Joly au
bien et avancement de ses affaires, nommément au pays
messin ». L'idée datait d'un an déjà. « J'ay communiqué
au sieur maistre-eschevin, écrivait Saubole en octobre 91,
la faveur que Vostre Majesté faisoit au sieur Joly, luy
accordant l'estat de son procureur général. Il l'a trouvé
très bon et approuve le mémoire qui s'addressera à M. de
Gesvres (1). La pluspart des habitants approuvent fort ce
nouvel establissement. » *La plupart* s'applique aux protestants ; les catholiques se voilaient la face ; un roi
hérétique, l'accès des charges publiques rouvert aux
huguenots et les magistratures royales entre leurs mains,
c'était l'abomination de la désolation ! mais les religionnaires exultaient : ils firent fête à Petrus Lepidus lorsqu'il
revint du camp de Châlons avec les patentes de Saubole
et les siennes (2). L'installation des nouveaux magistrats
eut lieu le 18 août en grande pompe « dans la galerie
devant la citadelle ». Là, en présence du maître-échevin,
de toute la justice en corps, des capitaines et officiers de
la garnison et de bon nombre des principaux bourgeois

(1) Louis Potier, sieur de Gèvres, secrétaire d'État, avait Metz dans
son département.

(2) Patentes de Joly (*B. N.*, Dupuy 335, f° 101. Autre copie, mais
défectueuse : N. acq. fr. 22664, f° 224).

et habitants. Saubole investit Batilly de ses fonctions, et Batilly, à son tour, mit Joly en possession de sa charge.

Ce fut un beau jour pour les fleurs de lys. Le pouvoir reconstitué du Roi de France se dressait, au cœur de la cité messine, en face de celui du roi d'Austrasie. Au dehors, la reprise de la guerre lorraine manifestait à tous les ennemis d'Henri IV sa volonté de les combattre jusqu'à complète « libération et restauration du royaume ». Dans cette tâche, Roger de Comminges déploya un zèle auquel ses adversaires mêmes rendent hommage. « Les Lorrains, dit Rosières, faisaient avec ardeur la guerre aux Messins. On pratiquait Saubole : rien ne peut ébranler sa fidélité. Il se défend puissamment, renforce la garnison de Metz par commandement exprès qu'il en eut du roi son maître... duquel il eut pouvoir de commander tant à Metz que dans le pays messin (suit le texte des patentes ci-dessus énoncées) et semblablement faire par armes tout ce qu'il jugerait utile au service de son roi. *Saubole, qui n'avait pas l'esprit endormi ni les mains engourdies*, entreprend cette affaire encore que diffi ile à écorcher, faisant allumer le feu qui, de longtemps, couvait sous la cendre ». On s'attendrait, d'après ceci, à trouver dans les chroniques messines et lorraines le récit de combats et de sièges analogues à ceux de 1590. Il n'en est rien ; en dehors de généralités comme : « la guerre reprit ; la guerre continua, » nul fait particulier n'y a laissé de trace. Cette anomalie cesse d'en être une si l'on considère que, dans ce second et dernier acte de la lutte contre Charles III, le grand rôle appartient à Turenne-Bouillon, la tâche de Saubole se bornant à l'épauler, lui et le duc de Nevers, dans les diverses entreprises où les engage l'ambition lorraine.

L'une des principales fut la *Guerre épiscopale* qui mit aux prises, durant de longues années, le cardinal évêque de Metz, fils cadet de Charles III, avec Jean-George de Brandebourg, fils cadet de l'électeur, tout deux prétendant à l'évêché de Strasbourg. Henri IV, allié de l'électeur, envoya Bouillon lui prêter main-forte et dit à Saubole de l'assister autant que possible ; mais le peu de ressources dont disposait notre héros ne lui permettait guère d'aider autrui (1), et la présence de l'armée lorraine aux portes de son gouvernement l'obligeait à garder dans Metz toutes ses forces. L'activité de Charles III prenait un caractère si menaçant qu'à peine en territoire alsacien, Bouillon dut repasser la frontière, rappelé par une tentative lorraine sur Mouzon. Il dégagea la ville en concentrant ses troupes à Beaumont-en-Argonne où les Lorrains vinrent lui offrir la bataille le 14 octobre 1592. Ils furent complètement défaits et leur chef, d'Amblise, tué. Poursuivant ses succès, Bouillon, qui avait déjà pris Stenay à Charles III, lui prit Dun le 6 décembre ; mais le duc de Lorraine reconquit ces deux places un peu plus tard.

Le duc de Nevers, de son côté, faisait ce qu'il pouvait en Réthelois et en Champagne, ce qui ne veut pas dire qu'il y fît merveille. Il aurait fallu là un capitaine plein de vigueur et de décision, au lieu d'un prince étranger (2), timoré et de santé si frêle « qu'il ne se mettait jamais en campagne sans carrosse ni manchon ». Beau-frère de Guise, mais ligueur modéré, il s'était rallié après Ivry. Henri IV l'avait nommé gouverneur de Champagne parce qu'il y possédait maintes seigneuries du chef de sa femme, qui lui avait, en outre, apporté le comté de Rethel. Il était donc plus intéressé que tout autre à la reconquête de cette province : mais la tâche dépassait tellement ses forces qu'il avait lâché pied en mars 91, abandonnant le Réthelois à la merci de Saint-Paul,

---

(1) V. lettre de Saubole à l'électeur de Brandebourg (B. N., fr., 5045, f° 359, Cop.).

(2) Louis de Gonzague, cadet de la maison de Mantoue, avait épousé Henriette de Clèves qui lui avait apporté le duché de Nevers et le comté de Rethel.

lequel s'en était saisi, « publiant partout que Nevers était
mort ». — Ne lui ferez-vous pas voir que vous êtes vivant ? dit Henri IV au duc qui, piqué d'honneur, retourna
à son poste. Mais pour vaincre Saint-Paul et consorts, il
fallait des canons. Nevers en demanda à Saubole, et celui-
ci, dépourvu lui-même, ne put le satisfaire. « J'en donnay, écrit-il, trois au duc de Bouillon lorsqu'il entra, con-
duisant l'armée estrangère. De ce qui reste, il y en a si
peu que je ne l'ose dire !... Si donc il vous plaisoit, Monseigneur, m'envoyer des moyens, j'en ferois fondre deux,
de telle force, grandeur, grosseur et calibre que vous
l'ordonneriez : c'est le seul expédient de pouvoir vous
obéir (1) ». Nevers, « n'ayant pas un denier », n'envoya
rien, et nos deux gouverneurs, aussi mal lotis l'un que
l'autre, attendirent la fin de leurs peines d'un miracle,
qui se produisit. Le 25 juillet 1593, dans la basilique de
Saint-Denis, Henri IV abjura le protestantisme. Un roi
doit tout à ses sujets, même ses croyances : cette dure
leçon, l'héroïsme farouche des Parisiens l'avait gravée
pour toujours au cœur du Béarnais ; il céda, comprenant
que le salut de la France était à ce prix, et les armes
tombèrent aussitôt des mains des ligueurs sincères.

Le duc de Lorraine sentit la partie perdue. Pour cette
chimère du trône de France, il avait épuisé son trésor,
décimé son armée et voué ses États, jusqu'alors pros-
pères, à des calamités sans nombre. La folie de l'entreprise lui apparaissait, crûment éclairée par l'égoïsme de
ses alliés, dont chacun ne songeait qu'à se tirer d'affaire
aux dépens du voisin. Jaloux de Charles III, Mayenne
et son neveu Guise, qui l'étaient également l'un de l'autre,
ne dissimulaient plus leurs sentiments. Philippe II, après
avoir réduit de 25.000 écus par mois « à 15000, puis à
rien », le subside accordé au duc de Lorraine, déclarait

(1) Lettres au duc de Nevers. *B. N.*, fr. 3624, f⁰ 153, et 3631, f⁰ 96.
Orig.

que si l'infante se trouvait appelée à la couronne, elle
épouserait peut-être le duc de Guise, mais jamais le marquis de Pont. Les États de la Ligue venaient de faire
éclater au grand jour les rivalités et les haines de tous
ces ambitieux qui couraient le même lièvre, accommodé
par avance à la sauce du zèle de l'Église : et Charles III
désabusé s'apercevait que ce n'était pas dans le camp
d'Henri IV, mais bien dans le sien qu'étaient ses ennemis. Aussi accepta-t-il la trêve générale que le roi offrit
à ses adversaires, dans l'espoir « de faire sentir à tous et
chacun le bien qui leur pouvait revenir d'une parfaite
et entière réconciliation ».

Le premier fruit de cette politique fut la conquête de
Paris. Henri IV avait bien gagné le droit d'en franchir
les portes, et nombre d'habitants en convenaient. Émus
et fiers du sacrifice accompli pour eux, ils s'employaient
à faciliter l'entrée de Sa Majesté. Le gouverneur Brissac
se laissa acheter, et le 22 mars 1594 au matin, Henri IV
prit enfin possession de sa capitale. Des lettres enthou-
siastes en portèrent aussitôt la nouvelle à ses fidèles, au
premier rang desquels figura naturellement notre héros.

« Monsieur de Sobolle, lui écrivit le roi, j'estime que
ne recepvrez moins de contentement que moy, de la redi-
tion de ma bonne ville de Paris en mon obéissance, ce
matin, si heureusement par la grâce de Dieu, avec le
moyen des bonnes intelligences qu'il y avoit pour mon
service, que ce a esté sans aultre effusion de sang que de
vingt ou trente lansquenetz qui estoient en garde à la
porte Neufve (1), lesquels ayant voullu faire quelque
résistance à l'entrée qui y estoit donnée par autres à mes
serviteurs, ont été taillez en pièces ; et en moins de deux
heures, tout s'est veu paisible par la ville, la Bastille seulement tenant encore pour mes ennemis, car les gens de

_____

(1) Porte par laquelle Henri III s'était enfui. Elle se trouvait sur le
quai, à la hauteur du pavillon de Flore.

guerre se sont contenuz armez en leurs quartiers ; et sur
l'offre que je leur ay envoyé faire par les héraulx, de les
laisser aller avec leurs armes et baigages, comme j'ay
aussy faict de mesme au duc de Féria et à dom Diégo de
Ybarre (1) (qui estoit chose désirée et réservée par ceulx
qui ont dressé la partye au-dedans) ils ont accepté. Et
pour le regard des habitans, ceux qui estoient de l'entreprinse se sont tenuz en armes en leurs quartiers pour la
favoriser ; les aultres ont esté advertis de ne bouger de
leurs maisons et tenir les portes fermées, soubs l'asseurance qui leur a esté donnée qu'il ne leur seroit faict
aucun dommaige ne desplaisir, dont la deffense a esté
faicte aux trouppes que je y ay mené, qui pouvoient
estre de trois à quatre mil hommes, tant de cheval que
de pied. L'ordre et l'obéissance y ont esté si bien gardez
qu'il ne s'est veu un seul soldat se desbander pour faire
aucun excedz ne violence. Et tout aussitost le peuple
s'est meslé parmy nous avec autant de privauté que si
nous eussions esté tousjours ensemble. Nous avons commencé d'entrer au poinct du jour. Sur les huict heures,
après m'estre pourmené partout et veu que rien ne se
remuoit en nul endroict de la ville, je suis allé en la grande
église (2) faire chanter le *Te Deum*; et après disner les
estrangers, qui debvoient estre de huict à neuf cents,
tant d'Espagnols, Neapolitains, Vallons et lansquenetz,
sont sortis, auxquels j'ay baillé passeport et deux commissaires pour les conduire jusques à la frontière de
Picardye du costé de Guise. Quant à la Bastille, celluy
qui est dedans, nommé Bourg (3), faict démonstration
de voulloir tenir bon, qui est cause que j'ay envoyé quérir de l'artillerye et des munitions plus que je n'en ay
faict venir avec moy, espérant luy faire bientost changer

(1) Ambassadeurs d'Espagne.
(2) Notre-Dame.
(3) Du Bourg, établi par Mayenne, capitula le 26.

d'advis ou porter la peine de sa témérité. Ce pendant je vous ay faict part d'une si bonne nouvelle, de laquelle vous ferez rendre actions de grâces publiques en l'estendue de vostre charge et touttes autres démonstrations de joye et contentement qu'elle mérite. Et n'oubliez de la faire entendre aux villes occupées par mes ennemis affin de les convier à leur debvoir par exemples si signallez. Ce à quoy me promettant que satisferez, je prieray Dieu qu'il vous ait, Monsieur de Sobolle, en sa saincte garde.

Escript à Paris, ce 22ᵉ jour de mars 1594.

HENRY.

A M. de Sobolle, gouverneur de ma citadelle de Metz et commandant pour mon service en la ville et pays metzsin (1).

Si jamais lettre fut bienvenue, ce fut celle-ci ! Converti à Saint-Denis, sacré à Chartres, installé à Paris, le roi de Navarre n'avait plus beaucoup d'étapes à franchir pour être Roi de France. Cette belle entrée dans sa capitale, c'était l'aurore d'un triomphe auquel notre héros, pour sa part, avait valeureusement travaillé. Après avoir été à la peine, il commençait à être à l'honneur, et la suscription de la lettre royale en témoignait. *A M. de Saubole, gouverneur de ma citadelle de Metz et commandant pour mon service en la ville et pays messin.* Le temps n'était plus où le faible Henri III n'osait porter sur l'état de la garnison le titre dont lui-même avait investi Discret ! Henri IV remettait les choses au point. Bien plus, il confirmait les patentes en vertu desquelles l'ex-lieutenant du duc d'Épernon commandait désormais au nom seul de Sa Majesté. Il n'y avait plus qu'un pas à effectuer pour régulariser l'étrange situation de lieutenant de roi sans l'être que Roger de Comminges s'était

____

(1) *B. N.* fr., 5045, f⁰ 230 Cop.

8

faite en servant la cause du Béarnais. Mais ce pas aurait
des conséquences redoutables, et peut-être ne l'eût-il
point risqué si un nouvel et tout-puissant intérêt n'était
entré récemment dans sa vie, et si l'ambition, chez lui,
n'eût été aiguillonnée par l'amour.

XII

ISABEAU DE COUCY

Il faut une héroïne à toute histoire : et le lecteur trouve sans doute la nôtre bien longue à paraître. C'est que le passé ne répond pas toujours quand on l'interroge, et qu'aucun nom, aucune image ne subsistent des « belles et honnestes dames » auxquelles Saubole dédia ses vertes années. On n'est pas mieux informé des raisons qui le tinrent éloigné du mariage jusqu'aux approches de la quarantaine. A ce sujet, pourtant, exhortations et conseils pleuvaient, tous, à vrai dire, d'un caractère plus pratique que sentimental. On lui remontrait que « s'il survenait un changement en sa condition, d'évêque il serait fait meunier » ; qu'en pareil cas, il n'est meilleure planche de salut qu'un riche mariage : et l'on citait des noms dont le plus beau, le mieux sonnant, était celui d'Isabeau de Coucy.

Celle qui portait ce poétique nom de châtelaine médiévale était une des dernières représentantes d'une famille illustre entre toutes. Les hauts faits des sires de Coucy brillaient à chaque page de l'histoire féodale et leur devise célèbre exprimait tout l'orgueil du monde. On trouvait chez eux les types extrêmes du Moyen âge français, hommes de proie comme Enguerrand Ier fondateur de la dynastie, effroyables bandits comme son fils Thomas Ier de Marle, preux chevaliers comme Raoul Ier et Tho-

mas II son fils. La terreur provoquée par les brigandages
des uns, l'admiration excitée par les prouesses des autres,
le souvenir de leur puissance, l'éclat des alliances qui les
apparentaient à presque toutes les maisons royales d'Europe, environnaient les Coucy d'un prestige qui avait
survécu à leur fortune et à leur gloire. La branche aînée
s'était éteinte dès 1404 avec Marie de Coucy qui vendit
sa seigneurie aux d'Orléans. Il ne subsista que la
branche cadette, fondée par Thomas II, second fils du
fameux Raoul et d'Alix de Dreux, petite-fille du roi
de France Louis VI. La part de Thomas dans la succession
paternelle fut la châtellenie de *Vervins*, à laquelle il joi-
gnit plus tard celle de *Marle*. Son mariage avec Mahaut,
fille du comte de Rethel, ajouta à ces deux châtellenies,
sises en Thiérache (1), un certain nombre de domaines
sis en Réthelois, et dont les principaux étaient les terres
de *Chémery* et de *Stonne*. (2)

Le sang royal qui coulait dans les veines des descendants
de Thomas II leur assura de hautes situations à la cour.
Après l'extinction de la branche aînée, ils héritèrent de
tout le respect attaché au vieux nom qu'ils représen-
taient seuls désormais. Mais sous les règnes de François Ier et d'Henri II, un coup terrible vint les frapper.
Jacques Ier de Coucy était alors le chef de la maison. Il
avait épousé la fille du maréchal Oudart du Biez, Isabeau
du Biez, qui lui avait apporté en dot plusieurs terres
situées en Artois, et il commandait à Boulogne comme
lieutenant de son beau-père, lorsqu'en 1544 le roi d'Angleterre Henri VIII vint assiéger la ville. Jacques de
Coucy tint bon sept semaines, puis capitula brusquement, à la vive indignation des habitants. Inculpé de
haute trahison et condamné à mort, il fut décapité à
Paris le 21 juin 1549. Les Coucy ne se relevèrent jamais

(1) Région nord du département de l'Aisne.
(2) Chémery-sur-Bar et Stonne sont près de Sedan.

d'une telle catastrophe. Leurs biens confisqués leur furent rendus plus tard, et ils obtinrent en 1575 la réhabilitation du supplicié : mais Henri III l'accorda moins à l'innocence, restée douteuse. de Jacques Ier, qu'à la mémoire de ses aïeux et aux pieux efforts de son fils Jacques II, qui consacra sa vie à cette tâche.

C'est une belle et touchante figure que celle de Jacques II de Coucy. Chef d'une grande famille tombée, il ne cessa de lutter avec un courage admirable contre l'adversité acharnée à sa ruine. Il n'avait que quinze ans à la mort de son père. Emue de son malheur, sa parente Antoinette de Bourbon, duchesse douairière de Guise, employa pour lui tout le crédit de sa maison. Elle réussit à lui faire restituer son héritage, et l'attacha comme page à la personne de François de Guise, son fils aîné, sous lequel le jeune Coucy fit ses premières armes. Après avoir accompagné le duc en Italie, il combattit à ses côtés aux sièges de Calais et de Thionville en 1558. — Ce beau début n'eut pas de lendemain. Plus que tout autre, Jacques de Coucy aurait eu besoin de forces pour effacer, par de glorieux exploits, le souvenir de la honte paternelle : mais des infirmités précoces lui fermèrent, dès sa vingt-cinquième année, l'accès des camps et de la cour. Son historiographe et ami François de l'Alouëte, bailli de Vertus, président de la cour souveraine de Sedan, nous le montre « souvent et longuement travaillé de maladie, presque toujours en indisposition de sa personne, contraint de garder le lit ou la maison. » — Un noble esprit vivait dans ce corps débile. Ne pouvant s'illustrer par les armes, Jacques de Coucy se consola par l'étude. Il aimait les livres : dans sa belle bibliothèque « dressée à grands frais », les ouvrages d'histoire et de politique abondaient. « Il les lisait très curieusement, dit l'Alouëte, étant fort soigneux de l'antiquité et prenant beaucoup de délectation à voir et rechercher les faits et gestes de tous ceux qui ont autrefois sagement conduit les monarchies et républiques,

et fait en icelles les hauts faits d'armes qui sont dignes
de gloire. » Il goûtait autant la conversation d'un bon
capitaine que celle d'un homme de savoir, chose rare en
ce temps où gens de guerre et gens de science se mépri-
saient à qui mieux mieux. L'idée qu'on peut valoir autant
par la pensée que par l'épée ne courait pas les rues : on
eût fort surpris les Enguerrand et les Raoul en leur disant
que ce pâle seigneur, toujours penché sur ses grimoires,
était un héros digne d'eux, et que le combat sans gloire
qu'il soutenait pour relever sa maison de ses ruines,
égalait en beauté les fières prouesses de ses ancêtres.

Le plus heureux jour de sa vie dut être le 7 mai 1577,
date à laquelle la réhabilitation de son père fut célébrée
en grande pompe dans ses deux résidences de Vervins et
de Chémery. Le propre héraut d'Henri III, Valois, avait
ordonné la cérémonie, où rien ne manqua de tout ce qui
pouvait la solenniser. Une messe de requiem réunit en
l'église de Vervins « une des plus belles assemblées de
princes, évêques, prélats, grands seigneurs, gentilshommes
..que l'on n'ait point vues de notre temps», dit un certain
Jean Faluel. Force harangues suivirent, farcies, au goût
de l'époque, de citations « ramenant les histoires romaines
et autres au fait présent » : après quoi l'on s'assit à un
festin qui ne comptait pas moins de 800 convives. A Chémery, la fête fut toute familiale et champêtre ; les vassaux
du seigneur de Coucy témoignèrent leur joie par « belles
arquebusades, gaillardes escopetteries, carillonnements,
jeux délectables pour la jeunesse, et copieuse beuve-
ries non moins délectables pour les vieux ». - - Cette
allégresse était sincère : on aimait Jacques de Coucy non
seulement pour ses malheurs, mais pour sa bienfaisance
et sa libéralité. Autant ses congénères se plaisaient à dé-
truire, autant il se plaisait à réparer, améliorer, édifier.
A Vervins, il avait rebâti l'église, relevé les fortifications,
créé un château neuf à côté du vieux, établi aux portes
de la ville un hôpital pour les malades pauvres et les

étrangers sans ressources. A Chémery, des embellisse-
ments de toute sorte avaient transformé la sombre physionomie du château, bâti au xiie siècle dans le style
sévère du moyen-âge féodal, larges fossés pleins d'eau,
pont-levis, grosses tours, murs épais de trois mètres, fenêtres barrées de fer. De cette massive forteresse, Jacques
de Coucy avait fait un lieu de délices. L'Alouëte, hôte
assidu de la maison, vante « cette plaisante demeure, que le
seigneur de Coucy a enrichie de plusieurs beaux édifices...
tant au corps du château qu'en la basse-cour, servant à la
force et accommodation d'un logis dont il y a aujourd'hui
de belles remarques. »

Au sein de ce petit royaume, Jacques de Coucy voyait
croître les maux de la France avec d'autant plus de tristesse qu'ils avaient les Guises pour auteurs. Le pire
ennemi du trône et de la patrie, c'était le petit-fils de cette
Antoinette de Bourbon à qui les Coucy devaient la restauration de leur honneur et de leur fortune. Toutefois,
quelle que fût son affection pour les princes lorrains,
Jacques de Coucy avait le cœur trop bien placé pour les
suivre dans leur rébellion. Dès la prise d'armes de 1585,
il se rangea du côté du roi. En retour, Henri III lui
donna charge de commander à Mouzon, dont le gouverneur, le sieur de Brosses, tenait la campagne avec Guise.
Le 26 juin 1585, une lettre de Sa Majesté vint tomber à
Chémery. Elle disait : « Monsieur de Coucy, s'estant le
sieur de Brosses desclaré ouvertement contre mon service pour s'estre adjoint aux princes qui s'arment contre
mon auctorité, j'ay occasion de désirer que ma ville de
Mouzon ne soit plus sous sa charge ny qu'il y ait plus de
commandement ; au moyen de quoy et pour l'affection
que je scay que vous portez au bien de mon service et
affaires, je vous prie que, après que le sieur de Cerceul, son
fils, sera sorty de la dicte ville pour mener sa compagnie
de gensdarmes, vous vous y en alliez pour la tenir à la
dévotion de mon obéissance et y commander pour mon

service, escrivant aux habitants qu'ils ayent à vous y recepvoir, ce que j'espère de leur fidellité et de l'affection qu'ils m'ont toujours démonstrée, en laquelle je m'assure que vous les scaurez bien entretenir quand vous serez là-dedans ». — Henri III en parlait à son aise ! Tout Mouzon tenait pour la Ligue. Jamais Coucy n'y serait reçu. S'emparer par ruse de la place était hasardeux : et puis, comment la garder sans troupes ? en lever sans commission, c'était courir le risque d'être désavoué par le roi, d'autant qu'on parlait d'une paix toute à l'avantage des factieux. Ces raisons déterminèrent Jacques de Coucy à tâter le terrain avant d'agir. Il envoya la lettre d'Henri III aux Mosonois par un de ses gentilshommes, Pierre du Lys, sieur de Croizeau, chargé de lui rapporter leur réponse. Mais le capitaine Saint-Thibaud, qui commandait en l'absence de Brosses, chassa Croizeau avec menaces de mort. Trois jours après, le traité de Nemours mit fin aux hostilités ; les ligueurs amnistiés rentrèrent tous en leurs places, et Jacques de Coucy, déplorant la faiblesse du roi, retourna à ses livres et à ses bâtiments (1). — Aussi bien, ses forces déclinantes ne lui eussent-elles guère permis de servir la cause royale : il le sentait, résigné à son sort, anxieux pour les siens, surtout pour ses enfants.

De son mariage avec Antoinette d'Ongnies-Chaulnes, Jacques de Coucy en avait eu six, trois garçons et trois filles ; mais deux des fils étaient morts en bas-âge et l'on tremblait pour le seul qui restât, Jean, baron de Stonne, suprême espoir de la race. Les petites filles semblaient plus vivaces, et leur joyeux babil égayait la maison. L'Alouëte fait un gracieux tableau (2) de ces enfants

----

(1) Lettres et mémoire de J. de Coucy. B. N., Ve Colbert, t. IX, f° 262.

(2) Dans son *Traité des nobles et histoire de la maison de Coucy*, 1576-77, in-fol.

âgés, Jean de neuf ans, Guillemette de huit, Louise de
sept, et Isabeau dernière-née (1), de cinq mois. « Elles
sont très bien apprises, dit le bon bailli des fillettes aînées,
comme elles ne peuvent autrement, ayant une si heureuse
conduite d'une mère très-sage qui les instruit en bonnes
mœurs, en bonne grâce et honneste maintien, et puis à
lire, escrire et manier l'éguille. » — Pour Jean, sur qui
reposait l'avenir de la maison, son éducation était l'objet
des soins les plus excellents. Après avoir appris dès l'âge
de cinq ans à lire et écrire en français, il avait, à sept ans,
commencé la grammaire latine : puis « on lui avait fait
venir de Paris un docte précepteur pour lui enseigner
la même langue et aussi la grecque, lui apprendre les arts
libéraux, le consommer en la lecture de toutes histoires,..
le façonner aux mathématiques, lui faire entendre l'état
de notre monarchie française, le rendre bien versé en
toutes affaires publiques pour être un jour capable de
faire service au roi et chose digne de la mémoire de ses
ancêtres. » — C'était le vœu suprême de Jacques de Coucy.
Sa frêle santé s'altérait de plus en plus : mais il avait
rempli sa tâche, réhabilité son père, restauré sa maison.
Lui disparu, son fils, « tige verdoyante d'une illustre et
noble race » achèverait son œuvre en rendant au nom de
Coucy tout son éclat d'antan. C'est dans cette consolante
illusion que Jacques II mourut à Chémery, le 27 juin 1587,
dans sa cinquante-troisième année.

Isabeau avait onze ans. A dater de là, elle ne vit plus
autour d'elle que deuil et désolation. Presque un an, jour
pour jour, après la mort de Jacques II, un autre cortège
funèbre sortit du château : parents, amis, vassaux et
serviteurs en larmes suivaient le cercueil où dormait à
jamais Jean III, *dernier sire de Coucy*, décédé le 4 juin
1588, à l'âge de vingt-et-un ans. Adieu les beaux rêves
d'avenir ! l'antique maison, honneur de l'histoire féodale,

(1) Née en mai 1576.

s'éteignait en ce jeune être élevé avec tant de soins, promis à de si grandes choses ! Trois ans plus tard, sa sœur Louise le rejoignit sous les dalles du chœur de Notre-Dame de Vervins, le Saint-Denis de la famille (1). De ses six enfants, il ne restait à la malheureuse Antoinette d'Ongnies que Guillemette et Isabeau, désormais seules et dernières représentantes des Coucy, et héritières par moitié de tous leurs biens. D'après un partage interverti plus tard, comme on le verra, Isabeau eut les domaines de *Réthelois* (Chémery, Stonne, et autres lieux), dot de Mahaut de Rethel, et ceux *d'Artois* (le Biez, et ses dépendances), dot d'Isabeau du Biez, tandis que Guillemette recevait les domaines de *Thiérache* (Vervins, Marle et leurs dépendances), biens héréditaires des Coucy de la branche cadette, tels que son fondateur Thomas II les avait reçus de son père Raoul. On convint aussi qu'en sa qualité d'aînée, Guillemette, alors âgée de vingt ans, *porterait dans la famille où son mariage la ferait entrer, le nom, le titre et les armes des Coucy*, afin de les sauver d'une extinction totale.

Le mariage de Guillemette — alliance toute familiale — eut lieu en mai 1592. Elle épousa son cousin germain, Louis II de Mailly, fils de Louis Ier de Mailly, sieur de Rumesnil et de Louise d'Ongnies-Chaulnes, sœur d'Antoinette. Leur fille Louise se maria en même temps que Guillemette, sa cousine : elle épousa Jean de Boutillac, sieur de Resson ou d'Arson, comme on disait alors, fils d'un des principaux conseillers et des meilleurs capitaines du feu duc de Bouillon. Cette double union s'accomplit à Chémery le 16 mai 1592 dans des circonstances particulièrement mouvementées. C'était le moment où royaux et ligueurs se faisaient une guerre acharnée dans ce coin du Réthelois voisin des états des ducs de Lorraine et de

---

(1) En rebâtissant cette église, Jacques de Coucy y fit ménager un caveau où lui et ses descendants furent inhumés jusqu'en 1725.

Bouillon. Bon royaliste, ami des Sedanais, Rumesnil père comptait parmi les plus déterminés adversaires de Charles III. « Vieil et aagé, mais néanmoins encore verd et vaillant gentilhomme », il courait sus à l'ennemi avec une ardeur telle qu'en septembre 1591, lorsqu'Henri IV vint à Sedan conclure le mariage Turenne-Bouillon, il lui donna le gouvernement de Maubert-Fontaine, près Rocroy. De là, Rumesnil organisait d'incessantes courses en territoire lorrain. Assisté des capitaines de Sedan, Loppe, la Perrière et autres, il venait de faire, les 5 et 6 mai, un « ravagement » à Billy, près d'Etain, « pillant l'abbaye et y exerçant les cruautés assez et trop communes aux gens de guerre ». En représailles, sur l'ordre de Charles III, Africain d'Anglure, sieur d'Amblise, maréchal du Barrois, assembla les garnisons d'Etain, Longuyon, Dun et lieux circonvoisins, pour rendre la pareille à l'ennemi. Averti que Rumesnil est à Chémery, le sieur de Maucourt, capitaine des gardes du maréchal lorrain, s'y rend avec sa troupe, croyant que toutes celles de ses adversaires y sont logées. Il se propose de commencer l'action en attendant que d'Amblise le rejoigne avec le gros de ses forces. Or on ne trouve à Chémery que Rumesnil père et fils, leur futur gendre et beau-frère d'Arson et quelques gentilshommes venus pour assister aux noces. Maucourt, les rencontrant dans le village, fonce sur eux sans autrement les reconnaître.

Surpris par cette brusque attaque, les cavaliers n'ont que le temps de se réfugier dans le château, « non sans toutefois, dit le chroniqueur, que le sieur de Rumesnil (père) pût éviter un coup de pistolet dans les reins, dont il est fort malade, deux de ses gens tués et plusieurs blessés jusque dans les portes, voire fut empêché de pouvoir lever le pont. » Voyant sa proie lui échapper — car il y a *sauvegarde* au château — Maucourt dépêche un messager à d'Amblise qui accourt « avec son gros et commande d'investir incontinent » bourg et château : ce que voyant, Mme de Coucy demande à lui parler. Pour toute réponse, il la menace du canon si elle ne remet entre ses mains Rumesnil et ses compagnons. « Alors elle, avec tout plein de prudence, s'excuse et tire de long autant qu'elle peut », alléguant ne pouvoir livrer Rumesnil et les siens « pour n'être la plus forte, joint qu'ils sont de ses parents, venus pour les mariages de ses fille et nièce, et autres infinies excuses qu'elle prend sous prétexte desdits mariages ». Tant il y a que d'Amblise cède. D'ailleurs les troupes sedanaises ne sont point à Chémery : elles sont à Rocroy, où il s'achemine. Le choc a lieu le lendemain, 17 mai, au village d'Aouste. Les Lorrains sont victorieux. Pendant ce temps, revenus d'une si chaude alarme, les hôtes du château de Chémery pansent leurs blessés, enterrent leurs morts, et reprennent les préparatifs interrompus des fêtes nuptiales. C'est ainsi qu'on se mariait, dans la haute noblesse, en l'an de grâce 1592 (1).

Le contrat de Guillemette et de son cousin spécifiait que leurs enfants ajouteraient au nom de Mailly celui de Coucy. Rumesnil fit mieux : il abandonna son propre nom pour ne plus porter que celui de Coucy. Il le porta bien. Beau soldat, comme son père, toujours le premier au danger, il se distingua en maintes actions, notammant dans la bataille livrée le 14 octobre 1592 par Bouillon à d'Amblise près de Beaumont-en-Argonne, bataille où d'Amblise fut tué et son armée défaite. Aussi, pour récompenser Coucy de sa vaillante conduite, Henri IV lui octroya, par lettres de provision du 26 avril 1593, le gouvernement de Mouzon (2), jadis destiné par Henri III à son beau-père, et actuellement vacant par la mort du sieur de Brosses. Mais l'accès n'en était pas plus aisé que

(1) V. Rosières et Deffaite des huguenots du pays de Champagne, Paris 1592. Récit publié par la *Revue de Champagne et de Brie*, t. XXIII, année 1887.

(2) Lettres de provision du sieur de Coucy. *B. N.* fr., 4719, f° 96.

naguère. Saint-Paul, qui convoitait la place, avait pris
les devants, et ses troupes occupaient déjà les faubourgs.
De Chémery où il se morfondait en attendant que le duc
de Nevers vînt lui prêter main-forte, Coucy écrivait le
7 mai à ce dernier : « Vostre très humble serviteur borne
son attante à vostre présence, prévoiant bien que nulle
autre solicitude n'y peult rien avanser. M. de Saint-Paul
prétend le gouvernement avec beaucoup de belles promesses, lesquelles vous scaurez lorsque nous aurons l'honneur de vous veoir en ce quartier. Je prie Dieu que ce soit
bientost, pour l'espoir que j'ay que vous y amploierés
dignement vostre voiage (1) ». Ce ne fut pas le secours,
ce fut la mort qui vint. Deux mois plus tard, dit l'auteur
des Choses notables, « Mailly, dit Coucy, étant sorti
pour (le mot manque) le bétail que les ligueurs avaient
chargé, *fut tué après l'avoir rescous.* » Quelle oraison funèbre vaut la tragique simplicité de ces deux lignes ? et
quel héroïsme égale en qualité celui de ce jeune homme,
chef d'une des plus illustres familles de France, honoré
de l'estime et de la faveur du roi, marié d'hier à l'une des
plus riches héritières du royaume, et qui donna sa vie
pour reprendre à l'ennemi les bestiaux de ses paysans ?
C'est ainsi qu'on mourait, dans la haute noblesse, au
temps du bon roi Henri. Veuve presqu'aussitôt qu'épouse,
la pauvre Guillemette restait seule avec son premier enfant, une fille nommée Louise. Elle était grosse d'un fils
qui naquit à Vervins le 11 février 1594, six mois après la
mort de son père, dont il reçut le prénom.

Tels étaient les événements qui venaient d'avoir lieu
quand commencèrent « les premiers propos » d'un mariage entre Isabeau et Saubole. Qui avait eu cette idée ?
« Le parti huguenot, dit un contemporain, parti dont Antoinette d'Ongnies était une adepte. » Ce dernier point

_____

(1) Lettres de Coucy à Nevers. *B. N.* fr. 4719 (f°s 64 et 123) et 3631
f°s 55 et 61.) Orig.

demeure imprécis : mais on conçoit que, pénétrée d'ambiance sedanaise, la veuve de Jacques de Coucy ait subi, plus ou moins durablement, l'influence des Boutillac, zélés calvinistes, et d'Elisabeth de Nassau (1), son amie, que Turenne-Bouillon, veuf de Charlotte de la Marck, venait d'épouser. Les huguenots sedanais s'enorgueillirent d'une telle recrue ; leurs frères messins aussi ; **et parmi eux, Petrus Lepidus ne fut pas le dernier à supputer les avantages d'une alliance** entre son patron et la *demoiselle de Chémery.* Joly venait d'être nommé procureur du roi, ce qui ne plaisait pas à tout le monde. Les catholiques lui chantaient pouilles et le terrain n'était pas solide sous ses pieds. Il n'en mit que plus d'ardeur à prôner une union si favorable aux intérêts de Saubole et aux siens. « Ledit Joly, dit le chroniqueur susmentionné, travaillant soigneusement à allier par mariage le sieur de Saubole à l'une des deux uniques héritières de la maison de Coucy, le séjour et bien desquelles était aux limites de la province de Champagne, (frontière du royaume la plus voisine du pays messin) fit augurer à plusieurs qu'il tendait, en s'établissant dans sa nouvelle charge, — ce qui n'était, de ses compatriotes, unanimement bien goûté — de s'y fortifier d'autant plus, suggérant audit sieur de Saubole, par telle rencontre de mariage (la pensée de) s'y maintenir es charges et autorités qu'il y avait, non-seulement pour le terme de sa vie, mais pour les jours de ceux en qui il pourrait, en un avenir, renaître, et à lui, Joly, et aux siens donner épaulement. (2) ».

Si Pierre Joly eut cette intention, jamais calcul ne devait être plus cruellement déçu. En attendant, le parti qu'il vantait à son maître était, sans conteste, un des

____

(1) Fille de Guillaume le Taciturne. Une grande amitié liait Madame de Coucy et ses filles à cette princesse. (V. *Bull. de la Soc. d'hist. du prot. fr.*, t. XV).

(2) Disc. au sujet d'une entreprise... *B. N.*, fr. 5498, fᵒˢ 427 et suiv.

plus brillants de France. Isabeau de Coucy entrait dans
sa dix-septième année. Nous ne connaissons aucun portrait d'elle : mais la fraîcheur et les grâces de la jeunesse, relevées par des ajustements choisis, devaient faire
d'elle une personne attrayante. Bien élevée, « de haute et
suprême origine », riche héritière par-dessus le marché,
elle avait, dit Joly, « beaucoup de qualités qui la rendaient désirable », et les prétendants ne lui manquaient
pas. Néanmoins Saubole n'eut qu'à paraître pour les
éclipser. Bien qu'il eût trente-neuf ans révolus, sa prestance de beau cavalier, son renom d'homme de guerre,
la grande situation qu'il s'était acquise et l'appareil quasi-
royal qui l'entourait, firent tant d'impression sur les
yeux et le cœur d'Isabeau, qu'elle ne vit plus et ne voulut
plus voir que lui. Mais il n'en fut pas de même des Coucy :
et nos deux héros eurent des tribulations telles qu'il ne
leur manqua que d'être nés trente ans plus tard pour
prendre rang parmi les amants célèbres.

XIII

LE RUBICON

Dans toute histoire du temps jadis, où le chevalier traditionnel soupire pour la traditionnelle princesse, il est de règle que leur bonheur soit traversé par quelque enchanteur ou quelque fée qui leur suscite force épreuves. Les amours de Roger de Comminges et d'Isabeau de Coucy n'échappèrent pas à cette loi : mais en un siècle où il n'y avait plus ni fées ni enchanteurs, la fortune adverse emprunta, pour les persécuter, les traits de la plus proche parente d'Isabeau, ceux de haute et puissante dame Antoinette d'Ongnies, sa mère.

C'était une maîtresse femme. *Très sage*, dit l'Alouëte, *accorte* (habile) dit Joly, *tout plein prudente*, dit Rosières, elle faisait tête aux difficultés et aux dangers, soucieuse de défendre le bien de ses filles, de refaire une existence à l'aînée et d'assurer à la cadette un établissement digne de la grandeur des siens. Elle comptait lui choisir un mari dans une des hautes familles de la contrée sur laquelle avaient régné ses ancêtres. L'entrée en scène de Saubole dérangea ses plans et lui causa un vif déplaisir. A première vue, pourtant, la personne et la condition du nouveau venu n'offraient rien que de satisfaisant. Il n'était plus jeune : mais à cette famille décimée par la mort, il fallait un chef énergique, ayant l'expérience du monde et des affaires, capable de protéger ces veuves, ces orphelins au berceau. Bel homme, d'ailleurs, porteur d'un nom qui sonnait haut, bien en cour et pourvu d'une grande charge, il se présentait avec avantage. Néanmoins la prudente mère, allant au fond des choses, y découvrait plus d'un motif de crainte.

D'abord, Saubole était Gascon. Le Nord et le Midi ne se sont jamais adorés. Cette Gascogne lointaine inquiétait Mme de Coucy : tant d'aventuriers sortaient de là ! Saubole disait descendre des comtes souverains de Comminges : mais l'imagination méridionale ne faisait-elle pas les frais de cette origine ? Mme de Coucy voulut des preuves, et la maison de Péguilhan s'exécuta. [Son chef Roger venait de mourir : le sceptre passait au fils aîné Jean-Jacques, compagnon d'enfance de notre héros, et, comme lui, bon serviteur du roi. Par ses soins, lors de la tenue des Etats du pays, fut dressé un acte attestant « l'extraction et ingénuité » de son cousin, acte que signèrent tous les membres de la famille et les notables du lieu (1). Mme de Coucy n'en fut pas satisfaite. L'acte prouvait bien que Roger de Comminges, sieur de Saubole, était issu d'une famille considérée comme « première et principale » de la contrée et portant le nom et les armes des anciens comtes : mais ce témoignage tout local et traditionnel valait peu pour des gens qui, s'ils avaient perdu leurs titres, les eussent retrouvés dans les archives de toutes les cours d'Europe.

Ensuite, Saubole était cousu de dettes : la dot d'Isabeau y passerait tout entière. Pour conjurer le péril et décourager le prétendant, Antoinette d'Ongnies lui fit des conditions draconiennes : d'abord la séparation de biens, puis le paiement immédiat et intégral d'une somme de 100.000 livres destinée à assurer le douaire de la future. Saubole promit les 100.000 livres.

Alors Mme de Coucy s'en prit à sa situation. La

____

(1) B. N., fr., 4828, f° 164, Cop.

grandeur de notre héros péchait par la base : c'était le
colosse aux pieds d'argile. En fait, il gouvernait Metz ;
en droit, il y commandait *provisoirement* pour le roi ;
et l'on a beau dire qu'il n'y a que le provisoire qui dure,
ce n'est pas sur de telles incertitudes qu'on assied sa vie.
Le jour où Sa Majesté se réconcilierait avec le duc d'Epernon, Saubole serait le dindon de la farce. Il n'y avait pour
lui qu'un moyen d'assurer son sort : c'était d'être *officiellement lieutenant général du roi* ; il n'obtiendrait Isabeau qu'à ce prix. L'infortuné promit encore, et l'occasion
le favorisa.

Depuis l'abjuration d'Henri IV, les ligueurs sincères
s'étaient rendus, les ligueurs pratiques s'étaient vendus,
mais les fanatiques résistaient. La Picardie, berceau de la
Ligue, leur servait d'asile, et Laon, de capitale guerrière ;
bien située, bien défendue, secourue par les forces d'Espagne, cette place fut difficile à prendre, et le roi dut faire
appel aux gouverneurs voisins. Le 18 juin 1594, Saubole reçut l'ordre de « l'aller trouver, en la meilleure compagnie de gens de guerre qu'il pourrait, au siège et camp
devant la ville de Laon ». En même temps, Henri IV le
chargeait « de saluer le duc de Lorraine en sa ville de
Pont-à-Mousson pour, par conférence avec lui, reconnaître ce que Sa Majesté se pouvait promettre de maints
propos qui s'étaient introduits d'une réconciliation ».

Le résultat de l'entrevue fut excellent. Charles III
envoya à Laon Christophe de Bassompierre muni de
pleins pouvoirs pour traiter. Cependant le gouverneur de
Metz organisait la compagnie d'élite demandée par le roi ;
tous les capitaines voulurent en être, ainsi que les fils
des meilleures familles de la ville. L'ensemble forma une
milice telle qu'on n'avait de longtemps vu la pareille. En
contemplant ces « six-vingts maîtres (1) et ces quatre-vingts
carabins tant bien armés, équipés et montés, » Saubole

(1) Cavaliers armés de toutes pièces.

eut une idée d'amoureux. Il devait rallier à Sedan le
duc de Bouillon, également convoqué par Henri IV. Chémery est près de Sedan : pourquoi ne pas, en passant, s'y
montrer dans toute sa splendeur ? Roger se donna ce
plaisir : on imagine le départ de « sa belle et gaillarde
suite », la chevauchée sur la route de Chémery, l'appari-
tion des tours du haut desquelles, comme au temps des
aïeules, la jeune Isabeau, le cœur battant, guette l'arrivée
du cortège, et dans les salles de la noble demeure, la réception d'apparat sous l'œil sévère de la dame du logis.

Cette heure romanesque eut d'héroïques lendemains.
A Laon, Roger de Comminges, qui voyait son roi pour
la première fois (1), fut chaleureusement accueilli. « Sa
Majesté, dit l'Etoile, le reçut avec toute sorte de bonne
chère ». Après avoir admiré sa troupe en connaisseur,
Henri déclara *que c'était la plus belle compagnie qu'il eût
jamais vue dans son armée* ; et pour montrer le cas qu'il
en faisait, il commanda à Saubole « de monter au pied de la
brèche avec quarante de ses compagnons armés à cru,
pour soutenir les efforts de l'assaut général ». Dans ce
rôle périlleux « il se comporta avec honneur » : ce qui, en
un temps où l'on s'exprimait simplement, signifie qu'il
se couvrit de gloire.

La ville prise (22 juillet), Saubole regagna Metz où il ne
rentra pas les mains vides. Les affaires de Provence tour-
naient mal ; installé là-bas depuis deux ans, d'Epernon
canonnait les villes, brûlait les campagnes et ruinait les
habitants sous prétexte de combattre la Ligue : si bien
qu'à l'instigation de Sa Majesté, les Provençaux venaient
de se révolter contre lui. C'était le moment, pour Henri IV,
de terminer ce qu'il avait commencé à Metz. Les embarras

---

(1) La *Chronique protestante* fait erreur en disant que Saubole, l'an
précédent, conduisit ses chevau-légers à Henri IV au siège de Noyon.
Il les y envoya : mais l'expédition de Laon fut, affirme Du Gué, « la
première vue qu'il reçut l'honneur d'avoir de son roi depuis son avènement à la couronne ».

du duc d'Epernon favorisaient l'achèvement de cette
œuvre dont le couronnement devait être l'officielle et
définitive transformation du lieutenant du duc en lieutenant du roi : ainsi Henri, récompensant le dévouement
d'un bon serviteur, détruirait le dualisme anarchique
engendré par l'ambition d'un factieux, et frapperait à
mort sa puissance dans le principal de ses gouvernements. « Sa Majesté, rapporte Girard, écho du duc,
fit dire à Sobole qu'après la satisfaction qu'elle venait
de recevoir de ses services, elle avait toute la disposition
qu'il pouvait désirer lui-même à le gratifier : que néanmoins, l'état de ses affaires ne lui donnant pas moyen
de le faire aussi avantageusement qu'il pouvait le souhaiter, il devait regarder lui-même s'il y avait quelque chose
à sa bienséance dont elle pût le récompenser, et qu'elle
le ferait de très bon cœur. Ceux qui eurent ordre de faire
cette ouverture à Sobole lui représentèrent que n'étant
dans Metz que par la simple tolérance du duc d'Epernon,
il en pourrait être tiré par la première mauvaise humeur
qui lui viendrait ; qu'après cela, de la condition honorable (1) en laquelle il vivait depuis plusieurs années, il
lui faudrait descendre à une fortune fort médiocre ; que
quand même il serait assuré que la bonne volonté du
duc ne devrait point changer, encore avait-il à considérer
le mauvais état de ses affaires en Provence ;... que ces
affaires venant à déchoir (de plus en plus), il était en
danger de demeurer à Metz sans aucun appui et sans avoir
lieu d'y prétendre emploi ni récompense (2) ; que le roi,
estimant un gentilhomme de sa valeur et de son mérite
digne d'un meilleur traitement, lui offrait les provisions
de son lieutenant au gouvernement de la place et du pays
sous l'autorité du duc, duquel les intérêts demeurant
toujours à couvert, il ne pourrait avoir aucun sujet légi-

(1) Brillante, élevée.
(2) Compensation, dédommagement.

time de lui faire de reproche pour avoir voulu conserver
sa fortune sans faire préjudice à la sienne. Il ne fut pas
difficile de persuader à Sobole une chose qui arrangeait,
à son avis, si avantageusement ses affaires. Il reçoit
les provisions du roi ; il s'en retourne en son gouvernement, très satisfait de Sa Majesté. »

D'Epernon contait ainsi l'histoire : mais tout dément
ses insinuations. Henri IV ne lui enleva point Saubole :
c'était chose faite depuis longtemps. Saubole n'attendit
pas l'heure du triomphe pour se rallier au roi : il s'était
prononcé pour lui quand l'astre du duc d'Epernon effaçait de son orgueilleux éclat la petite étoile tremblante
du Béarnais. En recevant la lieutenance générale, Discret
ne changeait ni de parti ni de sentiment : le brevet royal
n'était que la consécration d'une situation vieille de
cinq ans et dont nous avons suivi pas à pas le développe-
ment. Il y a, d'ailleurs, autant de versions de cet épisode
qu'il y eut de gens intéressés à le travestir. Ainsi Petrus
Lepidus, dans une explication toute autre, fait du mariage de Saubole le pivot de la question. « Sans que le dit
sieur en fît ni pas ni paroles, dit-il, ains à la seule diligence de ses amis, le roi le gratifia de sa lieutenance générale au pays messin et lui en fit expédier lettres : de
sorte que, pour atteindre au comble de ses désirs, ne lui
manquait que l'accomplissement du mariage. »

De toute façon, que Saubole ait chargé ses amis de solliciter la lieutenance, ou que le roi les ait chargés de la lui
offrir, les vœux de l'un allaient au-devant des désirs de
l'autre : tous deux se rencontrèrent dans une même pensée
qui aboutit à la complète restauration du pouvoir royal
à Metz. Sa Majesté pouvait à bon droit se louer de Saubole, et Saubole de Sa Majesté. Il s'aliénait d'Épernon :
mais qu'y faire ? Il avait des devoirs envers le duc ; il
avait des devoirs envers le roi. *Ces devoirs auraient dû
se confondre : par la faute du duc, ils s'opposaient de telle
sorte qu'on ne servait l'un qu'en desservant l'autre.* Puis-

qu'il fallait choisir, le choix n'était pas douteux. « *Ceux qui ont suivi la fortune du duc d'Epernon*, dira peu après Henri IV, *sont tenus par honneur et devoir à préférer mon contentement à l'obligation qu'ils lui ont* ». C'est la pure doctrine royaliste, et notre héros, en s'y rangeant, ne démentait pas son passé. Mais le patronage du duc d'Épernon fut sa tunique de Nessus : plus clairvoyant, il l'eût compris sur l'heure.

C'est à Sisteron que le duc apprit l'événement. De sa meilleure plume, il écrivit au roi :

Sire,

Encore que Vostre Majesté soit à plain (1) informée des mérites du sieur de Saubolle et de la fidellité qu'il a tousjours rendue à vostre service, je ne laisseray de la supplier très humblement, pour luy donner moyen de continuer, comme je scay qu'il en a l'affection et vollonté, le vouloir tant honnorer de luy accorder une lieutenance de Vostre Majesté en la ville de Metz, puisqu'en effect (2) il en est desjà en possession et y rapporte tout ce que Vostre Majesté se pourroit promettre de fidelle affection et debvoir d'un sien très humble, très obéissant fidelle serviteur et subject, et ses actions (3) si nettes de callomnies que personne ne luy en peult porter envye. En mon particulier, Sire, je tiendray ceste grâce et faveur à telle obligation que si c'estoit pour un de mes enfans, et luy (4) en rendray toute ma vie le très humble service que je luy doibs, avec protestation que je ne luy fais ceste plus humble supplication et requeste que par le seul respect du bien de ses affaires, priant en cest estat le Créateur,

Sire,

qu'il conserve Vostre Majesté en parfaite santé, très heureuse et longue vye.

(1) Pleinement.
(2) En fait.
(3) Il y rapporte sa fidèle affection et ses actions...
(4) Je lui en rendrai (à Votre Majesté).

A Sisteron, ce 19e octobre 1594.

Vostre très humble, très obéissant subject et plus affectionné fidelle serviteur,

J. Louis de La Valette (1).

Il fallait à d'Épernon une force de caractère et une présence d'esprit peu communes pour cacher ainsi sa blessure et déguiser sa défaite en victoire. L'année précédente, en effet, il avait demandé pour son fils aîné la survivance du gouvernement d'Angoumois-Saintonge. Henri IV avait refusé, alléguant que si chaque gouverneur en faisait autant, « les seigneurs et gentilshommes de mérite, ne pouvant plus espérer de parvenir par leurs services à aucune charge, tomberaient dans le dégoûtement ». Or en accordant à une créature du duc la lieutenance générale au gouvernement de Metz, le roi semblait y légitimer sa domination et celle des siens. Voilà pourquoi d'Épernon, feignant de croire Discret toujours à lui, remerciait si chaleureusement Sa Majesté d'une grâce que, par orgueil et par politique, il voulait considérer *comme accordée à l'un de ses enfants*. Et de fait, pour bien des gens, Saubole, renouvelant à Laon la comédie de Chartres, n'acceptait le titre de lieutenant général qu'en vue de conserver Metz à son patron menacé d'une seconde disgrâce. Le soin que mit d'Épernon à lui marquer la même confiance et la même amitié qu'autrefois accrédita si bien cette opinion, qu'elle se répandit à la cour où la faveur du nouveau lieutenant général lui suscitait force envieux. Ceux-ci ne manquèrent pas de dire que Saubole et d'Épernon s'entendaient comme larrons en foire, et que le royalisme de l'un n'était qu'un subterfuge imaginé par l'autre pour donner le change à Sa Majesté et rester tout-puissant à Metz. Il en résulta que Discret,

(1) *B. N.* fr. 4828, fos 26 et 150 vo, et 5498, fo 344. Cop.

qui croyait toucher à la sécurité, s'en trouva plus loin que jamais, et que cette élévation, dont il attendait la fin de ses peines, ne fît en réalité que les accroître. Mais il ne s'en aperçut pas tout de suite : l'enivrement du présent lui cachait l'avenir, et les grâces dont il était l'objet lui faisaient voir la vie en rose.

Ce furent d'abord les *Lettres patentes* datées de Paris, le 24 octobre 1594, par lesquelles Sa Majesté, « à plein confiante de la personne du sieur de Saubole, de ses sens, suffisance, vertu, vaillance, expérience au fait de la guerre et bonne diligence, mettant aussi en considération les bons, fidèles et recommandables services qu'il avait faits au feu roi son prédécesseur et à Sa dite Majesté depuis son avènement à la couronne en la conservation de la ville et citadelle de Metz, et du soin qu'il avait eu de la garantir de diverses entreprises, desseins, intelligences et pratiques que les ennemis de son État avaient dressées sur ladite ville et citadelle pendant les troubles lors présents, *lui donne et octroie l'état et charge de lieutenant général en ladite ville et pays messin* qu'avait eu, exercé et possédé le sieur de La Verrière » (1). Peu après, La Verrière en personne vint apporter à son successeur *l'ordre de Saint Michel* « avec lettre de cachet par laquelle le roi lui mandait qu'ayant trouvé fort raisonnable de l'honorer de la charge de l'un des chevaliers de son ordre de Saint-Michel qui était un acheminement à celui du Saint-Esprit (2) il avait dépêché le sieur de La Verrière pour le lui porter : et encore que ce ne fût chose qui lui pût apporter de l'augmentation à l'honneur qu'il avait déjà acquis, il ne délaisserait pour cela à le prier de l'accepter et y observer

---

(1) La Verrière se démit en faveur de Saubole, et reçut une pension du roi.

(2) L'ordre de Saint-Michel fut le premier ordre du royaume jusqu'à la fin du règne de François Ier. Les successeurs de ce prince l'ayant trop prodigué, Henri III le releva en créant l'ordre du Saint-Esprit, l'un menant à l'autre.

les solennités qu'on lui dirait y être nécessaires ». Une
assignation de 20.000 écus accompagnait ces gracieuses
paroles. Enfin, lorsqu'il fut question des appointements
de Saubole, le roi, par décision de son conseil, fit établir
qu'ils lui seraient payés non à partir du 24 octobre 1594,
mais à partir du 31 octobre 1588, puisqu'en fait, dès ce
jour, il avait exercé les fonctions de lieutenant général.
Cette somme — quelque 8000 écus — dut lui être
comptée à part, car elle ne figure pas sur l'état des dé-
penses affectées à la garnison de Metz pour l'année 1595,
le premier qu'on eût dressé depuis la fin du règne
d'Henri III. Le texte du susdit état donne lieu à une
suggestive comparaison avec celui du 22 octobre 1588.

— « Au sieur duc d'Épernon, y est-il dit, gouverneur
et lieutenant général pour Sa Majesté audit Metz, pays
messin, etc... 166 écus 2/3.

— *Au sieur de Sobolle, lieutenant général pour le roi
audit Metz et gouvernement*, en l'absence dudit sieur duc
133 écus 1/3 (1).

— Au sieur de Moncassin, lieutenant général audit
Metz en l'absence desdits sieurs... pareille somme.

— Au sieur de La Verrière, aussi pareille somme pour
la pension à lui ordonnée par mois...

— A 380 hommes de guerre à pied français étant en
garnison pour le service de Sa Majesté en la citadelle de
Metz, *sous la charge du sieur de Sobolle, gouverneur d'icelle*..
1310 écus 1/3.

— *Audit sieur de Sobolle capitaine*, 100 écus sol à distribuer aux plus apparents desdits soldats, pour augmentation de paye.

— *A lui, pour son état de gouverneur de ladite citadelle
de Metz*, 66 écus 2/3.

— A 50 hommes de guerre à cheval, armés de toutes

____

(1) Par mois. Cette somme fut réduite à 100 écus.

pièces, étant en garnison en ladite ville de Metz, *sous la charge dudit sieur de Sobolle*, 588 écus 2/3.

— *Audit sieur de Sobolle capitaine*, 55 écus 33 sols 4 deniers (1).

Ces formules se passent de commentaire. Elles résument l'histoire des six années qui viennent de s'écouler, la lutte de la royauté renaissante contre le dernier des grands vassaux rebelles, la victoire du Roi de France sur le roi d'Austrasie, et aussi — hélas — le drame d'une vie prise entre deux puissances qui, après se l'être disputée l'une à l'autre, finiront par la broyer entre elles.

(1) *B. N.* n. acq. fr. 22664, fo 238. Cop. et Pièces orig. 829, nos 84 à 87.

XIV

LES BROUILLERIES DE PROVENCE

Cette fatalité de sa destinée, Saubole l'éprouva au lendemain même de sa nomination. Le duel de ses deux maîtres, à l'état latent dans le gouvernement de Metz, arrivait à l'état aigu dans celui de Provence. Assez fort pour agir en roi, Henri IV venait de destituer d'Épernon, donnant sa place au jeune Guise récemment soumis. Les articles octroyant à Guise le gouvernement de Provence avaient été signés le 22 octobre, deux jours avant les patentes de Saubole.

Alors d'Épernon perdit toute vergogne : il fit des offres à Mayenne, entra en marché avec Philippe II, et mobilisa le ban et l'arrière-ban de ses partisans. Ici se place, dans l'histoire de Discret, un épisode mal défini. « En ce temps, (novembre 94) dit Du Gué, le seigneur de Saubole étant re-mandé du roi, fut commandé de passer à Amboise et à Loches, où plusieurs des amis de M. le duc d'Épernon s'assemblaient ». Qu'allait-il faire là-bas ? Mystère. Tout ce que Du Gué nous apprend, c'est que ce séjour fut court et porta « grand préjudice » à son maître. Mais d'autres textes, éclairant celui-ci, montrent qu'il faut chercher le mot de l'énigme chez les Espagnols. A ce moment, d'Épernon s'apprête à trahir : le 8 décembre, il remet au capitaine Serrano, premier lieutenant de l'artillerie en Flandre, un mémoire « de ce qu'il est nécessaire qu'il représente à Sa Majesté catholique, et sur quoi il doit, dans deux mois, rapporter entière et finale résolution ». Le duc y énumère les sommes d'argent, troupes, galères et munitions dont il a besoin pour *ses* villes et pays de « Provence, Pays messin, Boulogne, Touraine, Amboise, Angoumois et Saintonge ». Il donne le chiffre (exagéré) des troupes messines, ajoutant : « Est nécessaire d'ordonner ce qu'il convient pour la solde desdites compagnies de la ville et citadelle, garnisons, *états de gouverneurs et officiers qui en répondent* (1) ».

Ainsi d'Épernon, disposant de notre héros, le donne à Philippe II comme prêt à accepter son or : ce que l'affaire Taxis-Farnèse corrobore parfaitement. Le souvenir de cette négociation, l'active correspondance du duc avec Discret (2), la lettre chaleureuse par laquelle le premier vient de solliciter la lieutenance générale pour le second, tout contribue à induire les Espagnols en erreur : il n'est pas jusqu'au voyage de Touraine qui ne leur paraisse destiné à servir les plans du rebelle. On conçoit dès lors qu'ils reviennent au projet d'acheter Saubole. Dès janvier 1594, l'archiduc Ernest (3), cousin et successeur de Farnèse, renoue le fil par une lettre engageante confiée à Philippe Monet, secrétaire du comte de Mansfeld, gouverneur du Luxembourg. Grand ennemi des Français, qu'il a combattus toute sa vie, Mansfeld brûle, pour la cause espagnole, d'un zèle que l'âge (4) n'a nullement amorti. La situation du Luxembourg, proche du pays messin, se prête aux desseins du vieux comte : fréquemment, sous prétexte « d'affaires de ménage », il envoie à Metz des gens chargés d'inspecter les défenses, d'interroger l'esprit public et de transmettre aux diri-

_____

(1) *A. N.,* K. 1596. B. 83. Orig. ou duplicata.

(2) Elle comptait, dit Du Gué, plus d'une centaine de lettres.

(3) Fils de l'empereur Maximilien et de Marie, sœur de Philippe II. Il gouverna les Pays-Bas espagnols en 1594.

(4) 77 ans.

géants les propositions de Philippe II. Outre Monet, le plus habile et le mieux qualifié de ces chargés d'affaires, Mansfeld emploie parfois à ces missions son écuyer Bartolomeo Franceschini dit *Journée* (1), gentilhomme piémontais, d'une famille originaire de Turin.

Renouée de la sorte en janvier, la trame se développe en décembre 1594. Dans la première semaine du mois (2), Discret étant encore absent (3), son frère, qui le remplace, reçoit par un messager venu de Nancy une lettre de la marquise d'Havré. Plus haute et puissante que maintes reines, Diane de Dommartin, marquise d'Havré, est cousine du comte de Mansfeld ; héritière d'une immense fortune libéralement employée pour la Ligue, elle a épousé Charles-Philippe de Croy, marquis d'Havré, cousin germain de Charles III, filleul de Charles-Quint et de Philippe II, prince du Saint-Empire, grand d'Espagne, conseiller du roi catholique et capitaine de ses troupes. Si l'on ajoute à cela que le marquis est, de son chef, aussi riche que sa femme, on peut juger qu'une promesse d'eux offre plus de garanties que celles de bien des souverains.

La lettre de la marquise est énigmatique. Diane prie le capitaine Saubole de lui envoyer à Nancy, où elle se trouve, une personne de confiance « à qui elle puisse parler de chose qui lui importe » ; sur quoi le capitaine lui envoie Bousin, son enseigne, avec une lettre l'assurant « qu'elle peut parler au porteur comme à lui-même ». Bousin revient fort éberlué : la marquise lui a dit carrément que si son chef « veut être de leur parti et rendre la place, elle lui fera faire telle condition qu'il désirera, dont elle et son mari s'obligeront ». A ces mots le capitaine surpris et indigné, déclare à Bousin « qu'il est marri de la peine qu'il a prise d'aller à Nancy pour un si odieux

(1) Barthélemy Francesquin, dit aussi Journal et Journaud.
(2) La semaine où d'Epernon remit son mémoire à Serrano.
(3) Il séjourna en cour après son voyage de Touraine.

sujet, et encore plus marri de la légère pensée que cette dame a de lui ; c'est une femme ; si c'était un homme, il n'en demeurerait pas là » (1).

Presqu'en même temps, l'écuyer Journée vient à Metz demander au capitaine des nouvelles de son frère, « le comte de Mansfeld, son maître, ayant ouï un fâcheux bruit dudit sieur de Saubole gouverneur, dont il est en peine » : à quoi le capitaine répond « qu'il n'a point entendu que rien soit mésadvenu à son aîné, et que si celui-ci avait reçu quelque déplaisir ou disgrâce, il l'en eût fait avertir par l'un ou l'autre de leurs fidèles ». François de Comminges rit sous cape en rassurant ainsi Mansfeld qui, croyant les deux frères acquis à Philippe II, tremble de voir *le Biarnois* découvrir le pot aux roses.

L'attitude du roi justifie ces craintes. Henri IV s'arme contre l'Espagne. Peu de jours après la visite de Journée, deux gros de troupes arrivent aux portes de Metz. L'un, formé de soldats français conduits par le duc de Bouillon, s'avance jusqu'à la porte du Pont-des-Morts : l'autre, formé de soldats hollandais conduits par le comte Philippe de Nassau, son beau-frère, s'avance jusqu'à la porte des Allemands. Bouillon reste hors la ville ; Nassau se loge aux environs, puis passe la Moselle et se joint à son parent, non sans avoir plumé le pays selon la coutume des gens de guerre. D'Épernon exploite l'incident : par l'intermédiaire du connétable de Montmorency, son allié (2), il se plaint « qu'en l'absence du sieur de Saubole, le duc de Bouillon, d'accord avec les huguenots de Metz, ait voulu se rendre maître de la ville, à l'aide desdites troupes hollandaises ». Le traître duc espère pouvoir, sous couleur de vigilance, faire entrer dans Metz bon nombre de ses affidés. Poussés par lui, les magistrats dénoncent au roi les criminels desseins de M. de Bouillon. Mais Henri IV

---

(1) *B. N.*, fr. 5498. Discours au sujet d'une entreprise...
(2) Oncle de la duchesse d'Épernon.

remet les choses au point. Les susdites troupes n'en veulent pas aux Messins, « ains aux Espagnols, nos ennemis, déclare Sa Majesté, qui nous ont suscité les troubles et divisions de notre royaume, et les ont tellement fomentés depuis six ans au désavantage de nos bons sujets, *que nous n'avons pas moins de courage que de raison de rejeter en leur pays le flambeau de la guerre qu'ils ont si cruellement allumé au nôtre.* Mais nous donnerons ordre à l'avenir que s'il passe quelques forces et armées en vos quartiers, elles aient le soin de votre conservation et soulagement que méritent votre singulière loyauté et la protection que nous vous devons (1) ».

Les Messins ne voient là qu'une chose : c'est qu'on va recommencer à se battre : et leur angoisse est au comble quand la guerre s'ouvre le 17 janvier 1595. Affolés, ils courent à la citadelle où Saubole, de retour, examine son artillerie. « Au nom du ciel, lui disent-ils, intercédez pour nous ! L'entretien de la garnison, la guerre lorraine, ont prouvé notre dévouement. Bien plus : durant les troubles qui ont agité la France, nous avons surpassé en fidélité, affection et assistance, les propres sujets de Sa Majesté. N'est-il pas juste qu'en récompense, nous soyons exemptés de cette guerre contre les Bourguignons (2) et duché de Luxembourg, avec qui, depuis si longtemps, nous sommes fondés en traités et accords ? Les trois quarts de notre trafic se font avec ledit Luxembourg ; c'est de là que nous viennent, outre presque toutes nos marchandises, la plus grande abondance et meilleure sorte de fer, ainsi que force grains servant à notre nourriture. Une guerre avec ce pays serait aussi funeste à nos intérêts qu'à ceux de Sa Majesté. Nous vous supplions donc, Monseigneur, de moyenner envers icelle ladite exemption de guerre, nous donnant ainsi nouvelle preuve

(1) 27 déc. 1594. Lettres missives.
(2) Vieux nom des Espagnols, depuis le mariage de Marie de Bourgogne, fille de Charles le Téméraire, avec Maximilien d'Autriche.

d'une bonté dont, en toutes occasions, vous nous avez fait ressentir (1) ».

Saubole cède, non sans appréhender le tort qu'une telle démarche, en un tel moment, va lui causer. Les affaires de Provence tournent au tragique. Henri IV vient d'envoyer Forget de Fresnes (2) signifier son congé au duc : à quoi ce dernier, transporté de fureur, répond *qu'il se jettera plutôt entre les bras du Savoyard, de l'Espagnol et du diable même* : et joignant l'acte aux paroles, il soumet à Philippe II les articles d'un traité d'alliance. Mansfeld et l'archiduc saisissent la balle au bond ; le 10 avril, Monet avise le gouverneur de Metz qu'il a une importante communication à lui faire, et celui-ci dépêche à Talange, près Ennery (3), son frère à qui Monet pourra parler sans crainte. Mais l'envoyé de Mansfeld, au dernier moment, se dérobe ; il préfère écrire, à l'aide d'un chiffre qu'il fait parvenir à Saubole, avec instante prière « que tout ce qui se traitera par icelui, dit-il, *soit seulement entre votre plume et la mienne*, et qu'il vous plaise me mander la leçon que je devrai donner à celui qui, dorénavant, portera les messages d'ici, afin qu'ils ne viennent à tomber entre autres mains, ou que soit en rien donné à penser au monde ». Ceci bien convenu, Monet risque l'épître suivante :

Monsieur,

Vous n'ignorez pas, comme je pense, le rang que tient Monseigneur mon maistre au pays d'Empire (4). C'est pourquoy feu Son Altesse d'Autriche (5), que Dieu ait en gloire, passant son dernier par icy, oyt vollontiers ce

----

(1) *A. M.* 222 et *B. N.*, n. acq. fr. 22664, f° 227.

(2) Pierre Forget, sieur de Fresnes, secrétaire des commandements du roi.

(3) Ennery, près Metz, avait un château où commandait le capitaine Bonnac, sans doute dévoué aux deux frères.

(4) Mansfeld venait d'être créé prince du Saint-Empire.

(5) L'archiduc Ernest, qui venait de mourir.

qu'il luy déduit du naturel de la ville de Metz, et là-dessus vous escrivit les lettres que vous receutes par moy, qui mit aussi vostre response en ses mains, ne scachant ce qui, depuis, s'est passé en ce particulier. Mais d'aultant que la mort a préveneu la bonne volonté que Son Altesse avoit de veoir monsieur le duc d'Espernon, vous et Monsieur vostre frère contens, et la ville de Metz sous les aelles (1) de qui il appartient, Son Excellence (2), meu de semblable affection, s'estoit ces jours passez déterminé de m'envoyer vous traiter ce faict ; mais puisque maintenant cela se peult faire en assurance et par lettres, il m'a commandé vous dire, pour ung commencement, que s'il vous est aggréable d'entrer en matière, il vous fera veoir l'ample pouvoir qu'il a de vous y donner une belle satisfaction, n'estant besoing de vous énumérer icy les raisons que vous avez d'y entendre, puisque vostre prudence et sain jugement les vous représentent assez. Je vous supplie, Monsieur, pour un mot de response, affin que, si le désirez ainsi, mon dit maistre puisse vous en dire plus avant. Ce 4e may (3). »

— « Je receus, en effet, de Son Altesse deffuncte, répond notre héros, certaines lettres pleines de démonstrations de bonne volonté envers moy, de qui elle montroit désirer quelque grande chose ; mais d'aultant qu'elle ne s'esclaircissoit assez, comme vous ne faites, sur ce, pour Monsieur votre maistre, il me semble que je dois attendre plus ample desclaration de luy-mesme ». Ainsi pris à partie, Mansfeld s'exécute. « C'est de mon sceu, dit-il, que

(1) Sous les ailes : allusion à l'aigle de l'Empire.
(2) Titre de Mansfeld.
(3) Cette correspondance entre les deux Sauboles, Monet, Mansfeld et l'archiduc, se trouve moitié à Paris (*Arch. Aff. étrangères*, Supplém: Lorraine IV) et moitié à Bruxelles (*Arch. gén. du royaume*, fonds de l'Audience, 1472 et 1502). Ces précieux documents nous ont été signalés par M. Gaston Zeller. Qu'il veuille bien agréer ici nos remerciements reconnaissants.

Monet vous a escrit ; aussi ay-je veu vostre response et bientost je vous en diray davantage » (10 may).

La conversation, néanmoins, s'interrompt trois mois, puis reprend par un billet de Monet demandant passeport pour un serviteur de Son Excellence chargé d'acheter du vin à Metz ; et comme le roman du gouverneur est bien connu, notre galant secrétaire expédie douze paires de gants de Louvain destinés aux dames de Coucy, s'excusant d'offrir chose de si peu de mérite : « c'est sous espoir, dit-il, que vous ne regardez que les cœurs, et le mien vous est voué pour toujours » (13 août).

Saubole, imperturbable, remercie, envoie le passeport et accepte de voir Monet qui, sous la dictée de Mansfeld, lui récrit : « Personne aultre que vous et moy ne peult bonnement estre admis à conférer sur le subject que vous escripveit Son Alteze deffuncte et moy le 4e de may dernier. C'est pour vous en donner plus d'esclaircissement que je vous supplie d'adviser si j'auray l'honneur de vous veoir *en ville neutre loing des soubcons* ; que si Trèves n'est à propos, soit en aultre. Vous y scaurez l'intérieur (1) du personnaige qui, en toute sincérité, désire et peult vous donner une belle satisfaction et faire naistre du repos et de l'asseurance plus qu'il ne vous en fault attendre, advenant une paix entre les deux corrones. Vous cognoissez le naturel de vostre ville, et le lieu où équitablement et avec vostre gloire et utilité, elle peult retourner » (27 août).

La conférence a lieu. Monet s'y rend sous le nom d'Évrard, avec un passeport de Saubole, qui lui dépêche en outre Sébastien Luot, dit le *capitaine Bastien*, maréchal des logis de sa compagnie, pour « le mener fidèlement et en assurance » jusqu'au lieu du rendez-vous et le reconduire de même (6 et 7 sept.). L'entrevue se résume dans ce mystérieux billet adressé par Monet vrai-

---

(1) Le fond de sa pensée.

semblablement à Mansfeld : « J'ay traicté l'aliance de
l'aultre aimée avecq l'amoureux (1). Avant de s'embar-
quer et passer oultre, il demande scavoir de vous (sans
intervention des deux aultres parens de la dame) (2) si
les trois demeures (3) sont belles et assises aussi advan-
tageusement comme fut proposé, et s'il ne manque rien
des commoditez qu'on luy attribuoit lors. Vous scaurez
bien l'apprendre discrètement ; mais vous seul debvez
avoir cognoissance de ceste enqueste. S'il y a quelques
circonstances de considération, pourrez les joindre. Je
vous dis tout cecy de la part dudit amoureux et attends
de vos nouvelles pour les luy rendre. Ne tardez, je vous
prie, à m'en envoyer par voye telle qu'il fault ; mais
qu'elles soyent fort asseurées : car de cela dépend la conclusion du mariage (4) ».

Cette conclusion semble d'autant plus proche que
d'Épernon, le mois suivant, signe son traité avec Philippe II (10 novembre 1595). Discret n'a plus qu'à emboîter
le pas. Pour l'y décider, Monet précise : « On ne passera
les 300.000 écus, les deux à Vienne et le tiers comptant,
es mains de cuy et la part que désirerez, capitaines et
soldats payez, le tout à la sortie. Si aurez la faveur à
l'Empereur, comme avez proposé. D'icy ne vous man-
quera asseurance et assistance. Voicy très belles conditions. Vous cognoissez le fondement peu ferme de celle
que l'on demande de vous. Il n'y a point de fard de ce
costel, je vous jure. Faictes-moy l'honneur de respondre
comme je vous parle clair, et si je doibs aller pour conclure, on arrestera bien du lieu ». Les deux partenaires
se voient sans résultat : d'où nouvelle lettre de Monet :
« S'il vous plaist advancer la négotiation que scavez,

(1) Saubole.
(2) D'Epernon ? l'archiduc ?
(3) Les 300.000 écus (v. ci-dessous).
(4) Paris. Suppl. Lorr. IV, f° 197.

par les termes que je vous proposay au jardin, l'occasion
est maintenant autant bien à la main que oncques. Vous
jugez si cela vous est plus util que le délay. » (15 janvier 1596). Et le 19 : « Les ducs de Pastrana et de Feria,
avec aultres seigneurs et chiefs de là-bas, suivis de 2500
chevaulx et d'infanterye, vont rencontrer Son Alteze (1).
Ils insisteront à l'assiègement d'une place principale (2).
Mon maistre s'oppose soubs main au desseing qui regarde
son amy (3), en attente que de bien brief il choisira l'un
des expediens de la gallerye ou quelque aultre mieulx
à son goust pour venir à plus ample déclaration. » (Son
Excellence et le sieur Esteban d'Ibarra, ajoute Monet
dans une note secrète, ont résolu de me faire escripre
ceste lettre au gouverneur de Metz et me l'ont commandé
de la part du Roy, affin de l'esguillonner à prendre le
party que, par mesme ordre, je suis esté luy offrir le 15ᵉ de
ce mois).

Saubole, pendant ce temps, fortifie Metz en vue d'un
siège ; une corvée générale mobilise « tous et chacun »
pour la défense. On ne s'y soumet pas sans murmure.
La cité n'est-elle pas neutre ? Le roi a-t-il oublié la requête d'exemption de guerre des habitants ? Non pas :
mais c'est une affaire délicate et compliquée ; depuis
l'ouverture des hostilités, Henri IV négocie à ce sujet
avec Charles III. Entre Espagne et France, la Lorraine
a toujours été neutre, et les rapports du duc avec les
deux souverains belligérants lui font une loi de persévé-
rer dans cette voie. Henri IV consent à reconnaître sa
neutralité et à y comprendre les Trois-Évêchés. *Seulement, il y a un seulement.* Bien que la France et la Lorraine
soient réconciliées, certains litiges subsistent entre elles.
Les négociations commencées devant Laon ont abouti

(1) L'archiduc Albert, frère et successeur d'Ernest.
(2) Metz.
(3) Saubole.

au traité de Saint-Germain-en-Laye (novembre 1594).
Henri, qui le trouve trop avantageux pour Charles, réduit
ces avantages par le traité de Folembray (décembre 1595)
que le duc de Lorraine refuse d'accepter. — Donnant,
donnant, dit Sa Majesté ; ratifiez le traité de Folembray,
et je signerai vos lettres de neutralité. — Le roi, d'ailleurs,
n'est pas fâché de tenir les Espagnols incertains à cet
égard ; vaincus en Franche-Comté, mais victorieux en
Picardie, ils font d'alarmants progrès vers la Somme, et
c'est diminuer leurs chances dans le nord que de les
inquiéter dans l'est. Voyant qu'Henri IV trouve son
compte à temporiser, Philippe II, le 8 janvier 1596, renou-
velle les lettres de neutralité jadis accordées à la Lorraine et aux Trois-Évêchés ; néanmoins le Béarnais n'en
fait autant qu'après l'acceptation du traité de Folembray
(mars) ; encore traîne-t-il jusqu'au mois de juin (1).

De cette longue négociation, Discret ne sait à peu près
rien : cruelle humiliation pour un homme qui naguère
traitait de puissance à puissance avec Charles III. Mais
des situations comme la sienne exposent au soupçon. —
« Prenez garde, Sire, disent au roi ses envieux : le sieur
de Saubole correspond avec le duc d'Épernon ; il est au
mieux avec l'Espagne ; il appuie les Messins qui veulent
rester neutres. Défiez-vous de ces gens douteux : et payez
ceux qui vous servent, non ceux qui peut-être servent
l'ennemi ». — De fait, la garnison de Metz meurt de faim ; le
roi ne lui donne rien : les habitants non plus. En mars 95,
gouverneur et maître-échevin, à bout d'expédients, réta-
blissent la taxe de Moncassin : ce qui cause une émeute
contre Praillon. Saubole sévit, pour la forme, et met en
vente les greniers de la ville ; il emprunte en son propre
nom 14.000 écus, en tire 3000 d'une vieille assignation
sur Tours, « coule » ainsi quelques mois à la fin desquels,

(1) V. ces actes : *B. N.*, n. acq. fr. 22664, f⁰ 250. *Du Mont : Corps
diplomatique universel*, t. V, p. 527. *A. E.* suppl. Lorr. IV, f⁰ 283.

« se retrouvant dénué de tous côtés, il conjure les Messins de l'aider à passer ce qui reste de l'année (1) ». On fait la sourde oreille. Henri IV, sollicité, envoie l'intendant Bussy, contrôleur général des finances, « avec moyen de remédier au mal » : mais ce moyen — un projet d'impôt — est unanimement honni. Cette fois, notre héros n'y tient plus ; l'amertume dont son cœur est plein déborde ; et comme il craint de l'exprimer plus énergiquement qu'il ne faut, Pierre Joly — (c'est bien dommage) — lui prête « son styl et plume ».

Sire,

Je supplie très humblement Vostre Majesté ne recevoir les parolles de ceste lettre que comme profférées avec le respect et révérence que je luy doibs, et dictes touteffois d'un esprit extresmemert travaillé. Si je ne me cognoissois entier en fidellité, j'aurois moins de hardiesse : mais l'intégrité avec laquelle j'ay vescu justifiera tousjours ce qui pourroit sembler trop libre en la plainte que j'ay à faire.

Sire, Vostre Majesté m'a faict ceste faveur de jamais ne cesser de bien croire de mes actions, *lesquelles, comme j'ay Dieu pour tesmoing qu'elles n'ont procédé que de bonnes et droictes intentions, aussy ne me suis-je pas beaucoup peiné de les rendre plausibles au jugement de tout le monde ; ce m'estoit assez qu'au progrès de mes services, la fin en fust utile aux affaires de Vostre Majesté et qu'elle seule le cogneust.*

Cela, à la vérité, m'a suscité, à l'endroict de plusieurs, une envie fort préjudiciable, qui depuis a produit une infinité de calomnies, et par ce moyen m'a réduit en un double intérest (2) : l'un en ma charge, l'autre en mon particulier ; car combien qu'en apparence le langage que ceulx-là tinssent de moy fust honnorable, si est-ce que

(1) *A. M.*, 222, n° 2, f° 12, Orig.
(2) Tort, dommage.

soubs main ils représentoient mes desportemens (1) avec
tel artifice qu'ils leur ostoient leur mérite ou mesme les
rendoient blasmables. Tant y a qu'ils ont eu ceste force
d'empescher qu'il ne leur soit faict le traictement qui
leur estoit deub et que Vostre Majesté désiroit. Les choses,
par leur induction, en sont venues jusques à ce qu'il a
esté pris résolution de soustraire à ce gouvernement l'entretenement qui lui venoit de France et qui tesmoignoit
aux estrangers voysins la grandeur de nos Roys qui. sans
tirer de ces pays frontières autre utilité que de bienséance, supportoient avec plaisir la despense qu'il y con-
venoit faire. Et comme c'estoit une proposition hardie
et qui ne pouvoit estre faite sans soupçon s'il ne luy estoit
donné quelque couleur, l'on a allégué que les finances
pouvoient beaucoup plus fructueusement estre employées
qu'à la nourriture d'officiers et d'une garnison dont on ne
pouvoit faire estat au moins asseuré, joinct qu'il estoit à
présumer — voire mesme hors de doubte — que celuy
qui y commandoit fust autre que serviteur à la personne (2) dont il estoit créature ; et qu'enfin il estoit beaucoup plus expédient de rechercher d'establir quelques
impositions audit gouvernement, desquelles s'amor-
tissent les frais dudict entretenement ; que s'il suc-
cédoit (3), quand ainsi seroit, que Vostre Majesté n'y
seroit recogneue, elle ne perdroit rien et ses finances ne
seroient converties contre son service ; sinon, la longueur
qu'il y auroit à l'establissement donneroit temps et lumière à ceulx qui y seroient employez, de mieux cognoistre
ce qui seroit en l'ame de ceulx (4) qui se qualifient serviteurs de Vostre Majesté.

Sur ces propositions, Sire, desquelles l'on m'a donné

(1) Actes, conduite.
(2) D'Epernon.
(3) S'il arrivait.
(4) Les Sauboles.

depuis peu confident avis de la Cour, a esté dépesché le
sieur de Bussy avec fort amples commissions, dont l'on a
aussi adverty de Nancy le magistrat (1) de ce lieu. Pour
moy, encores que j'y recogneusse une fort grande difficulté, voire une impossibilité manifeste, ne voulant néanmoins rechercher les choses de si loin, ains désirant en
tout et partout me conformer à l'intention de Vostre
Majesté, j'avois dépesché vers ledit sieur de Bussy homme
exprès qui le rencontrast à Chaalons, ne l'abandonnast
point, ains fut assiduellement proche de luy pour me faire
sçavoir ce dont il avait besoing pour son asseurance, afin
d'y pourvoir et faciliter un acheminement en ses affaires,
estimant, à la vérité, selon celles (2) qu'il avoit pleu à
Vostre Majesté m'en escrire, qu'il vinst avec de quoy
entretenir ceste garnison jusques audit establissement,
s'il y escheoit, et garny de moyens pour continuer les
réparations nécessaires de la bresche (3), et pour me rédimer (4) des grandes et extresmes debtes et obligations
que j'ay faictes sur moy à l'un et l'autre effect. Mais au
contraire, comme j'ay sceu qu'il estoit arrivé à Nancy
et n'y cueilloit pas grande espérance d'y faire fruict, *me
voyant réduict à l'extresmité que peut produire un deffaut
entier de tous moyens d'entretenir un soldat qui, pour vivre
un mois, n'a touché que trente sols*, je luy escrivis et con-
juray de me secourir d'un prest, attendant sa venue, luy
remonstray combien il estoit expédient de prévenir au
danger qui nous menaçoit s'il n'estoit donné de quoy
vivre aux personnes qui languissent de faim. Il me fit la
response que j'envoie à Vostre Majesté, laquelle ne ressent rien de ce que je me promettois de son voyage ; de
sorte que pour gagner temps et le donner au sieur Bou-

(1) Le corps des magistrats.
(2) Les lettres.
(3) La courtine de la citadelle s'était effondrée en partie.
(4) Me racheter.

chet, présent porteur, d'aller trouver Vostre Majesté pour le luy représenter, tout maintenant *je suis contraint d'ouvrir les magazins de la citadelle et d'en vendre le bled* pour distribuer au soldat l'argent qui en proviendra. Je n'ignore pas que c'est une résolution périlleuse et qui ne se doibt prendre qu'en l'extrémité d'un siège : *mais l'expérience me faict cognoistre qu'il n'y a siège dont le danger soit tant à craindre que celuy de la faim dont nous sommes pressés.* Vostre Majesté advisera ce qui est le plus expédient pour son service, car il est désormais temps. Je ne puis respondre de ce qui est contre ma force quand le bled des magazins sera mangé, et il le sera bientost ! S'il n'en est donné au soldat, il sera nécessité d'en chercher. *Pour les habitants, leur résolution est faicte de plustost mourir que plus rien contribuer* ; aussy leur est-il impossible et ne les y puis contraindre, encore que peut-estre aucuns le désirassent, pour perdre tout à coup ce qui se ruine à traict.

Vostre Majesté, Sire, et l'asseurance qu'elle a voulu que j'aye qu'elle me faict cette faveur de me vouloir bien, m'a retenu jusques à maintenant en l'exercice où je suis, qui m'eust soulagé s'il eust esté praticqué par autre à qui il eust peut-estre mieux súccédé (1). A dire vray, le peu de cognoissance que l'on m'a donné de ce qui touche la négociation de neutralité de ce gouvernement avec l'Espagnol, et que je n'en aye eu une seule lettre de commandement, joinct aux advis que l'on me donne, me faict bien croire que l'on me tient fort incapable de ma charge. J'envoie à Vostre Majesté la dépesche que m'en a faicte Monsieur de Lorraine .Je puis dire en avoir plustost sceu la résolution que le bruict qu'elle fust en traicté. Et puis, l'ordre qu'on a mis au payement de toutes les autres garnisons du royaume, duquel on a estimé ceste-cy estre indigne, me confirme que je suis tenu en autre que de

(1) Réussi.

serviteur utile. J'aurois beaucoup à dire à Vostre Majesté
sur les impositions que l'on prétend d'establir et desquelles despendroit vraisemblablement le repos de celuy
qui a l'honneur d'estre en charge, et pourrois monstrer
que ce n'est l'honneur ni le bien de vos affaires d'y procéder plus avant (1). Mais pour ne sembler contredire
ce qui a esté digéré (2) par tant de personnes (3), il me
suffira de supplier très humblement Vostre Majesté, si
ceste place luy est en recommandation, ne permettre
que ce porteur retourne sans secours, sans lequel il faut
infailliblement que nous périssions.

Sire, les biens de mon patrimoine ne sont si opulents
qu'ils ne me laissent une nécessité de me pourveoir
d'ailleurs. Mais ceux qui me les ont cédé m'ont aussi
laissé ce point d'honneur *qui m'a fermé les mains pour
n'en vouloir accepter jusques à présent d'autre que de celuy
duquel le droict et la justice me permet d'en espérer et d'en
recevoir. Les offres et présentations (4) qui tout récente-
ment m'ont esté faictes et n'ont eu le pouvoir seulement
de m'esbranler, eussent eu peut-estre assez de force pour
jetter hors des gonds ceux qui m'ont calomnié : mais ce sera
ma gloire de pouvoir demeurer,*

Sire

*Vostre très humble, très obéissant et très fidelle subject
et serviteur.*

R. DE COMMENGE.

En vostre citadelle de Metz, le deuxième mars 1596 (5).
« Si la plainte que je fais présentement au Roy, écrit le

---

(1) Les Messins rejetaient catégoriquement tout impôt qui les eût
assimilés aux sujets du roi.
(2) Etudié, mûri.
(3) Les ministres.
(4) Propositions.
(5) *B. N.*, fr. 5498, f⁰ 417, Cop.

même jour Saubole à Montmorency (1), ne produit de plus salutaires effects que mes précédentes, je n'auray raison qui me puisse divertir de croire que ceste place, ni ceux qui y commandent et y font le service de Sa Majesté, y soient en aucune considération. J'aurois aussi peu d'espérance et beaucoup plus de certitude de nostre ruyne que du passé, si vous n'estiez, Monseigneur, où mes lettres doivent estre veues et pesées. Je ne poursuis point ma cause : c'est celle du maistre, pour laquelle je suis plongé en debte si avant que je ne scay comment m'en retirer ; mais si vous l'embrassez, j'espère d'estre capable de continuer son service avec la fidellité accoustumée (2). »

Il est grand temps que le roi capitule. « Mon cousin, dit-il au connétable, je vous prie... faire que ceux de mon conseil qui sont à Paris trouvent jusques à 5 ou 6.000 écus pour envoyer promptement à Metz, et par même moyen faire donner au trésorier de l'extraordinaire quelque assignation pour l'entretenement de la garnison durant cette année, *afin que le sieur de Sobole voie par effet que l'on en a soin* (3) ».

Peu après se terminent les *brouilleries de Provence*. Abandonné de ses lieutenants, vaincu par Guise et Lesdiguières à la tête des troupes royales, d'Epernon, aux abois, se rend — ou plutôt *se vend* — pour une grosse somme (que les Provençaux payent) et le gouvernement du Limousin (4) (juin 96). Aux ministres qui blâment sa mansuétude, le roi remontre la nécessité d'enlever aux Espagnols un puissant allié et de rappeler les forces de Provence pour les tourner toutes contre eux. La situation, certes, est grave : maître de Doullens, du Catelet, de

(1) Toutes affaires militaires relèvent du connétable.
(2) *B. N.*, fr. 4051, f° 63. Cop.
(3) 8 mars 1596. Lettres missives.
(4) Moins dangereusement situé que celui de Provence.

Cambrai, l'ennemi vient de prendre Calais, Guines et Ardres ; Paris, menacé, s'agite ; le Trésor est vide, le peuple mécontent. Harassé, « quasi au désespoir », Henri ne voit le salut que dans un appel au pays ; il résout d'assembler les notables pour leur demander si, faute d'un dernier effort, les Français laisseront périr la France.

XV

DE ROUEN A VERVINS

Les Etats ne se tinrent pas à Paris, où régnait la peste, mais à Rouen, où le roi fit une belle entrée le 16 octobre 1596. Les subsides obtenus par la fameuse harangue qu'on sait, Henri ne regagna pas les camps tout de suite ; il demeura quatre mois à Rouen, entouré d'une cour brillante ; centre des affaires et des plaisirs, la cité normande devint seconde capitale, et tout ce qui comptait dans l'Etat tint à honneur de s'y montrer.

Saubole n'y manqua point. Au sortir des brouilleries de Provence, il s'y fit voir dans l'éclat d'une faveur recouvrée. Un trait charmant, noté par Du Gué, en fait foi. Un jour que le roi court la bague, il prie notre héros de monter à cheval et d'entrer dans la lice. Roger de Comminges n'a rien perdu de ses avantages physiques : sous l'armure dorée et le casque à panache, il a l'air du dieu Mars en personne. Henri IV le considère avec complaisance ; puis, « lui ayant vu faire diverses courses, dit hautement à toute l'assistance : *Vous avais-je pas bien dit que j'allais vous faire voir à cheval et courre le plus beau gendarme de mon royaume ?* » — Le piquant de la chose, c'est qu'à ce moment même, l'archiduc Albert écrit à Mansfeld : « Estant adverty de bon lieu que l'un des deux Sobolles qui gouvernent à Metz *seroit arresté et mis en prison en Rouan par le Biarnois,* et me souvenant de ce que autrefois m'avez représenté desdits personnages et de leurs intentions, j'ay bien voullu vous faire ce mot à ce que veuilliez mectre par considération s'il ne seroit à propos de recommencer ladicte praticque ». Aussitôt Monet, promu commissaire des guerres, entreprend le capitaine Saubole, qui lui fait d'insidieuses réponses, cependant que, fort gaillard pour un prisonnier d'Etat, *le plus beau gendarme du royaume* obtient du roi l'envoi d'un renfort de garnison à Metz (décembre 96-janvier 97).

Ici, les Espagnols dressent l'oreille. Ils s'informent près *du Gaucher*, ligueur fameux qui garde des accointances à Metz, où il a servi jadis. Il y compte, entre autres, un camarade, Jean Vian, dit *le capitaine Provençal*, lieutenant de la compagnie du cadet Saubole et homme de confiance des deux frères. Le Provençal et le Gaucher se voient souvent ; ex-compagnons d'armes et bandits émérites, ils se content leurs exploits, s'indiquent mutuellement les bons coups : ce qui n'empêche pas Jean Vian de duper son ami en lui donnant, sur les Sauboles, des renseignements fallacieux. Il les peint enragés papistes, âmes damnées du duc d'Epernon, ennemis des huguenots messins et sedanais, adversaires secrets d'Henri IV et dévoués serviteurs de Philippe II. Les deux frères, au reste, entretiennent Gaucher dans cette illusion avec tant de naturel et d'à-propos que le vieux routier n'a jamais eu aucun soupçon. Ainsi renseigné, il avise Mansfeld que les troupes envoyées à Metz — dix compagnies du régiment de Piémont (1) sous la charge du sieur de Miraumont — sont destinées à combattre l'Espagne. Saubole aîné en a reçu l'ordre ; et *le roi de Navarre*, ne voulant le laisser effectuer la levée à sa fantaisie, lui a imposé ces troupes dont tous les chefs sont huguenots, comptant que ceux de Metz leur prêteront main-forte.

(1) Régiment du duc d'Epernon.

Le Navarrois, en outre, a permis aux huguenots messins
de prêcher dans la ville : ce dont le jeune Saubole est si
furieux « qu'il les massacrerait volontiers, si on l'assistait ».
Quant aux compagnies Miraumont, qui sont encore à
18 grandes lieues, dit Gaucher, « nous aurons bien le moyen
de les battre avant qu'elles ne soient entrées ». (1) (19
février. 1597).

Au reçu de ceci, Mansfeld s'aperçoit que sa cave est
mal garnie, et il lui vient un grand désir de « certaines
pierres antiques, qui sont à Ennery » et dont Saubole
aîné « lui a accordé la courtoisie » ; l'autoriserait-on à
« faire charger ces antiquités » et à envoyer de ses gens
acheter du vin à Metz ? — Certainement, répond Saubole cadet, qui prépare aussitôt les colis et expédie passeport pour les acheteurs, dont l'un est l'écuyer Journée
et l'autre — bien entendu — l'ami Monet. L'heure
est propice. Tandis que, réinstallés à Paris, Henri IV et
sa cour dansent et festoient, les Espagnols, par surprise,
s'emparent d'Amiens, (11 mars). Jamais la fortune de la
guerre ne les a menés si près de la capitale. Toute l'œuvre
d'Henri IV est compromise : « la majesté royale et le nom
français semblent éteints ». L'ennemi exulte : qu'il joigne
Metz à ses conquêtes, le trône *du Biarnois* s'écroulera.
« Sur toute autre chose, écrit l'archiduc à Mansfeld, trouverez de grand emport et considération ce que le capitaine Gaulcher vous escript de l'estat de Metz, lequel
affaire ne vous scaurois encarescer et recommander
avecq tant de chaleur comme je vouldrois en veoir réussir
quelque bon effect ; *car je le tiendrois pour un des grans
et signalés services que se pourroit faire en la présente con-
joncture de temps.* Je vous prie, partant, n'y espargner
aulcun soing et dilligence, en faisant continuer la dicte
praticque par toutes voyes qui vous sembleront plus
convenables, en pressant le jeugne Sobolle de venir à

____

(1) Bruxelles 1472. Dossier intitulé : Entreprises sur Metz, etc...

quelque résolution finale, luy mectant devant les yeulx
le danger et inconvénient inévitable qui luy marche au
tallon s'il ne pourveoit bientost à ses affaires. Mesmes
s'il venoit à demander quelque secours de gens, je ne
trouverois sinon très à propos que le luy donnassiez soubz
main ; et si, pour le gaigner, vous semble bon luy faire
quelque offre, fust d'une bonne somme d'argent, fust
d'ung gouvernement mesmes, ou bien d'estre receu auprès
de ma personne en quelque aultre charge honnorable, je
le remetz à vous d'en disposer selon que le verrez disposé,
et m'advertissant de ce que vous luy aurez promis, je
vous en envoyeray les assurances requises. J'espère que,
au retour du commissaire Monet, pourrez apprendre
beaucoup de lumière en ce particulier (17 mars) (1) ».

Monet est alors près Metz, d'où il envoie Journée au
cadet Saubole, avec un mot demandant audience « en
quelque lieu arrière des soupçons » pour lui remettre
une lettre de son maître et lui dire « confidemment quelque chose de sa part, qui ne lui importe pas peu. » —
« Dites à Monet, répond le capitaine, que je désire fort
de le voir et conférer avec lui ; mais il ne convient aucunement qu'il vienne ici tant que mon frère n'est de retour.
Je l'attends du jour à la journée. Que je sorte d'ici pour
parler avec Monet, je ne le puis pour beaucoup de raisons,
n'ayant mis le pied hors de cette citadelle depuis que les
hérétiques ont prêché contre ma volonté dedans la ville.
Aussitôt que mon dit frère sera ici, je sais une bonne occasion qu'il ou moi, pourront voir ledit Monet. Assurez M. le
prince et comte de Mansfeld que nous sommes ses serviteurs ; et vous dis confidemment que les gens qui entre-
ront demain dedans la ville (2) par la volonté du duc
d'Epernon, ne sont envoyés pour faire la guerre, ains seu-

----

(1) Bruxelles, 1472. Même texte à Paris, mais en extrait, sans indication.
(2) Les troupes de Miraumont, entrées à Metz le 17 mars.

lement à cause d'un bruit que l'on nous voulait assiéger.
Mais c'est chose toute certaine que le vicomte de Turenne (1) avec le duc de Nevers et prince de Joinville
ont dessein de se porter bientôt avec forces au pays de
Luxembourg et pensent venir à chef de plusieurs grandes
entreprises qu'ils disent y avoir (2). Si j'apprends quelque
chose de plus, je ne manquerai à en avertir. Gardez de
faire semblant que m'ayez apporté lettres ; je ne réponds,
craignant le péril du chemin. »

— Que dois-je faire ? demande Monet, rapportant
tout ceci à son maître (18 mars). — Passez outre, ordonne
Mansfeld. Et Monet d'écrire au capitaine :

Monsieur,

Vous debvez scavoir l'estat de Monsieur vostre frère,
et il faict à croire que vous n'ignorez de quelle sorte on
se propose en France de disposer vos affaires. Il a despleu
fort à mon maistre d'avoir entendu que l'ung et l'aultre
est si peu à vostre advantage (3). Vray est que l'on
vous faict une belle ouverture pour aller à plus d'utilité
et d'asseurance que n'en debvez attendre par les menées
de ceulx qui n'ont rien tant à cœur que d'establir leur
fortune à vostre détriment. Vous avez assez de prévoyance
pour les descouvrir et leur trancher chemin : mais encor
viens-je les vous représenter de la part de mon maistre,
qui est du tout vostre amy. Il vous faict offre de tout ce
qu'aurez de besoing pour la conservation de ce qui vous
appartient. Et plus, s'il vous plaist embrasser le party
de nostre Roy (qui vrayement doibt estre le vostre,
puisqu'estes catholicque), ou bien rendre à l'Empereur
ce qui luy appartient, qu'est encor en vostre pouvoir,

(1) En parfait ligueur, Saubole cadet appelle ainsi le duc de Bouillon,
comme les Espagnols appelaient Henri IV le prince de Béarn.
(2) Ce sont là, bien entendu, de faux avis.
(3) Les Sauboles faisaient croire aux Espagnols qu'Henri IV, se
défiant d'eux, voulait les destituer.

on vous laissera ce mesme gouvernement, et le tiendrez
sans envie de personne qui puisse vous en faire cheoir.
Aultrement, vous aurez quelque aultre charge honnorable
ou entretien près la personne de Son Altesse Sérénissime (1), ou bien telle somme de deniers que vous et moy
pourrions concerter pour, après avoir mis ceste place
es mains de celluy ou de ceulx que Sa dite Altesse des-
clarera, vous retirer en tel lieu d'asseurance qu'il vous
semblera, à quoy sa faveur et crédit interviendra toujours en tant que le désirerez. C'est la mesme présenta-
tion que j'avois charge de faire à Monsieur vostre frère,
si je l'eusse trouvé icy, et je vous asseure qu'elle part
d'une bonne et sincère volonté que mon dit maistre vous
porte à tous deux, recognoissant qu'ung dangereux
voisin (2) va bastissant son desseing petit à petit et en est
desjà où vous voyez. Vous avez moyen de l'empescher,
vous servant de l'occasion ; et s'il vous semble que quelque
aultre expédient vous soit plus propre, me le proposant,
j'auroy moyen de vous respondre, et trouverez mon dire
fort véritable, tendant plus à l'advancement du service
de Dieu et de vostre repos que nulle aultre chose du
monde (27 mars). » (3).

Là-dessus, Saubole aîné rentre à Metz (2 avril). On
ignore les raisons de ce tardif retour que, dans une lettre
du jour même, le Gaucher narre ainsi à Mansfeld : « Ce
jourd'huy, à une heure après midy, monsieur de Saubolle,
gouverneur de Metz, est passé à un quart lieue d'icy (4)
où je l'ay veu ; et entre aultres discours, il m'a recommandé d'asseurer Vostre Excellence de son service. Il

(1) L'archiduc Albert.
(2) Turenne-Bouillon, chef militant des huguenots français depuis
l'abjuration d'Henri IV. Les catholiques messins accusaient les protestants de vouloir lui livrer Metz, comme les protestants accusaient
les catholiques de vouloir la livrer à Philippe II.
(3) Bruxelles, 1472. Dossier précité.
(4) A Buzy.

m'a aussy remercié de l'offre que j'ay faict à son frère (1),
et à ce que j'ay cogneu de luy, il revient assez mal satis-
faict, car il m'a confessé que le vice-comte de Touraine (2)
avoit envie de le désarçonner avecq l'intelligence des huguenots et que le premier jour qu'ils ont presché, ils
avoient envie, si son frère eust sorty de la citadelle pour les
empescher, de luy faire un mauvais traict. Il est homme
qui parle peu ; mais il m'a dit qu'il en tireroit sa raison,
et entre aultres mots il m'a dit : « Capitaine Gaucher,
dans peu de jours, allant à la chasse, avecq la permission
de monsieur le prince de Mansfeld, si je vous mande sur
ma parolle et que j'aye affaire de vous, de chose qui ne
portera point de préjudice au Roy et plustost de l'utilité,
viendrez-vous ? » Je luy ay respondu qu'avec la permission de Vostre Excellence, j'irois plustost sur ma
teste (3). Il ne parle nullement bien du Roy de Navarre
et n'en ose dire, à ce que j'ay pu cognoistre, ce qu'il en
pense. Il m'a dit que je ne manque point d'advertir
Vostre Excellence que le Roy de Navarre a une entreprinse sur Arras, et qu'il a envie de s'y présenter pour les
tenir en alarme affin de les asseurer, et puis doibt retourner tout de bon et l'emporter, et qu'il at plus de cent
traistres. Je ne scay ce qu'il en peult estre ; je n'ay voullu
faillir à vous en advertir. Je me suis informé particulièrement d'un des siens (4), lequel est mon amy de longue
main, qui m'a dit que le Roy de Navarre avoit dit :
« Saubolle est bon soldat dans une citadelle de Metz.
Je ne le cognois point. Il a faict jusques à présent le roy ;
il faut qu'il face place à ung autre » et m'a dit que ledit
de Saubolle, en se couchant deux ou trois jours après,
avoit dit : « Le Roy ne sera pas logé où il pense. » Je

(1) Gaucher avait offert sa compagnie au capitaine Saubole pour
effectuer le prétendu massacre des huguenots.
(2) Le vicomte de Turenne.
(3) En risquant ma tête.
(4) Le capitaine Provençal.

luy ay aussi dit un mot touchant ceste garnison nouvellement entrée dans Metz, et puisqu'elle estoit comprinse dans la neutralité, que cela nous apporteroit
quelque soubçon. Il m'a juré sa foy que c'estoit luy qui
l'avoit procurée, voyant qu'il n'estoit prest à revenir et
qu'il avoit peur d'estre désarçonné dudit vice-comte de
Touraine par le moyen des huguenots, et qu'il y avoit
trois mois qu'elle debvoit estre entrée, mais que par le
moyen dudit de Touraine, ils avoient esté contremandez,
pensant tousjours joyr de son entreprinse ».

« Qu'en pensez-vous ? demande Mansfeld à l'archiduc en lui envoyant cette épître. — Je pense, répond
judicieusement l'Altesse, *que la chose n'est pas encore
meure* : par où n'y vois rien à faire aultre que de continuer à tenir tousjours le gouverneur de Metz en bonne
dévotion... selon qu'avez fait jusques ores, attendant ce
que le temps nous amènera. »

La poire n'étant mûre d'aucun côté, il est superflu de
maintenir les troupes de renfort à Metz. Elles n'en partent
toutefois que le 8 septembre, après la reprise d'Amiens
par Henri IV. Les dix compagnies restantes suffisent au
bonheur des Messins et le problème de l'existence ne
perd de son acuité pour personne. La liste des emprunts
de Saubole le dit assez : il se fait prêter 80 écus sol par le
capitaine Bourgneuf (1), 200 par le commissaire des
guerres Michelet, 30 par le changeur Lespingal, 30 par le
greffier Jérémie Le Goullon, et jusqu'à 10 écus par Benoît Le Goullon, son frère. Néanmoins, ne pouvant
boucler son budget avec d'aussi piètres sommes, il charge
ses chevau-légers de lui procurer le reste. Avertis qu'un
seigneur d'Espagne, venant du Pays-bas, retourne chez
lui en compagnie d'autres, « et qu'ils ont grand'finance
avec eux », nos cavaliers vont les « rencontrer » ; après
une vive escarmouche, le chef espagnol, voyant plier ses

____

(1) Capitaine d'une compagnie de la garnison.

gens, se sauve, bientôt suivi de toute sa bande, et les vainqueurs rentrent à Metz « avec un merveilleux butin qu'ils amènent à M. de Saubole ». Cet appoint sustente la citadelle un mois ; après quoi le gouverneur essaie d'un droit sur les vins jadis établi par Moncassin, mais auquel il renonce sur les pressantes instances des magistrats.

Faudra-t-il périr de misère ? Un appel pathétique au roi, trouble, cette fois, l'âme d'Henri. Certes, la lutte contre l'Espagne absorbe l'argent disponible ; cependant l'état *disetteux* du trésor ne procède pas uniquement de la guerre : le goût de Sa Majesté pour les belles dames y est bien aussi pour quelque chose. En voyant Gabrielle d'Estrées parée comme une châsse, le roi s'avoue, non sans malaise, qu'un peu de cet or envoyé à Metz empêcherait ses soldats de détrousser les voyageurs et son gouverneur de tondre les populations pour vivre. Aussi demande-t-il à Gabrielle de céder à Saubole un de ses *brevets*. Elle en a quantité, lui accordant tout ou partie des amendes, confiscations, taxes de justice, ventes de forêts, droits d'aubaine, dons des Etats provinciaux : bref il n'est guère de revenus sur lesquels la favorite ne prélève sa dîme. Parmi ces actes, Henri en choisit un daté du 22 décembre 95 ; il accorde à Gabrielle « la moitié des deniers provenant des commissaires qui seront nouvellement créés es régimes de biens meubles et immeubles vendus par autorité de justice, Sa Majesté s'étant réservé l'autre moitié pour ses affaires. » En conséquence, le 12 décembre 1597, Gabrielle et Saubole signent un curieux contrat (1). Les offices susmentionnés doivent produire environ 100.000 livres. Saubole les touchera en vertu du brevet que lui abandonne Gabrielle ; mais là-dessus, il lui fera remettre 50.000 livres, soit par l'agent du trésor chargé d'encaisser ces fonds, soit par son propre homme

___

(1) Voir Desclozeaux : *Gabrielle d'Estrées* (Appendice nos 84 et 85 ; avec note sur Saubole pleine d'erreurs).

d'affaires en cour. Toutefois, comme les 100.000 livres ne seront payées que peu à peu par les acquéreurs des offices, notre héros, sur chaque rentrée, ne prendra pour lui qu'une moitié, réservant l'autre à la jeune femme, afin qu'aucun des deux n'entre plus vite que l'autre en possession de ses 50.000 livres. Et comme le roi a donné à Saubole un certain nombre d'assignations en garantie de ce qu'il lui doit, Saubole, au fur et à mesure qu'il avancera dans le recouvrement des 100.000 livres, rendra au roi ses assignations pour une valeur correspondante à celle des sommes recouvrées.

Tandis que Roger de Comminges entreprend cette difficile campagne, une nouvelle inespérée met tout le royaume en liesse. La paix, enfin, va se faire ! La reprise d'Amiens, l'état du roi d'Espagne, qui se meurt, le zèle médiateur du Pape Clément VIII, portent les esprits à la conciliation. Le légat Alexandre de Médicis et le général des Cordeliers Bonaventure Catalagirone obtiennent l'adhésion d'Henri IV et de Philippe II à la réunion d'un congrès. On décide qu'il se tiendra à *Vervins*, ville française la plus proche de la frontière des Pays-Bas, *dans le château des seigneurs du lieu.* Ainsi par une rencontre vraiment singulière, *c'est sous le toit même des dames de Coucy que va naître le plus célèbre traité du siècle.*

Vervins, nous l'avons vu, était tombé en partage à Guillemette ; mais la ville s'étant prononcée pour la Ligue après la mort de Jacques de Coucy, sa veuve et ses filles attendirent, pour y reparaître, que les habitants rentrassent dans le devoir : ce qu'ils firent en 1591, un peu malgré eux, à vrai dire (1). On revit alors les dames de Coucy à Vervins où Guillemette, devenue veuve, se fixa. La ville n'était pas sûre ; les Espagnols rôdaient aux alentours ; mais Guillemette savait que noblesse

(1) Henri IV, revenant de conclure le mariage Turenne-Bouillon, à Sedan, menaça du canon la cité, qui lui ouvrit ses portes, et où il séjourna le 30 octobre 1591.

oblige : elle eût rougi de fuir le danger. La vaillante jeune femme fut récompensée de son courage en recevant du secrétaire d'Etat Villeroy une lettre où Henri IV l'informait de l'honneur fait à Vervins et aux Coucy par son choix. — « Sur le commandement que je reçois de Sa Majesté, répond-elle à Villeroy, j'apporteray à son intention tout ce qui sera de mon pouvoir, faisant rendre les logis de la ville libres, et cedderay un des miens, voire que si la presse le requeroit d'autant, je me rengeroy comme concierge en celuy où je loge pour en cedder le reste à la nécessité. Bien scaurez, Monsieur, qu'en ce misérable temps, je me suis sans appréhension rendue attachée en ceste bicoque (1) pour y apporter l'ordre de sa conservation nécessaire et au bien du pays, mais n'ayant arresté commodité quelconque auprès de moy, pour en lever davantage la jalousie et en rendre ma retraite plus libre (2). C'est pourquoy je n'oserois me vanter d'avoir rien digne de la commodité d'une telle assemblée qui, du partement de bonnes villes, y aura trop de différence, trouvant un lieu désert et ruyné comme cestuy-cy. Que néanmoings, ces incommodités considérées, Sa Majesté continuant l'eslection, je tiendray la main (ne pouvant estre les choses au mérite des présences) que ce soit au mieulx que l'on pourra. Dieu, par sa grâce, veuille bégnir ce dessain tellement à l'utillité du public, que chacun puisse respirer un restorement soubs la main de nostre bon Roy ; mais vous diray-je que dans le pays des ennemis, peu s'y parle de tranquillité, et y a, vers mon voisinage, amas d'infanterye et de cavalerye sur lesquelles je redouble sentinelles, croyant qu'ils ne sont pas là sans désir d'entreprendre (28 janvier 1598). » (3)

Les plénipotentiaires français, Bellièvre et Sillery,

(1) Place de guerre mal fortifiée (sens primitif).

(2) Pour ne pas exciter la convoitise de l'ennemi et pouvoir plus aisément battre en retraite.

(3) *B. N.*, fr. 15911, f° 187. Orig. (faussement attribué à Isabeau).

sont déjà en route. De Ham, ils mandent le 4 février à Villeroy : « Nous faisons estat de partir d'icy vendredy prochain pour nous trouver samedy (le 7) audit Vervin. Les députés du Roy d'Espagne y pourront arriver lundy. Nous estimons que Mme de Coucy aura peu recevoir la lettre du Roy qu'avez envoyée par un laquais, pour ce que l'on dit icy qu'elle prépare le chasteau pour M. le légat (1). Nous y envoyerons demain le fourrier du Roy avec une lettre que nous escrivons à ladite dame. » Ces plans se réalisent ; les envoyés français entrent à Vervins le 7, ainsi que le légat et le nonce ; le lendemain arrivent les envoyés espagnols et le général des Cordeliers. « Madame de Coucy, écrivent Bellièvre et Sillery à Villeroy, a receu M. le légat fort courtoisement : tous ses prélats sont bien accommodés de logis, comme sont aussi Messieurs les ambassadeurs d'Espagne (2) ». Ayant rempli ses devoirs d'hôtesse, Guillemette s'en va rejoindre sa mère et sa sœur à Chémery. « Je laissay toute ceste assemblée — après l'avoir festoyée — écrit-elle à la duchesse de Nevers, sur l'attente du courrier qui estoit allé en Espagne, pour puis après, entrer en résolution. Ce pendant, Vervin demeurant en la protection de si signallées présences, j'ay eu la liberté de venir pocedder la présence de Mme de Coucy plus que je n'en avois eu le moyen depuis trois ans. Voilà : l'honneur m'augmentant d'un costé, la fellicité m'accroist de l'autre. » (15 avril). » (3)

On discute, à ce moment, fort et ferme au *Château neuf* où le congrès tient séance. Cet édifice, bâti par Jacques de Coucy à côté du manoir ancestral, est aujourd'hui l'hôtel de la sous-préfecture. Des modernisations successives en ont défiguré l'extérieur : mais la disposition intérieure n'a pas changé, et la *Chambre de la Paix* existe

---

(1) Alexandre de Médicis, président du Congrès.
(2) *Mémoires... concernant la paix de Vervins.* Paris 1667, in-12.
(3) *B. N.*, fr. 3632, f° 109. Orig.

toujours. C'est, à l'angle nord-est du premier étage, une vaste pièce carrée dont les fenêtres s'ouvrent sur un grand jardin au fond duquel s'aperçoivent les ruines des anciens remparts. Lorsqu'on l'a vue vide de meubles et d'habitants, on se la représente très bien telle qu'elle était en avril 1598, avec ses tapisseries de haute lisse, ses lourds fauteuils sculptés et sa longue table autour de laquelle siégeaient les plénipotentiaires, le légat tenant le haut bout avec le nonce à sa droite, le général des Cordeliers occupant le bas bout, et les ambassadeurs rangés des deux côtés, Français à gauche du légat, Espagnols à droite du nonce.

Les négociations sont ardues. Philippe II, mourant, a chargé l'archiduc Albert, son neveu et futur gendre, de traiter en son nom ; mais les pouvoirs de l'archiduc et de ses mandataires paraissent insuffisants aux Français : ils demandent que le roi d'Espagne les accrédite plus pleinement. Les Espagnols, à leur tour, requièrent que l'ambassadeur du duc de Savoie puisse s'adjoindre à eux « pour, sous la protection de Sa Majesté catholique, régler les différends de son maître avec la France ». Le père de Charles-Emmanuel, duc de Savoie, a épousé une fille de François 1er ; lui-même a épousé une fille de Philippe II : de là des ambitions dont le premier effet a été la conquête du marquisat de Saluces, et le second, la candidature au trône de France après la mort d'Henri III. Déçu de ce côté, le duc veut au moins garder Saluces qu'Henri IV réclame comme bien de la couronne. Cette question n'aplanit pas les difficultés : admis aux conférences, l'envoyé savoisien verse de l'huile sur le feu. Enfin, après mille peines, le traité de Vervins est signé (2 mai 1598). La France et l'Espagne se restituent leurs conquêtes, clause tout à l'avantage de la première, qui recouvre Calais, Ardres, Doullens, Le Catelet, La Capelle, Blavet. L'affaire de Saluces est remise à la décision du Pape. La paix ainsi résolue est jurée par Henri IV

le 24 juin à Notre-Dame, en présence du duc d'Arschot,
du comte d'Aremberg, de l'amiral Mendoça et de Luis
de Velasco. L'archiduc Albert la jure à Bruxelles, en présence de Bellièvre, de Sillery et du maréchal duc de
Biron. Une allégresse universelle salue ce traité, « le plus
heureux que la France ait conclu depuis Philippe-Au-
guste ». Guise et Mayenne ont capitulé ; Philippe II, re-
nonçant à voir sa fille reine de France, la marie à l'archiduc Albert ; l'entière réconciliation de Charles III et
d'Henri IV se scelle par l'union du marquis de Pont, devenu duc de Bar (1), avec Catherine de Bourbon, sœur
du roi. Pour la première fois depuis quarante ans, les
Français respirent : aussi « le bruit de leurs réjouissances
éclate-t-il jusqu'aux deux bouts de la chrétienté ». A
Metz le canon tonne et la ville s'illumine. Mais des fêtes
plus brillantes encore se préparent : le mariage du gouverneur, ouvrant le nouveau siècle, va se célébrer dans
une gloire d'apothéose.

(1) Titre de l'héritier présomptif de Lorraine

XVI

NOCES ET FESTINS

Roger de Comminges et Isabeau de Coucy, ou le roman d'un gentilhomme pauvre au seizième siècle : quel titre pour un récit d'aventures, et quel chef-d'œuvre en eût tiré Dumas ! Mais l'histoire est une Muse sévère. C'est aussi une Muse ironique ; sous ces noms évocateurs de poésie chevaleresque, elle a inscrit, en épigraphe, le pro-saïque dicton populaire :

> On dit souvent qu'amour fait moult
> Mais par dessus argent fait tout.

L'étude du passé réserve des surprises : à ceux qui croient la royauté de l'argent chose moderne, elle montre qu'il en fut ainsi même au temps où la passion était reine. Dans une vie dominée par la guerre, Saubole combattit la faim plus que l'ennemi, et il eût rendu des points, sur le chapitre des expédients, aux héros de la *Comédie hu-maine*. C'est ce qui fait de son roman une chose unique en son genre : avec son intrigue moderne sertie dans un cadre ancien, il a l'attrait paradoxal d'une page de Balzac égarée entre deux feuillets de Brantôme.

Heureux paladins d'antan, qui n'aviez qu'à pourfendre monstres et géants pour obtenir la main de vos belles, combien Roger enviait votre sort ! Ses amours avaient débuté comme les vôtres : mais au revers de la page héroïque s'étalait la prose des notaires : pour épouser son Isabeau, il lui fallait cent mille livres. Toison d'or dont la recherche devint le cauchemar de sa vie. Le plus beau gendarme de France n'en était pas le meilleur homme d'affaires. Des vingt mille écus de la prise de Laon, il n'avait touché que fort peu, « et ce peu, dit Joly, s'évanouit encore en dépense qui ne parut point ». Un autre essai ne tourna pas mieux : informé « qu'un gentilhomme du Pays-bas avait une seigneurie à vendre », Saubole envoie son frère lui en demander le prix ; il est élevé : quarante-cinq mille écus ; néanmoins le capitaine conclut le marché à huit mille écus comptant et le reste plus tard. Les lettres d'achat faites et passées, Saubole les présente à sa future belle-mère : mais on ne prend pas celle-ci sans vert ! elle court chez le vendeur et lui demande s'il est payé ? le gentilhomme expose la transaction : « ce qu'entendu par ladite dame, elle déclara audit Saubole que la dot de sa fille ne serait bien assurée par tel achat : et toutes et quantes fois il apporterait cent mille livres selon sa promesse, le reste incontinent s'ensuivrait ». Notre héros, la crête basse, reprend ses huit mille écus, et le gentilhomme sa seigneurie.

Mme de Coucy est bon gouverneur de place ; sa prudence ne s'endort jamais. Point d'argent, point d'Isabeau : elle ne sort pas de là. Le sort du pauvre amoureux devient pitoyable. « Réduit à l'extrémité, dit Joly, et retenu d'impossibilité, il voyait languir sa poursuite et peu à peu s'amortir le désir que la mère y avait, laquelle, persécutée des reproches d'une qui lui appartenait de fort près, eût bien voulu que les affaires eussent pris autre trait, voire qu'avec honneur elle eût pu s'en dédire. » Mais Isabeau résistait. Elle aimait Roger ; en vain lui proposait-on d'autres partis : elle restait fidèle à l'élu de son cœur. Les jours s'ajoutaient aux jours, les semaines aux semaines, les mois aux mois, les années aux années : et Saubole demeurait besogneux, Isabeau constante, les prétendants déconfits et Mme de Couey furieuse.

Pour en finir, celle-ci entra dans la voie des sommations : oui ou non, M. de Saubole voulait-il tenir ses engagements ? Si oui, qu'il apportât les cent mille livres : sinon, qu'il rendît leur parole aux Couey ; on sortirait ainsi de l'impasse où l'on s'était mis. On n'en sortit point. A chaque mise en demeure, Saubole implorait un nouveau sursis ; il aurait l'argent ; il s'en fallait de peu qu'il ne l'eût ; qu'on lui laissât le temps d'agir, il répondait, cette fois, du succès. Ces protestations étaient sincères : tremblant à la pensée d'une rupture, le malheureux s'évertuait à la retarder. « Ne peut être dit, rapporte Joly, tout ce qu'il fit et proposa de faire pour empêcher la rescision (1) du traité, à quoi tendait la dame de Chémery et à la solution des promesses respectives, ayant souvent et par voies de justice interpellé le sieur de Saubole d'y satisfaire. Mais (cela) étant hors de son propre pouvoir, il remua ciel et terre pour s'accommoder de celui d'autrui ; il employa ce qu'il sut excogiter (2) pour faire la somme, sonda ses amis et, sous honorables prétextes, sollicita quelques princes étrangers. Après quoi, tous ses essais ne lui ayant réussi, il empoigna l'occasion que lui proposa certain gentilhomme lorrain, son ami confident ; mais au lieu d'en tirer commodité, elle lui suscita plus de seize mille écus de dépense inutile ; de sorte qu'il fut au terme de désespérer de son mariage. » *Sept années* s'écoulèrent ainsi ! Isabeau avait à présent vingt-cinq ans, Roger quarante-sept : et le seul énoncé de ces chiffres dit assez tout ce que cette attente, si dure pour elle, dut avoir de cruel pour lui.

Enfin le ciel les prit en pitié. La Providence, sous les

(1) Annulation.
(2) Imaginer, inventer.

traits d'Henri IV, vint en aide à notre héros. Il était temps ! « Si le roi, dit encore Joly, ne l'eût secouru de bons effets, les paroles ayant été inutiles, c'est sans doute que le contrat allait en pièces ». Joly ne s'explique pas sur ces *bons effets* ; notons cependant qu'à cette date, Saubole reçut la commende de l'abbaye de Saint-Vincent, vacante par la mort de l'abbé Humbert (1) ; peut-être aussi les 50.000 livres de la belle Gabrielle lui furent-elles payées. Quoi qu'il en soit, « par ce secours et l'emprunt qu'il fit sous gages d'une maison (2), il fut remédié à tout, et jour pris pour la célébration du mariage, les solennités duquel se firent à petit bruit en la maison de Chémery, où peu de personnes furent appelées... Ainsi donc, conclut Petrus Lepidus, *après un million de traverses*, le sieur de Saubole épousa sa maîtresse (3), laquelle, avec sa dot, emporta cette gloire d'avoir combattu les raisons du divertissement que sa mère leur proposait, et d'avoir fermé les yeux et le cœur aux recherches qui, comme intermèdes, enrichissaient l'action de celle du sieur de Saubole. »

C'est le 18 juillet 1600 que ces parfaits amants reçurent le prix de leur constance. On s'explique par tout ce qui précède le peu d'éclat de la cérémonie, où les seules figures heureuses furent probablement celles des mariés. S'il y eut des réjouissances, nul chroniqueur ne les raconta ; toutes nos recherches sur ce point n'ont abouti qu'aux lignes précitées de Pierre Joly et à cette maigre note jetée par Du Gué en marge de son manuscrit : « M. et Mme de Saubole furent mariez à Chémery-sur-Bar, le dix-huitiesme juillet mil six cents ». C'est peu pour la scène capitale d'un des plus mémorables romans du siècle ; mais l'entrée des deux époux à Metz va nous réserver, comme à eux, des compensations.

(1) Il mourut le 12 janiver 1600 : le 14, Saubole eut l'abbaye.
(2) Probablement Chantelle.
(3) Amante, fiancée (Sens qu'on retrouve chez Corneille).

Elle eut lieu le dimanche 15 octobre avec une pompe royale (1). Au matin du grand jour, une partie de la population alla rencontrer les arrivants « jusque bien loin dans la campagne ». Les magistrats ouvraient la marche, suivis des troupes du plat pays — c'est-à-dire des villages messins — formant cinq enseignes ou compagnies. Puis venaient les troupes de la ville, onze enseignes de gens de pied et deux compagnies de bourgeois à cheval. Suivait une autre compagnie, « faite à part », de cavaliers équipés « tout d'une parure » avec des casaques vertes ; c'était la compagnie des bouchers, très nombreux à Metz et fort riches, ce que décelait la splendeur de leurs uniformes couleur d'espérance. Chacun s'était mis sur son trente-et-un : on ne voyait que coursiers piaffants, plumes ondoyantes, morions dorés, armures de Milan, écharpes aux vives couleurs, habits de soie et de velours. Toute cette petite armée de fière et brillante mine vint saluer *madame la gouvernante* qui dut ouïr force harangues malheureusement perdues pour l'histoire. Après quoi, escortés « d'une infinité de peuples », Isabeau et son mari continuèrent leur chemin vers Metz. A quelque distance de la ville, nouvelle halte : des paysans messins « armés en guise de sauvages », défendirent un fort qui fut, « par autres attaqué et pris, à la vue des nouveaux époux ».

Ce prologue achevé, on se dirigea vers le Pont-des-Morts, d'où la cité et ses environs apparaissaient dans un ensemble grandiose. A droite s'étendait la campagne messine avec ses jolis villages dominés par l'harmonieux profil du Saint-Quentin. A gauche, la tour féodale du Pontiffroy se détachait en vigueur sur un horizon de bois touffus et de lointaines collines. Aux pieds des arrivants,

____

(1) Notre tableau est tracé d'après Du Gué, avec quelques compléments pris dans les Chroniques protestantes de Paris (*B. N.*, fr. 14530) et de Metz (Ms. 117, f° 449), une informe narration du curé Lugnier (*B. M.* registres de Saint-Eucaire, 1085, f° 7) et les Acquits de comptes de la ville (*Id.* 817).

le large et vif courant de la Moselle se jouait autour d'îles
verdoyantes, tandis qu'en face d'eux, comme peinte sur
une toile magique, Metz, la noble cité, dressait les flèches
aiguës de ses églises et les faîtes crénelés de ses palais.
Sollicités de tous côtés, les regards d'Isabeau s'arrêtèrent
sur les deux points marquants du panorama : la cathédrale dont la face occidentale, développée dans toute sa
longueur, semblait quelque grand vaisseau à l'ancre au
milieu d'une flottille : et la citadelle, dont la masse imposante, surplombant la ville, mettait une note sévère dans
l'aimable et riant paysage. Cette forteresse altière, c'était
sa future demeure (1) ; mais la jeune femme n'eut pas le
temps de la considérer, car « des choses émerveillables »
réclamaient son attention.

Sur la Moselle, à la vue de la ville et de la citadelle (2),
on avait construit un château-fort, redoutable édifice
de bois et de gazon occupé par le Sultan en personne. Les
guerres turques étaient populaires au xvie siècle ; leur
caractère exotique et épique exaltait l'âme et flattait
l'imagination. Un des gros bonnets de la ville, l'imprimeur Abraham Fabert, commissaire ordinaire de
l'artillerie, jouait le rôle du *Grand Turc* ; juché sur
des patins qui rehaussaient sa taille, il animait à la
lutte ses compagnons dûment équipés à l'ottomane,
tandis qu'à l'intérieur du château, tambours et fifres
« sonnaient » pour leur donner du cœur. Ils en avaient
besoin ! une galère croisant sur la Moselle se tenait
prête à l'attaque ; on voyait luire ses fins canons et
flotter son pavillon fleurdelysé, pendant que, courbés
sur leurs rames, les forçats en bonnet rouge guettaient
le signal du combat. Le siège de la forteresse musulmane
fut conduit dans toutes les règles ; à plusieurs reprises,

(1) Saubole n'habitait pas la Haute-Pierre, résidence des gouverneurs. Il ne quitta jamais la citadelle, toujours menacée d'une surprise.
(2) Sur la rivière, au-dessus de Longeville, dit le curé Lugnier.

les troupes chrétiennes se ruèrent à l'assaut, tandis que,
du haut des murs, l'ennemi, armé d'une grosse éponge,
les ensanglantait congrûment. Bientôt la lutte s'échauf-
fant, on entendit parler la poudre : coups de mousquets,
détonations d'arquebuses, explosions de pétards, siffle-
ments de fusées, tonnerres d'artillerie éclatèrent en un
vacarme assourdissant. Le cimeterre à la main, entourés
de flamme et de fumée, les assiégés résistèrent si bien
que le Grand-Turc « eut, des fusées, presque brûlées », certaines parties de son individu que la décence ne nous
permet pas de nommer. Tant de valeur n'empêcha
point la « prise et saccagement » du château qui s'abîma
dans un déluge de feu, au moment où le Grand-Turc et
sa garnison, « amenés devant Madame », tendaient les
mains aux chaînes dont les chargèrent leurs triomphants
vainqueurs.

Cet acte capital de la fête eut un gracieux épilogue à la Porte
du Pont-des-Morts (1), par où le cortège devait entrer en
ville. Comme Isabeau s'engageait sous la voûte, une
céleste harmonie s'éleva : c'étaient les enfants de chœur
de la cathédrale qui « enfermés en un lieu fort beau, à
l'entrée de ladite porte », chantaient « des choses mélo-
dieuses et honorables » à la louange de notre héroïne. Surprise et charmée, celle-ci s'arrêta pour écouter les petits
artistes dont les voix fraîches la reposèrent du tinta-
marre guerrier de tout à l'heure. Puis elle reprit sa marche
par les rues pavoisées, au son des salves d'artillerie et des
« escopetteries d'arquebusades » que le capitaine Saubole faisait tirer de la citadelle. On atteignit ainsi la cathédrale où le clergé reçut, avec les cérémonies d'usage,
l'arrière-petite-nièce de Raoul de Coucy, soixante-sei-
zième évêque de Metz, qui régna jadis vingt-huit ans sur
la ville.

Un festin « fort solennel » devait réunir autour du gou-

____

(1) Démolie au xviiie siècle pour former la place du Saulcy.

verneur et de sa jeune épouse, « la noblesse et les plus
apparents du pays » ainsi que les ambassadeurs des princes
étrangers. Courtoisement, le cardinal de Lorraine avait
mis son palais épiscopal à la disposition de l'assemblée,
afin qu'elle eût un cadre digne d'elle et des divertissements qui suivraient le repas. Ce que fut celui-ci, nous
l'ignorons : mais on n'y manqua de rien, à en juger par
l'effrayante quantité de provisions qu'en homme pratique et en bon frère, le capitaine Saubole « leva », à cette
occasion, sur tous les villages d'alentour. Le banquet
fini, les convives passèrent dans la grande salle où devait
avoir lieu un *combat à la barrière*, plaisir favori de la
haute société. Une barrière, partageant la lice en deux,
était défendue par des *tenants* ; ils défiaient quiconque
voudrait se mesurer à eux ; généralement le combat avait
pour thème quelque fable de galante et chevaleresque
invention ; des *machines* appropriées ajoutaient à l'intérêt du spectacle l'attrait d'un décor de théâtre où dieux,
déesses, forêts, rochers, animaux sauvages et monstres
marins créaient une atmosphère de féerie qui ravissait
l'assistance.

La cour de Lorraine s'était fait, en ce genre, une spé-
cialité brillante ; grand amateur de ces jeux où il excellait,
Charles III aimait à éblouir ses hôtes par des joûtes et
des carrousels sans pareils ; il savait Saubole connaisseur, et quand le gouverneur de Metz venait à Nancy, le
duc lui offrait le régal d'un divertissement de choix (1).
L'occasion présente était trop belle pour que Son Altesse
ne renchérît pas sur ses courtoisies. Le cardinal avait
prêté son palais : le duc prêta ses courtisans et ses sujets.
Tous accoururent à Metz ; aux 20.000 habitants de la
cité s'adjoignirent des flots de Lorrains, « tant de Nancy
comme du Pont-à-Mousson ». Quant aux seigneurs, ils
firent les frais du combat à la barrière. Le chevalier Ver.

______

(1) V. Comptes de Jean Vitou, receveur... *A. dép. Nancy.* B. 7325.

del (1), gentilhomme du comte de Vaudémont, se chargea de la partie poétique, autrement dit de la machine. Verdel voyait grand ; les dimensions de sa machine furent telles que, pour en faciliter l'entrée, il fallut « ouvrir la grand' salle tant dans le plancher (plafond) qu'en l'un des gros murs » (2). C'était, dit Du Gué, « une grosse machine quarrée soustenue de quatre formes de lyons » ; cette base imposante supportait le globe terrestre, ni plus ni moins, « à la cyme duquel estoit à nud ung jeune garçon représentant ung Amour »; un amas de nuages figurait le ciel au-dessus. Quand ce char symbolique fut en place, le ciel s'ouvrit, et un autre Amour, « lancé du haut et d'une forme de nue », vint présenter à Isabeau un écrit : elle y lut le sujet du combat que le jeune dieu, debout sur son Univers, récita pour tous les assistants. Du Gué ne nous transmet pas ce texte : mais on devine aisément qu'il glorifiait le triomphe de l'Amour, vainqueur de la Force et maître du monde.

Une musique guerrière annonça l'approche des combattants, qui firent leur entrée précédés de tambours et de trompettes. « Les champions étaient tant des braves de la cour de Lorraine que des capitaines de la garnison de Metz ». Du Halt jouait le rôle de maréchal de camp : entre les champions lorrains brillaient les sieurs Verdel, d'Artigoty, de Marcossey, de Vaubecourt ; les tenants étaient les capitaines Saubole et Mommas. C'est avec intention qu'on avait réuni, dans cette joûte amicale, ceux qui, dix ans auparavant, s'étaient fait au nom de leurs maîtres, « une si dure et cruelle guerre ». Artigoty, du Halt, les deux Sauboles, Verdel, Mommas et Vaubecourt avaient croisé le fer en ennemis acharnés ; à l'arrière-plan de leurs souvenirs se levaient les sanglants

(1) Son vrai nom, Verdelli, indique une origine italienne (V. *Mémoires de Bassompierre* et *Histoire de Lorraine*, dom Calmet).

(2) A. M., 817, C. 42, pièce 92 : parties de Jean Gagné, masson ; 9 octobre 1600.

fantômes d'Henri III, de La Route et des Guises, le siège
de Jametz, celui de Marsal, et tant d'autres faits d'armes
où s'était opposée leur valeur. La solennité qui les remettait en présence était l'épilogue courtois des furieuses
luttes du passé. Le mariage du duc de Bar avec Catherine de Bourbon avait scellé la réconciliation des souverains de France et de Lorraine : le mariage de Saubole,
champion d'Henri IV contre Charles III, avec Isabeau
de Coucy, parente des deux princes (1), scellait la réconciliation de leurs capitaines ; abjurant leurs vieilles ini-
mitiés, ils n'étaient plus désormais que des « concurrents
d'honneur ».

Tandis que l'assistance suivait les péripéties du combat, des cris joyeux, retentissant au dehors, saluaient le
feu d'artifice que le Grand-Turc, *alias* maître Abraham
Fabert, faisait tirer, « trompettes sonnantes », du haut
de la Tour de Mutte (2). « Durant ce combat et presque
toute la nuit, dit Du Gué, l'obscurité d'icelle ne parut
par la rue, tant par les feux artificiels allumés au haut
du clocher de la grande église que des fuzées qui en
estoient lancées en l'air et vomissoient un nombre infiny
de petites estoilles, le tout par l'art et l'industrie du susdit
Faber » qui se surpassa dans cette extraordinaire et merveilleuse journée. Les archives de la ville en ont conservé
le bilan ; il est si pittoresque qu'on ne nous saura pas
mauvais gré de le transcrire.

Estat de toute la despense qui a esté faicte de l'ordonnance de Messieurs (3) pour la venue de Madame la gouvernante, en la construction du fort et gallère, et en la

---

(1) Par Marie de Coucy qui épousa Henri, comte de Bar, ancêtre
de Charles III, et par Marie de Luxembourg, leur descendante, qui
épousa François de Bourbon, comte de Vendôme, bisaïeul d'Henri IV.

(2) Principale tour de la cathédrale, qui porte la grosse cloche
appelée la Mutte.

(3) Messieurs les magistrats.

consommation des poudres, feux artificielz employez tant esdits forts qu'aultres sur la grande église.

Pour la peincture du fort, a esté paié à Me Gabriel le peinctre, 30 francs.

Pour la peincture de la gallère, a encore esté accordé à iceluy par le sieur grennetier, 31 francs.

Encore à iceluy pour la peincture de l'enseigne turecque, 2 francs.

Pour la peincture et estamure de huict coustelatz, 3 francs, 4 gros.

Pour deux pots d'huille emploiée à vernir les rames, 40 sols.

A Me Hector, serrurier, pour 32 petits canons de fer, à raison de 4 sols messin pièce, faict, 6 livres 8 sols.

Audit Me Hector, pour avoir ferré les affuts de cinq pétars servans d'artillerie auxdits fort et gallère, et des-rouillé cinq harquebuzes à croc, 6 livres.

A Me Pierre le menuisier, tant pour monter lesdits petits canons sur une pièce de bois qu'aultres menus ouvrages qu'il a faicts, 4 livres, 14 sols.

A Jourdain Mandieu, aussi menuisier, pour une paire de patins (1) pour le Grand-Turcq, 5 sols.

A luy-mesme, pour un pétard de bois, faict à l'effect de pétarder le fort, 8 sols messin.

Pour deux avez (?) turcqs, à luy-mesme paié, 10 sols messin.

Encore à luy-mesme, pour huict cimetterres de bois 2 livres, 8 sols.

Pour six feuilles de double fer blanc emploiées aux lames de six lances à feu, 24 sols.

Et pour la façon desdites lances, paié au lanternier, 32 sols.

A Me Paul le cordier, pour cordes, estouppes et cor-deaux pris à diverses fois, 5 livres, 8 sols.

---

(1) Souliers à semelles très épaisses qu'on portait pour se grandir.

Pour le port et transport tant des harquebuzes à croc que faulconneaux, à diverses fois, a esté paié, 20 sols.

Pour le port des pièces tirées de la citadelle jusques au Moulin à vent, paié, 12 sols.

Pour 180 pains d'un sol, pris au boulanger, de l'ordonnance monsieur le Maistre-eschevin, pour fournir tant aux forçats de la gallère comme au fort, 7 livres, 10 sols.

Pour deux esponges pour ensanglanter les assaillans durant l'assault, 8 sols.

Pour les chevaulx et hommes qui tirèrent le fort depuis les Grilles jusques à Longeville, 3 livres, 16 sols.

Pour l'estoffe de huict abitz et enseigne turcq, paié à Philippe de Vigneulles (1), 39 livres, 12 sols.

Pour poix blanche et noire pour poixer certains endroits du fort contre la pluye, 4 livres, 4 sols.

Pour tocque blanche et jaulne pour faire deux turbans turcq, 9 livres, 12 sols.

Pour l'estoffe de 50 barrettes (2) rouges pour les forçats, en nombre de 16 aulnes, à raison de 12 sols messin l'aulne, 9 livres, 12 sols.

Au tailleur pour la façon de 18 abitz, enseigne, barrettes, turbannes, et fourny la soye nécessaire pour l'enseigne, 12 livres, 12 sols.

Pour six grosses fuzées portées au fort, et 6 douzaines d'autres plus petites, lesquelles furent toutes pillées au saccagement d'icelay, les grosses à raison de 40 sols douzaine, faict les grosses 12 livres, et les petites aussy, 12 livres, cy, 24 livres.

Pour les six lances à feu posées sur ledit fort et consommées durant l'assault, chacune d'icelles garnie de 60 pétards, à raison de 60 sols pièces, faict cy, 18 livres.

Pour 18 balles de feu artificiel jettées dans la rivière

____

(1) Marchand d'étoffes de soie, riche huguenot allié aux Jolys.
(2) Bonnets.

durant l'assault, chacune d'icelles, 15 sols, cy 13 livres, 10 sols.

Pour 8 picques de sapin pour rompre en soustenant l'assault, à raison de 4 sols messin pour pièce, faict cy, 32 sols.

Pour des planches artificielles garnies chacune de cent coups de mousquet, appliquées à la face du fort, et le tout consommé durant l'assault d'iceluy, à raison d'un sol pour chacun pétard, tant pour iceluy comme pour tous aultres frais à les accommoder, faict icy, 50 livres.

Pour deux douzaines de grosses fuzées tirées le soir sur la grande église, à raison de 40 sols messin pièce, faict icy, 48 livres.

Pour 50 aultres plus moyennes, consommées aussy sur la grande église, à raison de 7 sols messin pièce, 17 livres, 10 sols.

Plus 10 douzaines de petites, aussy consommées sur ladite église par une fougade inopinée qui survint ; avec deux soleils artificiels : les 10 douzaines de fuzées, 20 livres, et les deux soleils, 5 livres.

Plus 8 douzaines de tourteaux de poix consommés tant de jour, dans la lanterne qui estoit devant le fort, que de nuict sur ladite église, à raison de 4 sols messin pièce, faict, 19 livres, 4 sols.

Pour les pouldres qui furent portées tant dans la gallère qu'au fort, au nombre de 186 livres, toutes lesquelles pouldres furent consommées ou pillées tant par les uns que par les aultres, à raison de 12 sols messin la livre, faict icy, 102 livres, 6 sols.

Aux trois trompettes qui furent le soir sur la grande église, 50 sols.

Pour 2 journées des 3 terrillons qui couppèrent les gazons et aidèrent à gazonner le fort, à raison de chacun 12 sols, cy, 3 livres, 12 sols.

Pour les tambours, phifres et hautbois qui sonnèrent dans le fort, 4 livres, 10 sols.

Somme : 516 livres, 12 sols messin (réduite à 480 livres) (1).

Il n'y a pas de fête complète sans têtes cassées. Le chapitre des accidents, en ce jour mémorable, comporte entre autres une supplique de maître Henri Wirion, chirurgien, réclamant 10 livres « pour avoir pansé et médicamenté Jean le Fifre, violon, qui ayant tumbé en baa d'une tour de la grande église le dimanche du festin de M. le gouverneur » a eu « une playe en la teste sur les pariétaulx, partie dextre, pénétrant jusque au périoste dudit os, avec grande contusion et meurtrissure sur les muscles du bras en ladite partie, avec excoriation de la peau du dessus de la main gauche ». Jean le Fifre avait sans doute un peu trop levé le coude à la santé de Mme la gouvernante ; il guérit néanmoins, grâce aux soins de maître Wirion et à la solidité de sa tête, une tête de ce bon vieux temps où tout était meilleur et coûtait moins cher qu'aujourd'hui.

La journée du lendemain commença très agréablement pour Isabeau. La veille, au souper, l'envoyé du duc de Deux-Ponts lui avait offert, de la part de son maître, une enseigne (2) de pierreries. Là-dessus les cadeaux affluèrent et défilèrent en grand arroi. Dès le matin, il y eut foule aux portes de ses appartements. « L'entrée de sa chambre, dit Joly, se trouva petite au nombre des personnes qui vinrent lui faire présents. Le magistrat, au nom de toute la ville, y fut le premier. Les sieurs de la cathédrale (3) suivirent ; ceux de la religion (4) après : et ces grands corps voulurent, à l'envi l'un de l'autre, faire preuve de leur zèle. La procession y était épaisse ; les Juifs, qui ne sont en petit nombre (5), ne furent

(1) 16 déc. 1600. *A. M.*, 817, C. 42, pièce 472.
(2) Ornement de tête.
(3) Les dignitaires du chapitre.
(4) Les huguenots.
(5) Ils étaient très nombreux, en effet, et très riches. Saubole venait de confirmer leurs droits et privilèges par acte du 28 mars.

les derniers ; bref, du plus petit au plus grand, chacun fit
le libéral. » Le plus admiré de ces dons fut « ung grand
carquant (1) composé de seize à dix-huit grandes pièces
de diamants, de rubis et de perles, » hommage des maître-
échevin, Treize et conseil de la cité (2).

Cependant une joyeuse animation régnait dans tous
les quartiers de Metz où s'organisaient « nouveaux ébat-
tements ». Ce fut d'abord un surprenant cortège, conduit
par maître Fabert redevenu Sultan, « lequel se fit veoir
avec ses compagnons turcqs par les rues de la ville y mar-
chants au son du tambour avec les chaisnes aux pieds
et mains comme esclaves ». Puis on courut la bague « fort
somptueusement avec grande richesse tant dessus les
hommes que dessus les chevaux, (les cavaliers) masqués
et ornés d'habits venant de Nancy » ; et les « esjouis-
sances et festes » continuèrent toute la semaine, « en tel
excès, dit Petrus Lepidus, qu'il ne s'y trouva rien à désirer qu'une modération ».

Tant d'enthousiasme convainquit Mme de Saubole
que son mari était le plus populaire des gouverneurs. Et
de fait, quiconque fût venu à Metz en ce mois d'octobre
1600, l'eût pensé comme elle. Les mauvais jours, pour
Roger de Comminges, semblaient finis. Il avait surmonté
les obstacles, vaincu les difficultés ; les biens qui lui
avaient manqué jusqu'alors, sa femme les lui apportait
avec le charme de sa jeunesse, l'éclat de son nom, la richesse de sa dot. Du haut de ses désirs réalisés et de ses
ambitions satisfaites, il pouvait regarder l'avenir en
homme sûr d'avoir fixé la Fortune. Pourtant cette
brillante surface cachait un abîme : ce triomphateur était

____

(1) Collier formé de pièces d'orfèvrerie, avec pendentif.
(2) Il venait de chez le sieur Jean Dauphin de Strasbourg (V. A. M.
817, C. 42, pièce 550. « Payement d'un sachet de taffetas, d'un estuy
(écrin) pour y mettre le dit carquant, et salaire du chartier qui l'a
amené sur sa charette ».

à deux doigts de sa chute. Pauvre Isabeau ! la mauvaise étoile des Coucy l'attachait au destin de Saubole à la veille de la catastrophe qui allait terminer sa carrière. Mais lui seul discernait le serpent sous les fleurs : lui seul entendait, dans la ville en fête, les pas du malheur déjà arrivé aux portes.

XVII

LES MYSTÈRES DE LOGNE

L'Espagne, malgré le traité de Vervins, n'avait pas renoncé à la lutte ; épuisée, mais non résignée, elle attendait de la ruse ce que la force ne pouvait lui donner. On sera peu surpris de la voir poursuivre ses menées à Metz ; néanmoins la paix imposant des réserves, l'archiduc employa des aventuriers aisés à renier en cas d'échec.

Gaucher rattacha le grelot. Sa compagnie (comme celles des Sauboles) avait été licenciée après la pacification. Il en profita pour caser quatre de ses soldats à Metz, où ils avaient jadis servi sous lui-même. Ce furent les nommés : Adam Clausse, dit La Pointe ; Claude Humbert, dit Desforges ; Rizancourt ; et le sergent Nicolas. Le gouverneur les reçut ; il ne garda toutefois que les deux premiers, chassant les deux autres sous prétexte de vol sur les grands chemins. Rizancourt et Nicolas se retirèrent à Thionville, d'où ils invitèrent La Pointe, en mai 1599, à les venir voir au château de Logne, chez un de leurs camarades, un certain La Ronchère, neveu par alliance du châtelain.

Étrange maison que ce château, habité par d'étranges gens ! Le maître de céans, Claude Pircel, s'enveloppe d'ombre et de mystère. En lui tout est trouble et louche. Luxembourgeois d'origine, c'est, à ce qu'il semble, un parvenu. « Parent fort proche d'un homme d'église, par la bénéficence duquel il s'est avancé, dit Joly, il a acquis, à trois lieues de Metz, cette petite terre de Logne, dont il se qualifie seigneur et porte le nom (1) ». Il tranche du gentilhomme sans être noble. Il affecte une vive piété : mais des bruits fâcheux courent sur son compte : on dit qu'il s'adonne à la magie, que deux de ses sœurs ont été brûlées comme sorcières, et qu'il entretient un commerce incestueux avec une sienne nièce. Cette nièce vit avec lui, tantôt à Thionville, où il a une maison, tantôt à Logne, qui paraît être sa résidence favorite. Amphibie comme son possesseur, le domaine, sis entre Thionville et Metz, est presque autant français qu'espagnol ; les deux suzerainetés s'y enchevêtrent au point qu'on n'en peut faire le départ, situation favorable aux projets de Mansfeld, dont Pircel est « l'entremetteur et négociateur d'affaires ». Il mène là une vie sur laquelle certains documents des archives de Metz ouvrent de suggestives échappées. De ces textes, qui remontent fort loin (2), il appert que le sieur de Logne est à couteaux tirés avec les Messins. Le village d'Ay, son proche voisin, en sait quelque chose ! fruits volés, bestiaux enlevés, bris de portes et de fenêtres, coups et blessures, menaces d'incendie et de mort, rien ne manque aux hostilités. Chacun, bien entendu, rejette torts et violences sur l'adversaire ; mais ceux-ci sont surtout le fait de Pircel. Il trouve, au reste à qui parler, dans la personne d'un autre voisin, parent des Clervant, Gaspard de Heu, sieur de Buy (3), huguenot farouche au service de Jean-Casimir, dont les incur-

---

(1) Logne (jadis Loigne, bois) appartient actuellement au baron de Dommartin. Il ne subsiste, de l'ancien château, qu'une salle voûtée et des caves aux murs épais, dont l'une renferme un puits d'angle.

(2) En 1576. V. *A. M.* cartons 55 et 65 : une douzaine de pièces classées sans ordre et parfois mal datées.

(3) Fils du maître-échevin de même nom, exécuté comme huguenot en 1560.

sions en Luxembourg sont la terreur des habitants. Le 11 juillet 1578, par une nuit noire, il arrive à Logne suivi de 25 cavaliers, rompt les portes de la basse-cour, y met le feu, et après trois heures d'assaut se saisit des occupants suffoqués. La maison pillée, il torture la nièce de Pircel, « luy enrachant, avec chiens de pistolés, les ongles des mains et luy donnant coups d'espez es bras, de sorte qu'elle en demeure quasi estropiez ». Le sieur de Logne, emmené au camp de Jean-Casimir, y est traité de même, et, *dit-il* (car il est fort menteur) « despouglé nud, tiré et gesté devant un fœuf (feu), pendu la corde au col (?), garrotté teste, genolx et gambes toutes ensemble... et mis dedans un van, avecques bastonades et coups d'espez et de pieds en la face et décrachement en icelle », enfin rançonné à 1300 écus sol : tout cela parce qu'il est « Bourguignon », catholique et dévoué à l'Espagne (1). L'aventure fait grand bruit. « Si vous ne punissez exemplairement le sieur de Buy, mande aux magistrats de Metz le sieur de Mercy, qui commande à Thionville, vous aurez affaire à Sa Majesté Philippe II (2) ». « Si vous permettez qu'aucun déplaisir soit fait au sieur de Buy, leur mande à son tour Jean-Casimir, vous aurez affaire à moi (3) », alternative dont ces Messieurs se tirent comme ils peuvent. Gaspard de Heu n'en poursuit pas moins ses exploits jusqu'à la mort de son patron (janvier 92). L'an d'après, surpris par Monet dans sa maison de Beaufort, lui et son frère Moïse, conduits à Luxembourg, y sont décapités pour leurs méfaits (avril 93). Claude Pircel reprend cœur, et les Messins l'éprouvent :

(1) *Preuves... de l'hist. de Metz*, t. 1, p. 335 (sans date, mais évidemment de 1579).

(2) *A. M.*, 65, liasse 218, pièce 3. Orig.

(3) Lettre publiée dans la *Revue d'Alsace* (1876) par M. A. Benoît qui, ne connaissant pas l'incident auquel elle se rapporte, prend le sieur de Logne pour « un seigneur alsacien partisan des Espagnols ».

s'il en rencontre quelqu'un dans ses parages, il tombe dessus à bras raccourcis.

On conçoit qu'ainsi disposé, le sieur de Logne serve les desseins de l'Espagne sur Metz. Lorsqu'en 1594, les époux d'Havré sollicitent le capitaine Saubole, le marquis recommande à Pircel « de tenir la bonne main à ce qui se traite en la ville ». Le rôle de notre homme reste indéterminé : néanmoins on peut conjecturer qu'il « travaille » la partie militaire de l'entreprise dont Monet conduit la partie diplomatique. Intime ami du capitaine Gaucher, Claude Pircel voit force gens de guerre : il a même marié sa nièce à l'un d'eux. Ce soldat, un Français nommé La Ronchère, sert dans la compagnie du Gaucher. Ce n'est pas la fleur des pois : son père a été pendu ; lui-même a failli l'être. Comment, avec sa fortune et ses prétentions, Pircel n'a-t-il rien choisi de mieux pour sa parente ? Des mystères de Logne, celui-ci n'est pas le moindre. Peut-être en faut-il chercher la clef dans les propos qu'on tient sur les relations du châtelain avec sa nièce ; ne va-t-on pas jusqu'à dire que, de ces relations, sont nés deux enfants ? Ceci expliquerait maintes choses ; on voit très bien Pircel demandant au Gaucher de trouver, pour endosser la situation, un garçon sans préjugés qui n'eût pas, lui non plus, le droit de se montrer difficile ; ainsi La Ronchère devient son neveu par une combinaison profitable à tous : à la jeune femme, qui reste sous le toit de son oncle sans que la malignité publique ait désormais sujet de gloser ; à La Ronchère, qui s'assure bon souper, bon gîte et le reste, avec un bel héritage en perspective ; à Pircel enfin, qui s'adjoint un compagnon déterminé, dont les intérêts (il le croit, du moins) sont trop liés aux siens pour qu'il hésite à servir ses plans.

Telle est la maison où La Ronchère et ses deux camarades reçoivent, en mai 99, Adam Clausse, dit La Pointe, curieux de savoir ce qu'on lui veut. Il l'apprend sans tarder. Rizancourt et Nicolas exprimant le désir de rentrer à Metz, La Ronchère précise que c'est « pour y servir le comte de Mansfeld et déchasser les Français de cette ville ». On espère qu'Adam Clausse sera de la partie. Le comte a chargé La Ronchère « de le rechercher, et Bonnet, secrétaire de Son Excellence (1), désire lui parler ». Peu rassuré sur les suites d'un refus, La Pointe demande à réfléchir, et va conter l'affaire au capitaine Provençal, son vieil ami, qui l'engage à feindre d'accepter. Mais il joue mal son rôle. La Ronchère, à sa seconde visite, voit « qu'il a peu de volonté de desservir la France » ; et comme ils sont seuls, il lui dit « qu'il lui en sait gré ; que lui-même n'a jamais eu envie de cœur de rien entreprendre au dommage des sieurs de Saubole : et qu'il a reçu du déplaisir de ce qui se trame à l'encontre d'eux » ; il serait même tout disposé à les tenir au courant de l'intrigue.

La proposition, transmise à Roger de Comminges, l'étonne. Qu'est-ce que ce soldat mi-Français, mi-Espagnol, marié à la nièce d'un seigneur luxembourgeois, et qui, ayant tout intérêt à servir son pays et sa famille d'adoption, les trahit au profit d'Henri IV, si pauvre, et de son lieutenant, plus pauvre encore ? Y a-t-il là-dessous quelque piège ? Il faut agir avec prudence. La Pointe encouragera donc La Ronchère dans sa bonne volonté, lui promettra récompense s'il y persévère, et continuera de le voir en se tenant sur ses gardes. La correspondance s'engage. La Pointe trouve à Logne Pircel et Bonnet ; il leur promet des renseignements sur diverses entreprises françaises en Luxembourg. Bonnet lui offre 200 écus, qu'il refuse « avant d'avoir rendu quelque bon service », et l'on convient « qu'il mandera souvent nouvelles au sieur de Logne, qui lui enverra des commodités ». Il expédie dès lors de faux avis, dictés par le gouverneur, auquel il remet les lettres et l'argent que lui adressent, en retour,

(1) Bonnet remplaçait Monet, promu commissaire des guerres.

Pircel et Bonnet. De son côté, sur l'ordre de son chef, le Provençal rencontre La Ronchère « en une cense près Metz » où ils ont maintes entrevues. Le neveu du sieur de Logne dévoile-t-il les vrais mobiles de sa conduite ? Quels sont-ils ? haine ? vengeance ? cupidité ? Tout cela ensemble peut-être. Hait-il son oncle à cause de sa femme ? veut-il hériter de lui ? est-il l'instrument de gens qui ont intérêt à sa mort ? Parmi les auteurs de ses infortunes, Pircel mentionnera plus tard, outre le Provençal et les Sauboles, *d'autres qu'il ne peut déclarer*, ajoutant que « leur ambition, envie et malveillance, avec ces malheureux La Pointe et La Ronchère, l'ont vendu... pour le faire mourir secrètement ». Quels sont ces mystérieux personnages que le sieur de Logne *ne peut nommer* ? Ici encore, tout est ténèbres.

Quoi qu'il en soit, La Ronchère révèle au Provençal le plan d'une entreprise dont les préparatifs se poursuivent à Thionville. L'ennemi, sachant la garnison de Metz réduite et les chevau-légers licenciés (1), compte en profiter pour surprendre la ville au mois d'octobre ou de novembre. On emploiera à ce coup de force les régiments des colonels La Bourlotte (2) et d'Achicourt. La Ronchère guidera l'expédition ; Bonnet l'a envoyé reconnaître la Grange-aux-Dames, le paysage des rivières, les grilles et la porte d'Enfer ; il en a fait le rapport détaillé. On entrera par la porte du Pontiffroy (3) et par les grilles de la Moselle dont le mauvais état donnera facile accès. Ce pas franchi, les intelligences qu'on a dans la ville en assureront la prise : *car un certain nombre de bourgeois — et non des moindres — se sont entendus avec Monet pour remettre leur cité sous la domination du Saint-Empire.*

(1) Saubole en avait gardé quelques-uns, dont le Provençal et Bastien.
(2) Le meilleur capitaine de l'Espagne aux Pays-Bas.
(3) Elle commandait la route de Thionville.

Maîtres de la ville, les envahisseurs s'établiront, pour bombarder la citadelle, en un lieu proche de la Haute-Pierre (1) qu'un ingénieur viendra repérer d'avance. On a aussi des amis dans la citadelle, *en particulier le capitaine Bastien* qui, depuis plusieurs années, reçoit de Mansfeld, par les mains de l'écuyer Journée, une pension de 80 écus. *Et quant aux bourgeois qui ont traité avec Monet, ce sont Wiriat Copperel, Jean de Keurs, Jacques Praillon, et d'autres* dont on saura bientôt les noms.

Il n'est rien là que le passé n'explique. Depuis dix ans la prise de Metz est le dada favori des Espagnols. Ils la croient assurée, comptant non-seulement sur les gouverneurs, mais sur les bons catholiques de la ville (2). Le principal, le maître-échevin Jacques Praillon, est un fidèle auxiliaire de Saubole : comment ne servirait-il pas la bonne cause ? Wiriat Copperel, qui a souffert pour elle, la favorisera plus encore ; c'est une victime des huguenots ; réfugié en Lorraine après sa chute (3), il n'est rentré à Metz que pour y combattre, dans les rangs de la justice messine, l'hérétique Batilly, vice-président royal, exploit qui lui a valu nouvelle destitution, tandis que son fils, frappé d'amende, s'exilait en Lorraine à son tour. Les Copperel sont riches ; ils ont des terres près de Thionville : l'entreprise trouvera en eux de sûrs appuis. On compte aussi sur le contrôleur d'artillerie Jean de Keurs qui, préposé aux entrées et sorties des étrangers, est en bons termes avec eux. Et quant au capitaine Bastien, grand ami de Monet et de Journée, nul ne doute qu'il ne leur soit acquis.

----

(1) Elle s'élevait à côté de la citadelle, là où s'élève le Palais de justice.

(2) Monet à Mansfeld : lettre du 18 mars 1597. Bruxelles, 1472.

(3) Les Copperel y avaient des parents, les Wiriot, orfèvres-graveurs renommés. (V. lettre de Saubole à Copperel sur son retour : *A. M.* 65, liasse 224, 1. Orig.)

Ainsi s'élève entre Thionville et Logne, un *château en Espagne* si bien construit qu'il fait illusion à tous : et — tragique retour des actions humaines — Saubole, devant cet édifice, ne reconnaîtra plus le mensonge qu'il a mis lui-même à la base (1).

(1) Pour toute l'affaire nous suivons un manuscrit (anonyme) intitulé : Discours au sujet d'une entreprise... sur la ville de Metz... (*B. N.*, fr. 5498, f⁰ˢ 427-523) qui concorde parfaitement avec les pièces originales relatives aux événements qu'il rapporte. La copie en est inachevée : mais Rosières, qui a utilisé le texte complet, conduit le récit jusqu'à la fin. Nos sources complémentaires seront indiquées chemin faisant.

XVIII

FATALES MÉPRISES

Les révélations de La Ronchère ne furent pas sans inquiéter notre héros. Monet gagnant Bastien, son garde du corps, et de Keurs, son « portier », la chose n'avait rien d'improbable. Le fond ligueur des Copperel, leurs attaches lorraines, leurs tendances factieuses, justifiaient la confiance ennemie. Par contre, rien à craindre de Praillon : douze ans de loyaux services garantissaient sa fidélité. A ce moment de ses réflexions, Saubole mandé en cour dut quitter Metz, laissant le gouvernement à son cadet. Défense faible, entreprise imminente, complicités présumées dans la citadelle et la ville, il y avait de quoi s'émouvoir. Une pensée, cependant, rassurait le gouverneur : le capitaine Saubole et Pierre Joly étaient là. S'il avait su ! Mais on ignore tout des gens avec qui l'on vit ; Discret connaissait peu son ministre : il connaissait encore moins son frère.

François de Comminges, à nos yeux, n'a fait jusqu'ici que « doubler » Roger. Néanmoins ces deux êtres, unis d'action et d'affection, ne se ressemblent en rien. Autant l'aîné est maître de lui, autant le cadet l'est peu. La Gascogne, chez l'un, se tait : chez l'autre, elle parle et déborde. L'état de santé du capitaine y prête ; la guerre

l'a rendu boîteux (1) ; Vénus ne l'a pas traité mieux que
Mars : et son mode d'existence impose à ses nerfs une
tension trop forte et trop continue pour eux. Ces alarmes
perpétuelles, ce perpétuel dénûment l'exaspèrent : et
l'irritabilité qui en résulte trouve un nouvel aliment dans
son entourage. Le capitaine Saubole est le plus cher confident du gouverneur ; il n'est toutefois ni le seul, ni le
plus écouté. Il y a Praillon. Il y a *surtout Joly*. Depuis
douze ans, ce dernier conduit les affaires ; Roger n'agit
que par ses avis auxquels François doit se ranger, lui,
gentilhomme, capitaine, et frère du gouverneur ! Si du
moins, ce scribe intrigant savait vivre ! mais sa méconn-
naissance est sans bornes ; récemment, le capitaine a
voulu lui emprunter quelque argent pour faire venir à
Metz « certain Allemand fort entendu à la recherche des
mines et transmutation des métaux ». Joly a refusé net :
sur quoi Saubole cadet lui a dit « *qu'il était un ingrat ;
qu'il devait tout ce qu'il avait de fortune, en biens et en dignités, à son frère ; qu'il n'était tant son serviteur qu'il en
faisait feinte ; et qu'il gouvernait Metz plus que lui* ». On
se bat froid depuis lors : et l'esprit du capitaine, hanté
par les propos de La Ronchère, suit une pente funeste au
procureur du roi. Les Espagnols n'ignorent pas que Joly
mène Roger par le nez : ils l'ont nécessairement *pratiqué*.
Depuis sept ans, Monet le cultive ; des lettres dudit Joly,
trouvées dans les papiers du sieur de Buy, ont servi
d'amorce. Avant d'être huguenot, Petrus Lepidus est
ambitieux, et François de Comminges sait jusqu'où
l'ennemi peut porter ses offres. Si donc le maître-échevin
est du complot, le procureur du roi en est aussi. Au reste,
François va l'éprouver : son frère, parti en hâte, l'a chargé

----

(1) Les Messins lui donnaient ce surnom. D'après une note d'apothicaire, qui ne laisse rien ignorer de ses misères, la blessure de sa jambe
semblerait provenir du siège de Marsal.

de tout dire à Joly, sauf les noms de La Ronchère (1) et
de Praillon.

Voici les deux interlocuteurs en présence. Le capitaine,
avec sa fougue gasconne, peint l'entreprise, révélée par
un soldat de l'archiduc, lequel soldat lui en fera savoir
la date d'exécution. « Pour ce jour, on aura nombre de
bons hommes qu'on fera venir des garnisons voisines,
afin de surprendre les entrepreneurs et de leur faire payer
la folle enchère de leur témérité ». — Joly écoute d'un air
railleur. — « Quoi ! s'écrie le capitaine, il semble que vous
n'en croyez rien. Par le sang-Dieu ! *tel boit et mange avec
vous, qui y a part et s'entend avec l'ennemi* ! » — Eh bien !
dit froidement Joly; il en faut avertir le gouverneur. —
« Et le roi ! reprend le bouillant capitaine. Mais Joly
hoche la tête : « Monsieur votre frère, réplique-t-il, fera
comme il avisera pour le mieux ; quant à moi, *j'estime
que vous n'en devez rien mander au roi.* » — Et Petrus Lepidus développe ses raisons ; comment l'archiduc, après
avoir restitué tant de belles et grandes places pour acheter la paix, courrait-il les hasards d'une nouvelle guerre
par une entreprise aussi incertaine ? Le roi ne prendra
pas l'avertissement au sérieux : il n'y verra qu'un artifice
pour hâter le paiement de la garnison et obtenir le rétablissement des compagnies licenciées. — Alors le capitaine brûle ses vaisseaux. — « *L'ennemi*, dit-il, *a céans
des complices* ». Il nomme Bastien, Wiriat Copperel et
Keurs, demandant à Joly « comment donc il voudrait user
en cette affaire » ? — « Le plus expédient, répond le procureur du roi, est de saisir les accusés, si la présomption
permet de faire et parfaire leur procès ; ainsi les étrangers,
voyant leur entreprise découverte, perdront l'envie de la
tâter. Il y a autant de gloire à conserver la place par
prudence et procédure de justice que par des exécutions

____

(1) La Ronchère avait instamment demandé qu'on tût son nom,
la moindre indiscrétion pouvant le perdre et donner l'éveil à l'ennemi.

militaires dont la fin est plus douteuse. » — C'est au tour
du capitaine de hocher la tête. Les accusés nieront ; le
roi ne saura que penser ; il vaut mieux s'acquérir de la
réputation par l'autre moyen (1). — Sur ces mots finit
l'entretien, qui confirme François dans ses soupçons.
Joly tourne l'affaire en plaisanterie ; il s'oppose à ce
qu'on en parle au roi ; il veut empêcher le renforcement
de la garnison. Agirait-il ainsi s'il n'était coupable ?
Passées et présentes, les menées ennemies lui sont con-
nues. Le duc de Savoie, qui veut garder Saluces, prépare
une guerre ; les Espagnols, ses alliés, intriguent dans les
grands ports et les villes frontières du royaume ; on dit
que Biron, depuis quelque temps, est à eux. Le danger
d'un coup de main sur Metz n'est que trop réel.

C'est aussi l'avis du gouverneur. Dès son retour, il prie
Joly « d'en écrire à Sa Majesté ». Un conseil secret
assemble le même jour plusieurs notables qui ont sa confiance. Ce sont, avec Pierre Joly, Regnault Goz, sieur de
Grosyeux, Jean Humbert dit le Bonhomme, et Jérémie
Le Goullon. Tous sont huguenots, donc anti-Espagnols ;
en outre les deux derniers possèdent, non loin de Thionville, des censes et maisons de campagne situées aux
points « par où des gens de guerre étrangers pourraient
entrer dans le pays messin ». Initiés par le capitaine Saubole, tous promettent de veiller au grain ; de plus, quatre
paysans des villages limitrophes iront en Luxembourg
observer les troupes, afin d'avertir bien vite si elles
tournent tête vers Metz ; et comme on trouve étrange
l'abstention de Praillon, le gouverneur prend sur lui de
le mettre au fait.

Octobre vient. Les troupes qui, soi-disant, « se rafraî-
chissent » en Luxembourg, font retraite. Les avis de La
Ronchère s'espacent, puis cessent. En même temps, une

______

(1) Récit de Joly, envoyé au chancelier Bellièvre. *B. N.*, n. **acq. fr.**
22665, fo 12.

détente s'opère dans les rapports de la France et de la Savoie : Charles-Emmanuel se rend auprès d'Henri IV pour arranger l'affaire de Saluces, et l'on voit les deux princes « vivre ensemble comme s'ils n'étaient qu'un seul cœur ». Tout porte à croire que l'ennemi renonce à ses projets. Saubole le pense ; le roi, qu'il va voir exprès, pense de même : et la mort de La Bourlotte, tué peu après au siège d'Hulst, consacre l'avortement de l'entreprise (juillet 1600). Cette accalmie permet le mariage de notre héros, et la sérénité de ces beaux jours va rendre à tous le réveil plus cruel.

Pendant qu'on danse à Metz, l'orage gronde déjà sur une bonne partie du royaume : il couve depuis l'arrivée du duc de Savoie à la cour où, sous des apparences conciliatrices, l'astucieux souverain prépare la rupture. Elle éclate le 11 août : c'est la guerre. Henri IV envahit la Savoie, les Espagnols secourent le duc : les avis de La Ronchère recommencent. Cette fois Saubole l'interroge lui-même. Le soldat est très affirmatif ; loin de renoncer à sa tentative, l'ennemi, dit-il, s'en occupe activement ; et comme Discret demande pourquoi elle n'a pas eu lieu en octobre, La Ronchère répond « *qu'il doit y avoir de l'intelligence entre les chefs et plusieurs des bourgeois auxquels le gouverneur s'est confié* ; car il a remarqué que, sur certains avis venus de Metz, on a contremandé ou retardé l'assemblée des troupes. *Praillon et Joly sont ceux dont on s'assure le plus* ». Cela se conçoit : on compte sur eux comme sur Saubole même. Celui-ci se le dit. « Ces hommes sont fidèles », se répète-t-il : mais une voix lui souffle aussitôt : « En es-tu sûr ? Tu as joué la traîtrise pour servir le roi : s'ils jouaient la fidélité pour servir l'ennemi ? Joly vante la bonne foi de l'archiduc : il traite l'entreprise de fable, blâme le zèle du capitaine Saubole et paralyse la défense autant qu'il peut. Praillon ne veut réparer ni les Grilles ni la porte du Pontiffroy : au capitaine, qui lui demande que faire si l'ingénieur vient avec

Monet reconnaître la Haute-Pierre, il répond : « Attendons-
les : nous verrons ensuite ». A quoi rime cette étrange
conduite ? y aurait-il là-dessous quelque trahison ?

Il n'y a qu'une mésentente où chacun prend le contre-
pied de l'autre ; plus le capitaine affirme le péril, plus
Joly et Praillon le nient : et la fatalité veut qu'à ce moment, *le roi lui-même sonne l'alarme.* Henri IV, qui vient
de conquérir la Savoie, se trouve à Lyon. Au cours de
cette campagne, il « *a reçu d'Italie réitérés avis que de
toutes parts on projette et on se prépare d'attaquer et entreprendre sur ses terres et pays, nommément du côté de Metz* ».
En conséquence, Sa Majesté commande à Saubole « *de
veiller plus que jamais à la sûreté de sa place et d'essayer
à faire prendre aucuns de ceux qui pourraient parler affir-
mativement de ces trames et conspirations* » (1).

Cette lettre, d'où vont sortir tant de malheurs, date
de décembre 1600. Ainsi donc, le bruit de l'entreprise
sur Metz s'est répandu jusqu'en Italie ! Plus de doute :
le danger est aux portes : il faut le conjurer sur l'heure.
Or chaque année, à pareille époque, on procède au renouvellement de la justice. Il s'opère par l'accord des autorités (gouverneur, président, maître-échevin, notables) ;
les anciens juges guident les nouveaux, et chaque magistrat dispose des postes dépendant de sa charge. Organisée
de la sorte, la justice messine comprend force amis de
Joly et de Praillon, circonstance qui jusqu'alors a fait la
sécurité de Saubole, et l'inquiète maintenant autant
qu'elle le rassurait jadis. Ces gens, par une coïncidence
funeste, soutiennent les Copperel contre Batilly. S'enten-
draient-ils avec Mansfeld pour fomenter une insurrection ? Il est urgent de leur ôter le pouvoir, et Saubole

____

(1) Rosières. Cf. Discours au sujet d'une entreprise... (ouvrage
précité) et Sully : Œconomies royales : « Le roi avait reçu avis certains
de leurs pratiques (aux Espagnols) dans les villes de Metz, Marseille et
Bayonne ».

ne le peut que par coup d'Etat. Il s'y risque; le 18 décembre,
Messieurs de la justice apprennent qu'aucun d'eux ne
restera en charge et que le gouverneur pourvoira seul
aux offices vacants, tant principaux que secondaires.
Stupeur générale. M. de Saubole perd-il la tête ? au lendemain de son apothéose, il foule aux pieds les libertés
messines et disgrâcie ses vieux ministres ! leur en veut-il
de ne pas lui avoir avancé d'argent pour son mariage ?
ou d'avoir « éconduit sa femme d'une demande en faveur
d'un de ses protégés » ? Batilly lui souffle-t-il ses rancunes ?
ou bien, ne pouvant rembourser ses prêteurs, leur « met-
il en main, au lieu de monnaie, la balance et le glaive de
justice » ? Toutes les explications défilent, sauf la vraie
que nul ne soupçonne. Les plus étonnés sont les nouveaux
élus, simples et honnêtes gens (1) — Joly en convient —
novices et dociles à souhait. Leur chef, le maître-échevin
Noblet, mort d'apoplexie peu après sa nomination, fait
place à Jean de Viller, également doux et maniable.

Reste à satisfaire Henri IV sur le second point, tâche
malaisée, car Monet, Pircel et Bonnet sont hors d'atteinte.
La Ronchère, consulté, déclare l'exploit difficile pour les
secrétaires de Mansfeld, mais facile pour son oncle, qui ne
se défie pas de lui. On lui donne carte blanche, et l'enlèvement se prépare. Le 12 février 1601, le sieur de Logne,
accompagné de son neveu et d'un valet, se rend pour
affaires à Rurange (2). Tout à coup, le Provençal et quelques soldats, l'escopette en main, surgissent : ils feignent
de tirer sur La Ronchère, qui se laisse tomber sur la neige ;
le valet s'enfuit; Pircel est fait prisonnier. On l'emmène
à Marly, village proche de Metz, où il passe la nuit « en une
chambre à four », gardé par six soldats qui, se disant
troupes de Hollande, traitent avec lui de sa rançon. Mais
il pressent le piège lorsqu'au lendemain, on l'embarque

---

(1) La Chronique protestante de Metz (Ms. 117) donne leurs noms.
(2) Village voisin de Logne.

en un coche où se trouve le président Batilly. — « Dieu
vous garde, Monsieur de Logne, lui dit ce dernier : allons,
allons, vous serez bien avec ces Messieurs. » — Là-dessus,
on part grand train pour Metz où Pircel, mené à la citadelle, est enfermé près du logis de Saubole, sous la surveillance du soldat La Joie.

Le gouverneur et Batilly lui font visite : ils l'informent
« qu'il est détenu par l'exprès commandement du roi
qui veut, de sa bouche, être éclairci de la vérité et des
particularités de l'entreprise projetée et tramée de son
fait sur les ville et citadelle de Metz. S'il dit franchement et librement ce qu'il en sait, le roi lui sera doux
et miséricordieux : sinon, contraint de parler par peines
et géhennes, il encourra toutes les rigueurs de la justice
de Sa Majesté ». — « Je n'ai jamais, répond Pircel, eu
connaissance d'aucune entreprise sur Metz. » — « Ne faites
pas le finet, lui dit Saubole : vous savez aussi bien l'entreprise que l'archiduc qui en est l'auteur ! » — Mais Pircel
jure que non, au grand ennui de *ces Messieurs* désireux
d'agir en douceur. On exhorte le captif quinze jours durant : on lui représente ses lettres à La Pointe ; on va
jusqu'à lui amener La Ronchère, couvert « d'un manteau
et chapeau gris » destinés à cacher de prétendues blessures : il dit à son oncle qu'ayant subi la question et
n'ayant pu la supporter, il a tout avoué. Peine perdue !
il en faut venir aux grands moyens et mettre Pircel *à la
grue*. Ce tourment, bien connu des soldats, « n'offense pas
le corps mais lasse à la longue, faisant suer et altérant
grandement, pour n'avoir le patient qu'un pied qui pose
en terre, l'autre et l'une des mains séparément attachés
avec cordes au plancher haut (plafond) de la chambre
où il est ». Un grand feu, allumé en ladite chambre,
accroît encore la soif du malheureux. Le sieur de Logne
passe une nuit en cet équipage, assisté du Provençal et
de La Joie « qui l'admonestent de ne se laisser tourmenter ».
Robuste malgré l'âge, il endure deux séances, dans l'inter-

valle desquelles on le réconforte ; à la troisième néanmoins, Pircel faiblit : « Mettez-moi bas, dit-il : je parlerai. » Et il rédige le mémoire suivant :

« L'entreprise que les collonels d'Achicourt et La Bourlotte avoient sur la ville et citadelle de Metz, et le commissaire Monet et secrétaire Bonnet, estoit en l'an 1599, aux mois d'octobre et novembre. Si bien il me souvient, icelle entreprise estoit à la manière que s'en suit :

« L'on debvoit entrer au point du jour par la porte du Pontiffroy et aussi par les Grilles, et se faire maistre de la ville premièrement, avec l'intelligence d'aucuns bourgeois de ladicte ville, les noms desquels on dira cy-après.

« Item, la ville gaignée, on debvoit bloquer la citadelle en mettant à la porte d'Enfer (1) 1500 hommes, pour empescher l'entrée et sortie des gens de guerre. Et pour faire battre ladicte citadelle du costé de la ville, estoit résolu faire une terrasse à la Maison de la Haute-Pierre et une autre à la rue aux Clerques (2), à la maison du trésorier de la grande église qui descouvre la dicte citadelle. Et ces discours se faisoient à Thionville, en la maison et entre les cappitaines Bléame, Pramenteaux, Camenty, Brahaulx, Vascart et Circourt (3), tous cappitaines des régiments d'Achicourt et La Bourlotte.

Item, les entrepreneurs estoient en nombre de 4000 hommes de pied et 14 compagnies de cavallerie, sans 2 compagnies d'hommes d'armes et quelques francs hommes des ordonnances.

Item, pour battre ladicte citadelle, l'on debvoit faire

----

(1) Porte de la citadelle qui s'ouvrait sur la campagne, à côté du bastion d'Enfer.

(2) La rue aux Clercs s'ouvrait devant la citadelle : elle subsiste toujours.

(3) Noms mal orthographiés, qui diffèrent selon les diverses copies du mémoire.

venir les pièces de Thionville, avec celles qu'on eust trouvé dans la ville de Metz.

Item, toute ceste entreprise et intelligence que les bourgeois y avoient estoit seulement pour la remettre à leur premier estat et ancienneté, scavoir à l'Empire du passé.

Item, pour l'exécution d'icelle entreprise, aucunes trouppes furent acheminées jusques à Thionville et **ez** villages circonvoisins ; mesmes quelques compagnies de cavalerie furent jusques à Richemont, à deux lieues de Metz. Mais ayant descouvert quelques hommes que M. de Saubole, gouverneur dudit Metz, avoit tousjours nuitamment **ez** frontières, battans les chemins, les entrepreneurs cogneurent qu'ils estoient descouverts, avec quelques autres advis qu'ils pouvoient avoir d'autres parts. Ils se retirèrent à leur premier quartier vers Arlon.

Item, *selon un escript que j'ay veu entre les mains du commissaire Monet, aucuns des principaux de la ville, au nombre de six, ont traicté avec ledit Monet pour ceste entreprise, soubsignée desdits six. Et selon que ledit Monet m'a autres fois dit, iceluy traicté a esté faict en la maison de M. Joly. Il fut faict environ trois ou quatre mois avant le commencement d'icelle entreprise et soubsigné dudit Joly, Praillon et Goullon.*

Item, outre les six principaux, aucuns particuliers bourgeois sont de ceste entreprise, scavoir : Copperel le Vieux, selon que m'a dit Bonnet ; Crespinet (1), cordonnier, pour luy avoir ouy tenir propos de ceste entreprise, et qu'ils ne seroient toujours en la ville de Metz comme ils estoient ; l'hoste de l'Espée, pour avoir tenu propos de ladite entreprise avec le cappitaine Brahaulx, selon qu'il m'a dit ; Jean Dazi, parce qu'il traicte avec le cappitaine Béat et autres qui scavent ladite entreprise ; mesmes le cappitaine de Senot, Liégeois, m'en a asseuré, parlant

_____

(1) André Peltre, dit Crépinet, allié de Joly par la mère de ce dernier, née Gertrude Peltre.

d'icelle ; Philippe de Vigneulles, parce que le commissaire
Monet, parlant un jour de ceste entreprise, me dit que ledit de Vigneulles estoit bon compagnon. Le chanoine de
la Coppe, pendant ceste entreprise, a tousjours fréquenté
avec le cappitaine Bléame, tant en ceste ville de Metz
qu'à Thionville, comme à Raudange, en la maison du
sieur Herpier.

Item, un homme que l'on faira voir quand l'on voudra,
m'a asseuré que Copperel, estant la veille Saint-Martin
d'hyver au village de Vaudrevange, qu'est en Bourgogne, au logis du maire, lequel Copperel dit audit
homme : « Asseurez Monsieur que le vieux temps se re-
nouvellera bientost, et dictes-luy que nous sommes encores plusieurs bons Bourguignons à Metz : et qu'il
s'asseure que nous chanterons bientost un bon *Te
Deum* ».

Item, le mesme homme m'a dit qu'au mois de juin
dernier, estant ledit Copperel à sa maison de Tury (1), y
arrivant le sieur Bonnet, Journée et ledit homme, qui
venoient de Metz, luy fut présenté par ledit Bonnet un
escript concernant ladite entreprise, lequel il signa.

Item, le mesme homme m'a asseuré d'avoir porté,
avec deux autres hommes, diverses lettres venant du
commissaire Monet à M. Joly, concernant ladite entreprise.

Item, le mesme homme m'a asseuré que M. Joly,
Praillon, le greffier de la ville et ledit Copperel avoient
correspondance pour icelle entreprise avec le collonel La
Bourlotte ; et pour l'exécution d'icelle, il debvoit venir à la
ville en habit dissimulé, au mois de décembre 1599, pour
recognoistre ladite ville et traicter avec ces Messieurs,
et l'exécution se debvoit faire au mois de febvrier ensuivant, selon que ledit collonel luy a asseuré pendant qu'il
estoit à Arlon.

(1) Copperel possédait, entre autres terres, le château de Thury
(val de Metz).

Item, le secrétaire Westernacq fut envoyé par Son Altesse Sérénissime à l'Empereur pour commencer les affaires ; pendant sa négociation, il mourut à Prague.

Item, les princes ecclésiastiques eslecteurs debvoient contribuer pour l'effect de ceste entreprise.

Item, la délibération estoit prinse entre les entrepreneurs, estans maistres de la ville, de piller et chasser tous ceux qui estoient de la R. P. R. (1), et ainsy estoit le commun bruict entre les cappitaines de faire ceste exécution desdits de la religion.

Je soubsigné atteste les articles cy-dessus estre véritables, pour aucuns avoir veus et les autres ouys de divers cappitaines cy-dessus spéciffiés et autres personnes. En foy de quoy j'ay signé ces présentes ce jourd'huy dernier febvrier 1601.

DE PIRCEL.

L'homme va souvent à Chavancy. Il se tient sur M. de la Ruelle, à demy lieue de Stenay (2).

Cet écrit, porté au gouverneur, l'émeut fort. Il va trouver Pircel, « lui remontre qu'il ne peut penser qu'aucun des inculpés ait pu avoir participé à telle machination et encore moins le croire », leurs services passés le portant plus à douter de la vérité de l'accusation que celle-ci ne le porte à douter « de ce qu'il a si souvent éprouvé en eux ». Pircel néanmoins maintient ses dires et notre héros s'en revient tout troublé. Se pourrait-il que ses confidents l'eussent trahi ? Mais non : c'est une ruse de Monet. Pourtant, si c'était vrai ? La traîtrise, ce mal du siècle, Saubole l'a vue partout ; à l'heure même, Biron trahit : douze ans d'éclatants services ne l'ont pas empêché de se vendre. Que croire ? à qui se fier ? à quoi se résoudre ?

____

(1) Religion prétendue réformée (les huguenots).
(2) *B. N.*, fr. 5498, fᵒ 445. N. acq. fr. 22665, fᵒ 15 et Duchesne 94, fᵒ 351 *bis*. *B. M.* Ms. 184, fᵒ 189.

Longtemps, il se débat ainsi. Enfin, dit le chroniqueur
qui nous guide, « vaincu et surmonté contre ce à quoi in-
clinait son affection en faveur de ceux qu'il voyait marqués du soupçon de crime de lèse-Majesté, le sieur de
Saubole *se connut obligé de préférer à toutes choses ce qu'il
devait de fidélité à son roi, et à quoi était joint, avec son
honneur, la conservation de ladite ville et citadelle de Metz*
qu'il ne pouvait douter être journellement en péril,
considéré l'état faible des gens de guerre et des munitions
qui y étaient, si tant eût été que les bourgeois et habitants nommés audit écrit participassent aussi avant que
disait le sieur de Logne à l'entreprise, et qu'ils vinssent
à connaître la recherche qu'on en faisait et la détention
de ce prisonnier ». Coûte que coûte, il fallait envoyer
le mémoire au roi. « *C'est chose que je devais faire*, dira plus
tard Roger de Comminges, *quand c'eût été contre mon
propre frère.* »

Ici triomphe la fatalité. Pour porter l'écrit à Sa Majesté, Saubole n'a que ce frère, le pire des ambassadeurs,
le seul néanmoins dont il dispose. Il le charge, en remettant
le mémoire au roi, d'exposer ses doutes à lui, Roger, et
de souligner « les grandes contrariétés » qu'offre « l'accusation d'un seul homme contre telles personnes » que
celles des inculpés. Le capitaine si bien stylé arrive à
Paris « le jour de carnaval » (mars 1601), voit Henri IV
dans la soirée, lui présente l'écrit, *mais au lieu des sentiments de son frère, exprime les siens.* Avec feu, il peint ses
alarmes, l'attitude suspecte des accusés, l'imminence du
danger, si pressant, dit-il, que faute d'y parer à temps,
« tout périra et le gouverneur ne pourra répondre une
heure de la place ». Inquiet, le roi réunit son conseil :
il comprend Rosny (1), Bellièvre à présent chancelier,
Sillery, Potier de Gèvres, et d'Epernon qu'on ne peut
exclure, bien que nul n'ignore qu'il conspire avec Biron.

(1) Il ne prit le nom de Sully qu'en 1606.

Le mémoire lu, on convient que s'il est véridique, le salut
de Metz exige l'immédiate « capture » des suspects.
D'Epernon toutefois observe « que cet écrit, pour n'être
que le dire d'un seul, lui paraît une trop faible raison
d'agir ainsi », objection qui, dans sa bouche, prend un
tel air de complicité qu'on passe outre et qu'on adopte le
plan suivant. Une conférence doit prochainement se
tenir à Verdun pour régler certains différends entre le
chapitre de la cathédrale et l'archiduc. Le roi y enverra
les présidents Viart (dont relève la justice verdunoise)
et Miron (naguère délégué aux affaires de ce gouvernement). Outre sa commission officielle pour Verdun, Miron
recevra une commission secrète pour Metz. Il s'y rendra
sur-le-champ, *sans dévoiler à personne* — même à Viart —
le but de son voyage : et là, *en grand mystère*, assisté de
Batilly et des Sauboles, il informera contre les auteurs
et complices de l'entreprise, pleins pouvoirs lui étant
donnés pour « *iceux décréter, les faire prendre et appréhender où ils seront, faire et parfaire leur procès extraordinairement jusques à sentence définitive et faire procéder à
l'exécution d'icelle, le tout souverainement et en dernier
ressort* » (1). Instruit par Messieurs du conseil, nanti du
fatal papier, Miron se rend le 25 mars à Saint-Germain-
en-Laye, où le roi, « l'ayant tiré à part, lui enjoint d'éplucher l'affaire jusques au bout et de partir soudain » : ce
qu'il fait le lendemain, emportant sur une feuille légère,
avec l'honneur et la vie des ministres de Saubole, la fortune de leur chef.

(1) Commission de Miron, 12 mars 1601 (*B. N.*, fr. 5498).

XIX

EN PLEIN DRAME

Ce fut le 5 avril que Miron (1) arriva à Metz où l'attendait Saubole, informé par son frère des décisions du conseil. Le gouverneur convia le magistrat à dîner et lui exposa les faits. Il plaida pour Praillon, Joly et Le Goullon disant « qu'il trouvait l'accusation du sieur de Logne à leur égard *très douteuse et peu forte pour en venir à l'arrêt et détention de leur personne* ; qu'il y en avait deux (Joly et Le Goullon) qui étaient de la religion (2), l'autre (Praillon) d'une race et d'ancêtres qui avaient acquis et accru en gloire et nom leur élévation, en servant affectionnément la couronne de nos rois ; que Joly avait été, pendant les guerres, plusieurs fois en Allemagne emprunter argent pour l'entretien de la garnison, dont il avait toujours apporté quelque fruit qui avait entièrement pourvu à la manutention de la place ; que Praillon avait longtemps été maître-échevin et, pendant l'exercice de cette charge, s'était mis au hasard d'être malmené du peuple à cause des emprunts qu'il lui faisait faire pour la subsistance des soldats. Il se pouvait fort bien que Monet,

(1) Robert Miron était le frère cadet du fameux François Miron, lieutenant civil et, plus tard, prévôt des marchands de Paris. Robert, âgé de 32 ans, était conseiller au Parlement et président aux requêtes du Palais.

(2) Huguenots, donc anti-Espagnols.

à dessein de leur donner mauvais bruit et rompre la bonne intelligence qui avait conservé et garanti la place, même empêché que du passé ne s'était pu trouver moyen d'y entreprendre, *eût sciemment montré au sieur de Logne leur signature apposée à un contrat quelconque, en lui faisant croire que c'était un pacte conclu avec l'archiduc pour lui livrer Metz.* Si le roi s'était montré moins pressant, on aurait tenté d'attraper Monet et Bonnet, afin de tirer d'eux la vérité ; mais la venue du président Miron, quelque couleur qu'on lui donnât, mettait tant de gens en soupçon que la chose devenait impossible, bien que Saubole gardât personnes aux champs à cet effet, comme aussi pour attirer à Metz l'écuyer du comte de Mansfeld, initié aux secrets de son maître ». Le gouverneur souhaitait donc « *qu'on demandât à Sa Majesté de trouver bon que la capture des habitants ne fût tant précipitée* ». Miron, en attendant, pourrait interroger Pircel, sans s'adjoindre encore Batilly, à qui on avait caché le mémoire « parce qu'il avait toujours paru fort intime ami du sieur Joly et professait la même religion » : ce que toutefois notre héros laissait à la discrétion de son hôte. Le capitaine Saubole, présent à l'entretien, l'écouta en silence ; mais quand Miron se retira, il le suivit, et parlant de l'affaire à sa mode, déclara tout délai aussi offensant pour le roi que dangereux pour la ville. Néanmoins, d'accord avec le gouverneur, Miron demanda un sursis ; puis il communiqua le mémoire à Batilly, seul magistrat qui pût l'aider dans son enquête : car y employer les membres de la justice messine « eût été faire connaître mal à propos le vrai motif de son voyage, qu'il continuait à dissimuler et à déguiser de son mieux, selon l'ordre qu'il en avait reçu. »

Le début des deux présidents fut fâcheux. Interrogé par eux (10-11 avril), le sieur de Logne se rétracta : ce qui lui valut d'être remis à la grue. C'était l'usage ; nul ne voyait la monstrueuse absurdité d'un système qui,

arrachant par la douleur physique des aveux souvent
faux, contraignait par même moyen l'accusé à les maintenir. Ainsi Pircel, « ayant requis plume, encre et papier »,
s'en servit non-seulement pour confirmer son mémoire,
mais pour en écrire deux autres qui développaient les
accusations du premier (1). Peu après, La Joie, feignant (par ordre) de vouloir servir le prisonnier, s'offrit
à faire tenir des lettres et à exécuter tout ce qu'il voudrait:
sur quoi ce dernier « se tira du sang avec une épingle,
et de ce sang écrivit à sa nièce », la priant d'avertir Mansfeld de sa situation. Il n'y gagna que de s'expliquer
par-devant ses juges sur cette correspondance et sur ses
deux derniers mémoires.

Pendant ce temps, une autre scène se jouait à Thionville où Monet, toujours flanqué de Journée, venait d'arriver pour payer la garnison. L'enlèvement du sieur de
Logne lui était connu, mais il croyait Pircel prisonnier
des Hollandais, ses ravisseurs ayant eu soin d'opérer
sous la conduite d'un huguenot messin au service de la
Hollande, le capitaine Daniel de Hauteville. Sous ce
voile, Daniel, à l'instigation de Saubole, invita Monet
à venir négocier la rançon du captif et à recueillir, en
outre, un avis d'importance. La Ronchère, porteur du
message, expliqua que le capitaine Daniel, mal content
de ses chefs, se proposait « de déceler trois entreprises
projetées par eux sur des villes espagnoles ». Monet ne
pouvait voir l'abîme ouvert à ses pieds : une prudence

(1) L'un commençait par : l'Archiduc, et finissait par : les sergents
de la citadelle. L'autre débutait par : M. de Saubole. C'est tout ce
qu'on en sait, car aucune des pièces du procès, sauf l'arrêt final, ne
subsiste : et l'on ne peut se référer sérieusement aux romans-pamphlets
publiés, après la chute des Saubole, par les accusés ou leurs familles,
sous les titres de : Discours de Bartholomée Francesquin, dit Journée,
et Déclaration de Claude Pircel, sieur de Logne, 1606 (*B. M*). Récit
du sujet pour lequel le Roi fit un voyage à Metz. P. Joly, 1605 (*B. N.*,
n. acq. fr. 22666, fᵒ 10). Faits et articles baillés par Jean de Keurs (*Id.*
22.720, fᵒ 33.)

instinctive le retint néanmoins d'y tomber. — « Je n'ai
pas le temps » dit-il ; et La Ronchère, déçu, se rabattit
sur Journée. L'écuyer hésitait. — « Ferai-je bien d'aller à
Metz ? » demanda-t-il à Monet. — « Il me semble que oui,
répondit celui-ci, puisque c'est pour un si bon sujet ; mais
une fois là-bas, ne vous élargissez pas de paroles ; écoutez
seulement ce qu'on vous voudra dire. »

Journée partit, escorté de La Ronchère et d'un soldat.
Il passa par Logne où la nièce de Pircel, éplorée « vint
l'embrasser, le suppliant de délivrer son oncle ». La Ronchère ne quitta sa victime que près de Metz, où il avait
envoyé avis ; il espérait attirer Monet à Logne : qu'on
s'abstînt jusque-là d'arrêter Journée. L'écuyer fut
donc reçu comme de coutume. Il circula en ville, vit
son ami Bastien, s'entretint avec le capitaine Daniel des
prétendues entreprises et de la rançon du sieur de Logne.
Saubole l'amusa d'une dépêche soi-disant destinée à
Mansfeld, et Journée se rendit à la citadelle pour la
prendre. On le fit longuement attendre, sous prétexte
d'un grave accident arrivé à Madame de Vervins, belle-
sœur du gouverneur, en réalité pour savoir à quoi
s'en tenir sur Monet. Vers le soir, nouveau message de
La Ronchère ; Monet se dérobe à toute tentative ; rien
n'empêche plus l'arrestation. Il est dix heures. L'écuyer
vient de souper avec les gentilshommes qui lui ont tenu
compagnie, lorsqu'il voit entrer Saubole, suivi de son
frère et de plusieurs capitaines. — « Bonsoir, Monsieur
Journée, dit-il ; *vous savez que dès longtemps, avec Monet
et Bonnet, avez désiré de prendre cette place ; vous l'avez
maintenant prise,* » et il sort sans écouter les protestations de l'écuyer à qui le capitaine Saubole dit à son
tour : « Po cap de diou ! vous n'avez à faire de vous
fier ni au roi d'Espagne, ni à l'archiduc, ni au comte de
Mansfeld ; vous êtes en main-forte et vous direz la vérité ! »
Ainsi s'effectua, le vendredi saint 20 avril, la capture
de Barthélemy Francesquin, qui, coïncidant avec une

démarche inconsidérée de Joly, entraîna celle des accusés messins.

A Paris comme à Metz, le voyage de Miron faisait jaser. Du Gué, alors en cour, écrivit à Joly « que le sieur Miron était à Metz, non pour le fait de la conférence qu'il disait, mais pour le respect d'un autre sujet dont on se doutait et qui tôt se pourrait connaître ». Intrigué, le procureur du roi porta la lettre à Miron, imprudence qui le perdit, lui et ses compagnons : car Miron, les voyant près d'éventer la mèche, crut tout perdu s'il ne les arrêtait sur-le-champ. Il eut néanmoins peine à y décider Saubole qui, incapable de soutenir ce spectacle, s'enferma dans sa chambre pour ne le point voir.

Au jour dit (samedi 21, veille de Pâques) La Ronchère, mandé à la citadelle, y fut, sur l'ordre de Miron, incarcéré « et baillé en garde au fourrier Gamaliel le Jude ». En même temps, dans la grand'salle de la maison du gouverneur, entraient, convoqués par exprès, Joly, Praillon, Le Goullon, Le Bachelé, Sartorius (1), Humbert le Bonhomme, Wiriat Copperel, de Keurs, le capitaine Bastien, les soldats Desforges et La Roche (2), l'hôtelier Deuch (3) et le cordonnier Peltre. La place du gouverneur était vide ; seuls Miron, Batilly, le jeune Saubole et les capitaines se tenaient là. Alors le premier, s'adressant aux arrivants, leur dit « que le roi, ayant su y avoir entreprise projetée dès longtemps sur la ville de Metz et autres places frontières de son royaume, l'avait à cette occasion député pour en informer ; qu'il avait ordre,

(1) Jean Le Bachelé, receveur de la ville, Charles Sartorius, secrétaire interprète, et Humbert le Bonhomme, étaient accusés (sans doute par les mémoires II et III de Pircel), d'avoir signé, avec Joly, Praillon et Le Goullon, le fameux pacte.

(2) Desforges était accusé (mêmes sources) d'avoir tué le fils de Nicolas de la Fosse, maître-échevin de Toul. On ignore par quel lien cette affaire se rattache à l'entreprise sur Metz. Même ignorance sur les faits allégués contre l'ex-chevau-léger Pierre de la Roche.

(3) Henri Deuch tenait l'hôtellerie de l'Epée (mémoire I).

pendant cette information, d'arrêter ceux qu'il regrettait s'être rencontrés en cette mauvaise affaire, pour l'opinion que Sa Majesté et ceux de son Conseil avaient toujours eue de leur fidélité témoignée par beaucoup de bons services ; et qu'ils ne devaient trouver étrange cet arrêt de leurs personnes, puisque c'était uniquement pour s'éclaircir de la vérité. Sur quoi, ayant fait lire à haute voix ses lettres de commission, il déclara les interpellés prisonniers de par le roi ». Puis, se tournant vers le capitaine Saubole, il lui enjoignit « au nom de Sa Majesté, en l'absence du gouverneur, de faire mettre les inculpés en prison fermée, avec garde, en sorte qu'ils ne pussent communiquer ni conférer ensemble, après avoir été ouïs et interrogés sur les faits et mémoires à leur charge ».

Pétrifiés du coup, les notables, pourtant, se ressaisirent. Dans une réponse où vibrait la fierté messine, Joly, Praillon et Le Goullon répliquèrent à Miron « qu'ils obéissaient volontairement à l'ordre du roi ; mais que, nonobstant ce qu'il venait de dire de la bonne opinion que Sa Majesté et ses ministres avaient de leur fidélité prouvée par tant de signalés services, rendus à l'imitation de leurs pères, si ne pouvaient-ils qu'être étrangement étonnés et grandement contristés de telle procédure, vu et considéré même (1) les œuvres de superrogation (2) pour Sa Majesté qu'ils avaient faites au hasard de leurs vies; que de tout ce qu'on leur voudrait imposer ils répondraient, et rendraient bon et loyal compte de tous leurs déportements, *quoiqu'ils eussent bien désiré, pour ce faire, avoir la liberté d'aller trouver Sa Majesté et en sa propre présence paraître, et en sa cour et suite être éclaircis de tout ce dont on pourrait avoir soupçon d'eux »*. Surpris de ce ton, inconnu en France, Miron assura ce-

---

(1) Surtout.

(2) Surérogation : ce qu'on fait au-delà de ce qu'on doit.

pendant les orateurs qu'il transmettrait au roi leurs
vœux, « qu'il ne leur serait méfait ni médit en leurs personnes ni en leurs biens contre raison, et qu'ils seraient
traités avec toute la douceur possible ». — Sur ce, s'avan-
cèrent plusieurs gentilshommes et soldats « illec mandés »
pour les conduire aux chambres à eux assignées, et les y
garder et assister de leur mieux. Joly s'en alla ainsi avec
le sieur de la Salle ; Praillon avec le sieur de la Mothe ;
Le Goullon avec le sieur d'Orbessan cadet (1) et le soldat
André ; le Bonhomme avec le sieur de Bartillias, frère de
la Salle, et Jean de Lucquy ; Wiriat Copperel avec les
sieurs de Mazac et d'Orbessan l'aîné ; Sartorius avec le
fils du capitaine Bousin ; Crépinet avec le caporal l'Ortie ;
Deuch avec Didier Morlitte ; de Keurs avec le caporal
Etienne ; Desforges avec le sergent l'Orme ; le capitaine
Bastien avec Georges Simon et Richard Poncatin. La
Roche fut envoyé aux Hottes, prisons ordinaires de la citadelle ; et Jean le Gascon, « homme de chambre » du
capitaine Saubole, fut établi geôlier en chef par Miron,
« après avoir prêté serment de bien et dûment exercer
cette charge, avec défense expresse de laisser voir les
prisonniers à qui que ce fût ». Cependant Joly, Praillon
et le Bonhomme « ayant demandé d'avoir un de leurs
domestiques pour les servir », obtinrent cette faveur à
condition que ces serviteurs partageraient la captivité
de leurs maîtres. Restait à rendre l'événement public.
Les familles l'apprirent par la pose de scellés à leur do-
micile. Miron lui-même l'annonça aux trois Ordres et
en informa par dépêche le roi et le chancelier.

L'instruction du procès commença tout de suite. Le
25 avril au matin, les deux présidents, assistés de six
membres de la justice messine, se rendirent chez Joly,
Praillon, Le Goullon, Sartorius, le Bachelé, où les attendaient le gouverneur, quelques capitaines et plusieurs

(1) Les frères d'Orbessan étaient parents des Sauboles.

parents des prisonniers. En cette compagnie, Miron « visita études. chambres, arches et cabinets ; et n'y ayant trouvé aucun papier concernant le fait de leur détention, il leva le scellé ; *et à la prière et requête du sieur de Saubole, il ne fit procéder à aucune saisie, inventaire ou description des biens, ains remit les clefs es mains des femmes et parents d'iceux prisonniers.* ». De là, il envoya Batilly avec son greffier et « aucuns de ladite justice au logis du Bonhomme » pour y perquisitionner de même ; « et le semblable commit à la seule direction desdits de la justice (1) à faire en la maison de Wiriat Copperel ». Le résultat, partout négatif, borna tout espoir de lumière à l'audition des accusés.

La Pointe avait déposé. A son tour La Ronchère comparut « comme prisonnier coupable ». Il déclara « qu'il avait toujours averti La Pointe de ce qui se passait afin qu'il le mît en écrit si d'aventure on en avait affaire ; qu'il avait bien eu espérance de faire prendre Monet et Bonnet ; qu'il eût préféré, dans l'intérêt du service de Sa Majesté, rester à Thionville pour y surveiller l'ennemi ; que néanmoins, sur la réquisition du président Miron, il s'était aussitôt rendu à Metz, où il ferait les dépositions et subirait les confrontations nécessaires, encore que cela lui pût grandement porter dommage, ayant déjà, pour le service du roi, abandonné son bien et la rançon de deux Anglais (2) pris sur la rivière de Moselle, allant en Allemagne : à quoi l'avait incité l'amitié et le service qu'il avait voué aux sieurs de Saubole, auxquels La Pointe, son ancien compagnon de guerre, l'avait fait connaître.

---

(1) Batilly, par équité, s'abstint d'opérer chez ses adversaires.

(2) Une lettre de Mansfeld à l'archiduc (mars 1601) nous apprend que l'un deux était « un ambassadeur de la Royne d'Angleterre dépesché vers celuy de Perse qu'est le plus près de l'Empereur, avec charge d'aller à Venise et près du grand-duc de Toscane ». L'archiduc inclinant à le relâcher, Mansfeld objecte « qu'ainsi La Ronchierre perdra la rançon et sera découragé de faire de bons services ». (Bruxelles, 1445. Orig.).

Après quoi il déposa par serment ce que porte son interrogatoire de ce jour (26 avril) ». A l'appui de ses dires, La Ronchère fournit des preuves. Il se les procura par un moyen digne de lui : sa femme étant venue le voir, il lui confia « *que son oncle s'était fait prendre avec dessein de le perdre* ; qu'à cette fin, il l'avait accusé et chargé, en sorte qu'il ne voyait comment se sauver si elle ne lui apportait tous les papiers et lettres qu'elle trouverait chez son dit oncle, tant à Thionville qu'à Logne ». Du mari, rien n'étonne ; mais ce qui confond, c'est l'empressement de la femme à lui obéir. Eh quoi ! cette proche parente de Pircel, qui, jadis, endura la torture pour sa cause, cette nièce si dévouée à son oncle qu'elle passe pour avoir été sa maîtresse et pour avoir eu des enfants de lui, cette femme qui, hier encore, suppliait Journée en faveur du captif, admet sans broncher qu'il ait voulu perdre son mari et s'unit à ce dernier pour le trahir ! Quels sont donc les rapports de ces trois êtres et quel secret y a-t-il entre eux ? L'histoire a de ces énigmes, aussi attachantes que celles du roman ; mais la solution en est moins aisée et le mot de celle-ci reste à trouver. Madame La Ronchère n'eut pas de peine à contenter son époux ; elle revint bientôt apportant une lettre du marquis d'Havré au sieur de Logne (22 mai 1592) ; un papier écrit de tous côtés, commençant par Monseigneur (22 novembre 1594) ; une autre lettre du marquis d'Havré (4 décembre 1594) ; sept lettres de Bonnet (1er février sans année ; 14 février et 26 juin 1600 ; 4 et 18 janvier 1601 ; 3 et 14 février 1601); trois de Monet (l'une sans date, les autres des 4 décembre 1600 et 13 janvier 1601) ; une dernière signée de Bernardin (20 janvier 1601). Cette correspondance traitait de l'entreprise sur Metz ; car Miron, l'ayant lue et représentée à Pircel, le pria « d'y penser mûrement et de noter par écrit tout ce qu'il s'en pourrait encore remémorer ».

Vint le tour des accusés messins. On interrogea les

plus compromis. De Keurs, ne voulant répondre, subit
par ordonnance de Miron la question de la grue. C'est
d'ailleurs *le seul Messin « tourmenté », le seul aussi qui,
avec Wiriat Copperel, ait quelque chose à se reprocher* (1).

Leur faute demeure inconnue ; on ne peut se fier aux
récits des accusés, et leurs interrogatoires, uniques témoignages dignes de foi, n'existent plus ; tout ce qu'on
sait, c'est qu'aux premiers effets de la gêne, de Keurs
changea de résolution et que, représenté au président
Miron, il fit des aveux. Joly, lui, le prit de haut, « requé-
rant Miron de lui octroyer acte de ce qu'il répondait
devant lui comme commissaire député par le roi, et non
comme officier du Parlement de Paris, lequel n'avait
aucune juridiction sur la ville de Metz, mise en la protection de Sa Majesté aux conditions des privilèges dont
elle avait toujours joui ». On ne tira rien de Journée
qui, en bon serviteur, fit la bête. Une entreprise ? jamais
il n'en ouït parler ; quelquefois, durant les guerres, il est
venu à Metz avec Monet ; ils ont logé à l'Épée et à la Tête
d'or (2) ; Monet est allé à la citadelle voir le gouverneur
ou son frère, puis chez M. Joly pour les affaires de Madame
de Buy (3) ; le capitaine Bastien leur a servi d'escorte
officielle et n'a reçu d'eux sou ni maille. Bastien, de son
côté, « renonce à Dieu et prend le diable pour père, s'il a
reçu argent d'autre que de la solde du roi ». Il se rétracte
toutefois après une séance de grue : et tous deux confrontés soutiennent, l'écuyer, qu'il n'a donné quoi que
ce soit au soldat, le soldat, qu'il a reçu de l'écuyer vingt
écus à plusieurs reprises.

Ceci se passe le 28 avril au soir ; et le lendemain, une
terrible nouvelle se répand. Le capitaine Bastien « a été
trouvé dans la chambre où il était gardé, la gorge coupée,

____

(1) V. l'arrêt final.
(2) Hôtellerie fameuse, dont une rue de Metz porte encore le nom.
(3) Veuve de Gaspard de Heu.

et près de lui le couteau chu et tout sanglant dont il s'était servi à son repas ». Miron, averti, court à la citadelle, où arrivent bientôt Batilly et quelques magistrats messins. Le cadavre gît dans la pièce où a eu lieu la confrontation. Aux questions du commissaire royal, les gardes de Bastien répondent qu'après lui avoir porté son souper comme d'habitude, ils ont desservi la table et que « pendant qu'ils passaient d'une chambre à l'autre pour y rapporter la nappe et vaisselle, il s'est occis d'un couteau que subtilement et sans qu'ils s'en fussent aperçus, il avait retenu et caché sur lui. » Miron dresse procès-verbal, signé de ses assesseurs, et fait porter le corps dans la prison de la ville : car le pauvre Bastien n'en a pas fini avec dame Justice ; dans un cas comme le sien — lèse-Majesté et suicide — l'action judiciaire s'exerce sur le cadavre. Le procès du feu capitaine est ainsi « fait et parfait » par Miron, toujours assisté de Batilly et des membres de la justice messine. L'enquête ayant établi que le défunt s'est tué, on le condamne à être « traîné sur la claie, pendu par les pieds à une potence dressée sur le grand chemin de Thionville, et sa tête exposée sur une pique au-dessus de la porte du Pontiffroy. « La sentence, prononcée le 2 mai, est exécutée aussitôt ; et pendant que Miron en informe le roi, le capitaine Saubole écrit au chancelier :

Monseigneur,

Vous aurez sceu, par la voye de la poste, comme mon frère donna arrest, à la veuille (1) de Pasques, à six de ceste ville. Ce qu'il a tant mis (2), sa esté pour avoir Journau, le nom duquel avez veu sur le papier (3), lequel fut confronté avant hier devant le cappitaine Bastian ; et

(1) La veille.
(2) S'il a tant tardé.
(3) Le premier mémoire de Pircel

a maintenu ledit Bastian à Journau qu'il luy avoit donné de l'argent plusieurs fois. Le conte Mansfeld faisoit donner quatre-vingts escus audit Bastian par an, il y a plus de six ans. Hier, comme il fut soupper, il prit un couteau et se couppa la gorge. C'est un malheur, car il savoit le tout. C'est chose asseurée comme j'estois à Paris auprès de vous ce mardy gras, que le conte Hermant (1), cousin du conte Mansfeld, venoit pour l'exécution d'icy avec 2.500 chevaulx et 2500 hommes de pied. Il disoit devoir le faire par tout le mois de may, où nous sommes. Leurs trouppes montèrent au carnaval jusques à Luxembourg. L'homme qui avoit escript le mémoire qu'avez veu m'a dit, présent les présidents, que les ecclésiastiques se devoient tenir aux églises, les catholiques à leurs maisons : jugez si ceux de la religion eussent fait ce que d'aucuns qui sont arrestés eussent dit, et si la garnison eut peu faire le besoing. Mon frère sçaura bientôt le tout, car Journau le sait aussi bien que Monet ; ledit Bastian l'a dit , et que Coupperez (2) père et fils sont de l'entreprise. Journau dira autant que celuy qui escrivit le mémoire. Il y a beaucoup dadvantage : l'on prépare des amonitions (3) pour les trouppes qui descendent de Savoye sur le chemin de Malatour (4) et passeront bientost. On fait nombre de 8.000 hommes ; je n'en suis pas certain pour le nombre. La compagnie du conte Mansfeld se boutte aux champs ; elle n'a pas de coutume d'aller à l'armée : il y a aultre occasion. Donnez advis au Roy de tout cecy et qu'il y pourvoye. Depuis le pacquet qu'envoya Monsieur Myron, l'on a sceu du mesme premier homme, que Monet estoit party pour aller à Bruxelles et debvoit faire venir le conte Herman avec les trouppes susdites au carnaval. Un

(1) Hermann de Berg.
(2) Copperel.
(3) Munitions.
(4) Mars-la-Tour.

homme (1) qui est venu avec les troupes l'a dit. Il est
vray (2), sur mon honneur. Si le Roy s'esloigne, les compagnies de Thou (3) et de Verdun ne sont pas suffisantes :
il en faut dadvantage. Que Sa Majesté et vous y pour-
voyiez, et plustost demain qu'après.

Je demeureray à jamais, Monseigneur,

Vostre très humble et très affectionné serviteur

SAUBOLE (4)

Le dernier apvril 1601 (5).

Si la sincérité du capitaine inspirait le moindre doute,
cette lettre suffirait à le dissiper. Quelle fièvre dans ces
phrases brèves, hachées, haletantes comme celles d'un
messager d'alarme ! L'ennemi est là, prêt à fondre sur
Metz ; les troupes marchent ; du renfort, ou tout est
perdu ! *C'est vrai, sur mon honneur ! c'est chose assurée
comme j'étais à Paris auprès de vous ce mardi gras* !

Dix ans d'alertes justifient ces craintes. Mais les trames
espagnoles sont restées secrètes : jamais les Messins
n'en ont su un mot ; ils ne comprennent rien à ce qui se
passe, et l'entreprise leur semble un conte. Si le peuple
ne bouge pas encore, les parents des accusés s'agitent ;
irrités, anxieux, ils rôdent autour de la citadelle ; pourquoi leur est-elle fermée ? à quoi tend cette procédure
secrète ? à perdre plus sûrement les prisonniers, c'est
clair ; il n'est que temps d'intervenir et de les tirer de là
à tout prix.

(1) La Ronchère ?
(2) C'est vrai.
(3) Toul.
(4) Le capitaine signe toujours Saubole, et son frère toujours R. de
Commenge.
(5) *B. N.*, fr. 15899, fᵒ 502. Orig.

XX

LES TRIBULATIONS DU PRÉSIDENT MIRON

Par une rencontre opportune, les familles des prévenus intervinrent le matin du jour où mourut Bastien. Ce dimanche 29 avril, elles présentèrent requête « à fin que les captifs fussent élargis en baillant caution, ou qu'on les conduisît près du roi ». — « Adressez-vous à Sa Majesté, dit Miron ; elle m'a commis l'affaire ; je ne puis m'en dessaisir sans son ordre ». — Aigris par cette réponse, les plaignants « furent vus en bien autre âpre et violente émotion lorsqu'ils apprirent la mort du capitaine Bastien ». On eut beau leur répéter « qu'il s'était homicidé par désespoir », nul n'en crut rien. Non, Bastien n'était pas mort de sa propre main ! ne pouvant le faire parler à leur guise, Messieurs de la citadelle l'avaient assassiné ! bientôt viendrait le tour des autres ! Affolés, nos gens coururent chez les autorités de la ville, les suppliant d'assembler « l'État » pour sauver leurs concitoyens. « Le duc d'Épernon, dirent-ils, nous épaulera en cour : il l'a promis ». Le duc, en effet, offrait son aide et ouvrait son hôtel de Paris à une campagne organisée sous le couvert du sieur Vallier, son secrétaire. — « Je suis extresmement marry (de cette affaire), mandait à Saubole un de ses amis, *craignant fort que cela ne cause... un grand advantage contre vous à ceux que sçavez qui travaillent il y a longtemps à vous sortir dehors la place où commandez.* »

Ceci détermina le gouverneur à permettre la réunion des trois Ordres qui s'assemblèrent le jour même (1er mai) en la maison du président. La séance débuta par une harangue du sieur François, avocat-syndic de la cité, concluant « à ce qu'elle dépêchât des représentants en cour, pour y poursuivre l'élargissement des détenus ». Saubole gardant le silence, Miron demanda à l'orateur « pour qui et à qui il parlait » ? — « Je parle, répondit François, à l'État, au nom des prisonniers. » — Là-dessus, tous sortirent pour une brève délibération à l'issue de laquelle l'abbé de Saint-Arnould, s'adressant à Saubole et à Miron, sollicita au nom de l'État, « permission d'envoyer vers le roi faire remontrance pour l'innocence de ses concitoyens ». Alors Miron, se levant, leur déclara « à tous qu'il jugeait qu'ils se précipitaient un peu ; que, puisque le roi l'avait envoyé pour procéder, avec les formes requises, aux interrogatoires des accusés, l'État devait avoir patience, n'étant point responsable du fait pour lequel les prisonniers étaient arrêtés ; quant à lui, Miron, il louait les trois Ordres du témoignage d'amitié rendu à leurs combourgeois ; mais ils devaient se fier à la justice de Sa Majesté, qui ne désirait rien tant que de trouver les captifs innocents ; toutefois l'État était libre d'agir à son gré ; Miron estimait seulement être de son devoir de dire et remontrer ces choses ». On n'en tint nul compte et les députés furent nommés le lendemain. L'archidiacre Lescamoussière pour le clergé, le sieur d'Aubigny (1) pour la noblesse, l'avocat Goffin et le jeune Busselot, beau-frère de Joly, pour le tiers-état, partirent le 4 mai pour Paris, où les avait précédés le sieur de Brusol. De ce personnage, qui va se démener comme quatre, on ne sait presque rien, sinon qu'il avait épousé la veuve de Schomberg, que tous deux détestaient Sau-

____

(1) Roucel de Vernéville, sieur d'Aubigny, gentilhomme du pays messin.

bole (1), et que leur maison groupait tous les mécontents et abritait toutes les intrigues.

Tandis qu'on s'y concertait, Miron, poursuivant sa besogne, étudiait un quatrième mémoire fourni par le sieur de Logne, et condamnait Journée à la grue. L'écuyer avoua l'argent donné à Bastien et maintes autres choses concernant les desseins espagnols sur Metz. Mais une pluie de lettres tombant de la cour interrompit le labeur du magistrat. Le gouverneur et lui reçurent leur paquet : l'un lut dans le sien que les envoyés messins l'accusaient d'avoir inventé l'entreprise et fait mourir Bastien pour perdre les captifs et s'emparer de leurs biens ; l'autre apprit qu'on le traitait de mauvais juge, complice des Sauboles par faiblesse, sottise ou ambition. Ému de ces clameurs, le roi voulait dépêcher Viart à Metz : il en avisait son commissaire par une lettre dont on n'a pas le texte ; mais la réponse de Miron, adressée à Rosny subsiste ; elle nous importe à tant de titres qu'il faut la transcrire en entier :

Monseigneur,

Ne pouvans encore contenter Sa Majesté de l'entier esclaircissement du fait pour lequel je suis député en ceste ville, pour n'avoir eu le temps de faire faire les extraicts du procès qui seroient nécessaires, joinct que je ne puis, par une missive, dire ce qu'il me semble de ce faict, afin de ne point faire paroistre que j'aye l'esprit prévenu d'aucune opinion qui puisse tant soit peu faire préjudice à la vérité de l'innocence ou de l'accusation, je n'en escris point au Roy pour ce coup, ny à autre qu'à vous, auquel je parleray ouvertement avec vostre permission, ayans asseurance que ceste lettre ne sera veue

___

(1) Madame de Brusol réclamait âprement les 2.000 écus avancés par Schomberg pour prendre Marsal et que Saubole ne pouvait rembourser : mais une si vive inimitié devait avoir quelque autre cause.

qu'en lieu qui n'importera au service de Sa Majesté et
à mon particulier.

J'ay veu, Monseigneur, par les lettres que j'ay eues de
la Court, qu'on m'exhorte à bien faire, encore que je ne
pense pas qu'on ayt que bonne opinion de moy. Néanmoins je reconnois qu'on a eu les oreilles battues de
mesme discours que moy à l'entrée de cet affaire ; mais
je puis vous asseurer *que je m'y suis rendu plus retenu et
circonspect qu'en affaire que j'entrepris, et ce par l'advis
de M. de Saubole que je ne pouvois faire résoudre à l'exécution de ceste prise, tant il avoit peur de faillir ;* et mesme
quand il fallut prononcer aux prisonniers la détention
de leurs personnes, il ne s'y put trouver *tant il avoit de
regret de servir de consierge* (1) *à des personnes qu'il avoit
tant aymées et qui le possédoient entièrement.* Mais la prise
de l'escuyer du comte de Mansfeld et d'un soldat qui
l'assistoit, qui nous ont révélé d'estranges choses pour le
fait de l'entreprise et mesme (2) de ce qui touche le procureur du Roy Joly (3), fit que nous prismes résolution
de faire esclore mon pacquet et de mettre tout au vent.

Pour le regard des habitans, ils ont tous bon becq
jusqu'à présent ; mais avant que je les aye interrogé dix
ou douze fois chacun, comme j'ay fait les estrangers
envers lesquels on a usé de la question de la grue, je
m'asseure qu'ils en diront des nouvelles. Mais avant de
faire souffrir la question aux habitans, comme nos règles
le requièrent et les charges qui possible (4) par d'autres
seroient tenues pour preuves fort certaines, je désirerois
fort sçavoir si le Roy entend en exempter les habitans,
en vertu de leurs privilèges ; *car à ouïr parler le monde
de ce pays, on ne pense pas estre subject à aucune censure,*

(1) Geôlier.
(2) Notamment.
(3) Sans doute la correspondance de Joly avec Monet.
(4) Peut-être.

pour estre bourgeois de Metz. Voilà toute la deffense que j'ay veu proposer en plein Estat de ceste ville, où il fut résolu que je serois requis de trouver bon que l'Estat allast supplier le Roy que les prisonniers fussent conduits devant Sa Majesté, d'autant qu'ils ne pouvoient avoir fait faute que l'Estat ne l'eut faite aussy et qu'ils se vouloient joindre à eux pour les justifier. Pour aller au Roy, je leur en ay ouvert le chemin moy-mesme, comme vous avez peu voir au pied d'une requeste qui m'a esté présentée. *Mais je ne puis prester consentement aux contes qu'on a fait, qu'on faisoit dire et escrire tout ce qu'on vouloit,* car cela porte sur moy, et pour preuve de tels discours alléguer de vieilles histoires de ce qui s'est passé en ces quartiers, en autre saison plus brouillée. *Je pense que cela n'est pas recevable, au moins de la bouche de ceux qui en parlent et ne sçavent que c'est, ny de quoy il est question.* Je vous conjure, Monseigneur, de vous souvenir de tout ce qui vous a esté discouru pour ce fait, et me conserver une oreille pour m'ouïr au retour, afin que j'aye ma part de la punition que je mérite si je me suis mespris, ou que, si je n'ay rien fait contre le debvoir de ma charge, je sois exempt de blasme, à la confusion de ceux qui se sont trop hastez, auxquels je remarque plus de précipitation que de malice (1) ; mais j'attribue cela aux privilèges de Metz, où tout est en désordre, et ostez de leur Estat les sieurs Joly et Praillon, ils ne sçavent plus que dire. Je croy qu'on n'aura pas oublié de faire haut sonner la mort d'un soldat, lequel, après estre convaincu de conspiration et d'estre pensionnaire il y a six ans, par sa confession de mesme, s'est coupé la gorge d'un cousteau qu'en soupant il avoit caché. Il a esté jugé : Messieurs de la justice ont veu son procès ; j'en eusse envoyé le jugement au Roy, si j'eusse pensé que cela fust nécessaire. Cela a un peu troublé nostre procédure, car c'est le plus

_____

(1) Méchanceté.

vieil pensionnaire de la garnison et le compagnon ordinaire de l'escuyer du comte de Mansfeld. Je m'assure qu'il nous en eust bien appris d'autres s'il eust été mis à la question ordinaire et extraordinaire. J'envoieray un de ces jours quelque extraict du procez au Roy ; mais à présent je suis au fort de la besongne, à la répétition des interrogatoires et confrontations. En ces affaires icy, tout est extraordinaire et le style tout nouveau, car il le fault former sur la besongne que l'on a, s'il n'est trouvé bon qu'on m'en donne un autre.

J'apprends, par les lettres du Roy, qu'on doit envoyer quelqu'un pour ce (1) mesme affaire et mesme M. Viart, tant pour le subject de la conférence avec les estrangers (2) que pour cela. Je vous supplie, Monseigneur, faire bien considérer et concerter le voyage de mon dit sieur Viart. Si c'est pour la conférence, cela est inutile à présent, d'autant qu'on ne sçauroit y toucher de trois mois pour le moins, tant pour l'absence de Monsieur de Lorraine, qui s'en va aux bains et de là en France, comme il m'a mandé il n'y a que six jours, et qu'il ne pouvoit faire commencer ceste conférence si nous n'y travaillons dès à présent ; outre ce, ceux qui sont instruits et qui ont les papiers sont prisonniers, qui sont Joly, Praillon, Goullon ; et n'y a personne qui en soit instruit, mais tous les dits différens sont escrits et se doivent plaider de part et d'autre, comme je vous ay mandé. Voilà comme l'instruction ne dépend pas des personnes, mais des papiers qui seront représentez. Et si c'est pour le subject de nostre affaire qu'on désire qu'il y ait quelqu'un qui y travaille par-dessus moy ou qui m'esclaire, regardez le temps qu'il luy faudra pour s'instruire de cela et extraire tous les procez, comme il fault que celuy qui prend la parole sçache tous les coings des escritures pour animer un affaire de telle

(1) Affaire est souvent masculin au XVIᵉ siècle.
(2) La conférence de Verdun.

importance ; joinct que ledit sieur Viart, attendu la qualité qu'il a icy, ne s'y trouvera possible si propre. Il y a des gens d'Église, des plus vieux, qui ont veu l'entrée de nos conquestes en ces quartiers, lesquels par la suitte de cet affaire, pourroient bien y avoir part, comme vous le jugerez un de ces jours quand je vous auray envoyé ce que j'ay appris par la continuation des interrogatoires de nos estrangers. Ces bonnes gens-là, qui sont en grand nombre icy, espèrent fort de luy et ont grande habitude et familiarité ; puis, s'il advenoit quelque récusation, cela nous accroistreroit, joint que sa disposition à peyne pourroit-elle permettre qu'il se puisse ranger à ce fatigue, estre jour et nuit en des prisons, des tours, des cachots, au vent, à l'air, à la pluye, où on ne tient pas tousjours contenance et gravité de juge. Et pour monstrer que ce n'est pas que je craigne d'estre esclairé, j'ay toujours eu avec moy le sieur de Batilly qui fait la charge en l'absence dudit sieur Viart et m'a tousjours assisté, excepté à l'interrogatoire que j'ay envoyé au Roy (1), où j'escrivis moy-mesme sous le prisonnier ; mais depuis, il l'a recognu en présence dudit sieur de Batilly plus de vingt fois. *Mais afin qu'on n'ayt point d'opinion que je m'escoute trop, ou que quelque vaine gloire me porte à essayer de me passer d'assistance*, soit au-dessus ou au-dessous, *au contraire je reconnois que pour le jugement il en est besoing nécessairement* ; car je ne désire pas juger telles gens sur l'advis d'artisans, d'apotiquaires, notaires et autres dont la justice souveraine de ce pays est composée ; *et Dieu m'est à tesmoing si je cherche à acquérir quelque gloire de la misère d'autrui* ! Il me revient plus d'honneur des affaires que j'entreprends, Dieu mercy, que je n'en mérite ! J'estime la gloire semblable au crocodile, qui suit ceux

(1) Le premier interrogatoire de Pirot par Miron ; Batilly n'y assista pas, n'ayant pas eu communication du mémoire I. (V. ch. xix)

qui le fuient et fuit ceux qui le suivent. S'il plaist au Roy
et à Messieurs de son Conseil envoyer quelqu'un icy de
plus haute estoffe et de plus de capacité et d'expérience,
il est bruit que la conférence de Vervin (1) se va rompre.
M. de Caumartin se sera bientost rendu icy : il est d'aage
et de disposition propre à telles courvées ; il se sera en
peu de temps instruit de tout l'affaire quant j'auray
communiqué avec luy. Il me connoist (2) et scait ma portée, comme aussy je suis bon tesmoing de sa fidélité et
suffisance, si mon tesmoignage y estoit nécessaire. J'ay
eu l'honneur d'estre employé avec luy : je le tiendray
à grande gloire d'y continuer si Sa Majesté l'a agréable ;
aussy bien recoy-je parfois de ses nouvelles, et mesme
m'a chargé de m'instruire de quelques affaires en ces
quartiers pour respondre à quelques propositions qui luy
ont esté faictes à la conférence de Vervin, touchant le
voisinage de ces quartiers de deça.

J'oubliois aussy à vous mander *que, pour prévenir les
sots bruits que je prévoyois de l'exécution de ce commandement du Roy, et déférant à la prière de M. de Saubole,* qui
fut tousjours présent quand je fis lever le scelé ez maisons
de ces habitans, je ne fis recherche quelconque que des
papiers *et ne fis faire ny inventaire ny description de leurs
biens, afin qu'ils ne croient point que le Roy y ait songé et
aussy peu ceux que Sa Majesté emploie en ses affaires.*
Touteffois je vous supplie m'en faire donner une des-
charge ; *car à la vérité, c'est une faute ; car de tous prisonniers les biens doivent estre saisis et mis en inventaire et
baillés en garde.* Néanmoins, pour ceste considération
principallement, et autres raisons à desduire en présence,
je ne fis point recherche de leurs biens ny ne les fis mettre

<hr>

(1) Conférence tenue avec l'archiduc pour résoudre les questions
de limites. Le roi y avait envoyé François Pithou et Louis Lefèvre,
sieur de Caumartin.

(2) Il avait épousé Marie Miron, cousine germaine de notre président.

par inventaire. Si le Conseil agrée ce deffaut de procédure, il est besoing qu'on m'en envoye quelque mot, à ce qu'il ne m'en soit rien imputé à faulte.

Voylà, Monseigneur, un grand et importun discours, duquel je vous supplie me pardonner la superfluité ; mais j'ay creu que tout vous agréoit quand il part d'une volonté entière au service du Roy, qui est grandement intéressé par cet affaire qui se résout, en deux points, en une entreprise sur ceste ville et citadelle, conduite par des forces estrangères meslées de soldats pensionnaires d'icy, et par le traité des habitans pour l'entreprise vérifiée aussy clair que le jour ; les pensionnaires recognus par leur confession mesme, qui s'accorde avec ce qu'en dient les estrangers après et devant la gesne ; le traité des habitans soustenu entièrement par un tesmoing, fortifié par la vérité de serment et autres particularitez de son tesmoignage, infinis autres tesmoins de ports de lettres et de discours, allées et venues, conférences avec les estrangers desniées et bien vérifiées ; et outre ce, lettres des princes estrangers d'assez longtemps, qui font paroistre une continuelle suitte de recherche de se rendre maistre de ce lieu par toutes voyes, sans qu'on ayt oublié de rechercher ceux qui y commandent, et ce en autre saison, comme le Roy en a esté bien adverty. *Tout cela ayant manqué, on s'est adressé à ceux qu'on croyait tenir le gouvernal, comme de fait on ne se trompoit point : car Joly possédoit le sieur de Saubole et en disposoit trop au préjudice de sa réputation ; et néanmoins on ne sauroit faire croire audit sieur de Saubole que ces gens-là puissent mal faire.*

Pardonnez à tant de langage et me conservez en vos bonnes grâces. S'il vous plaisoit m'honorer d'un mot de vostre advis, vous m'obligeriez éternellement à demeurer, comme je suis, Monseigneur,

Vostre plus que très humble et très affectionné serviteur,

R. MYRON.

A Metz, ce jeudy à midy, 10e may 1601.

Je receus hyer les lettres du Roy seulement (1).

Cette lettre nous met au cœur des événements. Elle
est tout à l'honneur de Miron. Il incline à croire les accusés coupables ; il n'est pas le premier venu et il le sait ;
mais l'affaire est grave, épineuse ; lui-même, jeune encore,
peut se tromper ; magistrat consciencieux autant qu'honnête homme, il reconnaît la nécessité d'un auxiliaire de
rang, d'âge et de mérite supérieurs aux siens. Ce ne sera
toutefois ni Caumartin ni Viart. Caumartin, parent de
Miron, serait suspect aux Messins. Les huguenots récu-
seraient Viart, leur vieil ennemi. D'ailleurs, pour mener
à bien pareille tâche, il faut une des meilleures têtes du
royaume ; Henri IV choisit Jeannin, celui de ses ministres
qui, avec Rosny et Villeroy, a le plus de part à sa
confiance. « J'ay dépesché le sieur Jannyn, mande-t-il
à Miron, pour se transporter en la ville de Metz, voir et
apprendre du sieur de Sobolle et de vous ce qui s'est faict
en l'exécution de vostre commission et tout ce qui se
passe pour le regard des prisonniers,... dont je veux estre
particulièrement esclaircy et de tout ce qui interviendra.
Ledit sieur Jannyn, ayant sur ce entendu mon intention, vous communiquera le tout suivant la charge que
je luy ay donnée (2) ». Et à Bellièvre, au soir du même
jour : « Je vous envoie, dit le roi, la copie d'une lettre
que le jeune Saubolle a escripte à M. d'Espernon, laquelle
il (3) a baillée à Loménie (4) pour me l'apporter, m'ayant
trouvé party (5). Je vous prie de la bien considérer et en

(1) *B. N.* Dupuy, 53, fo 107. Orig. et fr. 18.899, fo 160. Copie défectueuse sous ce titre erroné : lettre de M. *Henrion* à Mgr de Rosny.
(Indication due à M. Gaston Zeller).

(2) Lettres missives, t. VIII (sous la date erronée de 1602, et l'attri-
bution non moins erronée à François Miron, frère du président).

(3) D'Epernon.

(4) Valet de chambre du roi.

(5) Pour Fontainebleau.

conférer avec les sieurs de Rosny, Sillery, Gesvres et
celuy que l'on doibt envoyer à Metz, pour adviser ensemblement si l'on doibt changer quelque chose en la résolution qu'avez prinse sur ce faict-là : car je ne remarque
en ceste lettre aultre chose sinon que l'on nous veult
donner l'alarme bien chaude (1). Si, après en avoir con-
féré ensemble, vous estes d'advis de mander M. d'Espernon pour en conférer avec luy pour sçavoir son advis,
vous le ferez ; mais souvenez-vous qu'il faut avoir prins
une bonne résolution avant que de luy en parler. Le
mien (2) est, après avoir leu ceste lettre, que ce faict-là
est bien embrouillé (3) ».

S'il l'est ! Miron en sait quelque chose ! ce ne sont que
ronces autour de lui. Le 11 mai, les femmes des détenus,
assistées du jeune Busselot revenu de Paris, présentent
une requête agressive : que les captifs soient transférés
dans les prisons de la ville et gardés, à leurs frais, par
gens de bien choisis à cet effet ; que leurs geôliers actuels
répondent de leur vie, et que Batilly cesse son ministère :
autrement les familles protesteront de nullité contre
toute la procédure. — « Cette requête, observe Miron,
n'est datée ni signée. D'où vient-elle ? — De Paris, répond
Busselot. — En ce cas, reprend le président, pourquoi
ne pas l'avoir présentée au roi et à son Conseil ? — Busselot se tait, et pour cause : la requête, dressée à Metz,
sort de l'hôtel Brusol. — Puisque vous n'apportez, poursuit Miron, aucun commandement de Sa Majesté à cet
égard, je ne puis que laisser les choses telles qu'elles sont. »
Comme Busselot et sa cohorte, irrités, s'éloignent, le
gouverneur, non moins échauffé, arrive. Il informe Miron
que, sous prétexte de délibérer sur les affaires des prisonniers, leurs partisans s'assemblent, de nuit, chez la

(1) Cette lettre devait être dans le goût de la précédente à Bellièvre.
(2) Mon avis.
(3) Lettres missives, id.

dame de Brusol, « laquelle s'efforce de s'acquérir toute
créance et confidence avec les plus factieux, pendant que
son mari épaule, en cour, les importunités de ceux qui y
sont. « Voilà comme on y parle de moi sur leurs dires ! »
ajoute-t-il en lisant·la requête laissée par Busselot et
consorts. Sagement, Miron conjure l'orage ; il « remet
Saubole au mieux qu'il peut », excuse les plaignants,
promet de leur « remontrer *que le gouverneur a dit et fait
autant et plus qu'eux-mêmes à la décharge et recommandation de leurs parents arrêtés* » ; quant aux requêtes et
assemblées *ad hoc*, elles seront interdites comme un
outrage à la justice royale, « laquelle n'est moins ouverte
pour l'innocence que pour l'accusation ».

L'arrivée de Jeannin, annoncée sur ces entrefaites,
détend la situation. Miron, en attendant son collègue,
questionne encore l'écuyer Journée, et accorde une audience particulière à Pierre Joly, qui l'a fait appeler
« pour entendre chose qu'il a à dire à lui seul » (19 mai.
Dans ce tête-à-tête, il déclare « que le capitaine Saubole
lui veut mal » depuis l'incident de l'alchimiste allemand,
qu'il raconte ; le sieur de Batilly travaille aussi à sa perte :
car « le capitaine Luzenac, grand confident des sieurs de
Saubole (1) ». a averti Joly, peu avant son arrestation,
« que le dit Batilly le vendait ». Ce dessous de cartes
n'est pas aisé à connaître. Jusqu'en 1601, Joly et Batilly
ont paru amis. Ils ont mêmes croyances, même profession, même culture, mêmes goûts. Huguenot de Troyes
réfugié à Metz en 1588, Denis Lebey, sieur de Batilly, est
lui aussi une lumière ; élève de Ramus et de Cujas, lié avec
tout ce qui compte dans le monde du savoir et de la pensée,
brillant humaniste, jurisconsulte éminent, orateur disert,
écrivain plein de verve, il forme avec Boissard et Petrus
Lepidus une trinité dont la ville est fière. Les fonctions

(1) Et peut-être aussi leur parent. Luzenac était une terre des
Comminges-Péguilhan.

de Joly et de Batilly resserrent leurs liens ; des parrainages rapprochent leurs familles ; Joly est parrain d'une fille de Batilly : Batilly, d'un neveu de Joly. Leurs carrières, orientéés dans le même sens, sont pareilles ; il n'est pas de domaine où l'activité de l'un ne double celle de l'autre. Joly recueille des inscriptions antiques : Batilly rassemble une collection similaire. Joly écrit la Raison des anciens : Batilly publie l'Origine des anciens Assassins (1). Joly interprète les Emblèmes de Boissard : Batilly compose des Emblèmes dont Boissard dessine les illustrations. Lebey achète la terre de Batilly : Joly acquiert celle de Bionville. Lebey obtient la charge de vice-président royal : Joly reçoit, le même jour, celle de procureur général du roi. Ne dirait-on pas deux champions disputant le prix d'une course ? Souvent, dans ce cas, l'émulation se tourne en rivalité, et la rivalité en haine. Est-ce là l'histoire de Joly et de Batilly ? Il se peut ; mais rien ne permet de l'affirmer. La seule chose certaine, c'est que chargé par le roi d'aider Miron, Batilly obéit, et que de ce fait, Joly s'estime trahi par son ex-ami. Le reste plonge dans une ombre où Miron lui-même ne voit goutte ; embarrassé de la confidence, il assure Joly, avec tact, « qu'il sera très aise de le voir se justifier de l'accusation qui lui est mise sus, et qu'il s'emploiera activement à la recherche de tout ce qu'il saura y pouvoir contribuer ».

Deux jours après, Jeannin est à Metz. Déchargé d'une responsabilité terrible, Miron passe la main à l'illustre homme d'État devant l'âge (2) et les talents duquel ses trente-deux ans peuvent abdiquer sans humiliation. Dès lors commence une phase de l'affaire où l'expérience du vieux magistrat, éclairant et guidant l'activité du jeune, fera luire dans les ténèbres de la procédure le rayon de vérité qu'attendent depuis longtemps tous les cœurs.

(1) Les Haschichins, sectateurs du Vieux de la Montagne.
(2) 61 ans.

XXI

RAYONS ET OMBRES

Arrivé le 21 mai au soir, le président Jeannin, ayant salué le gouverneur, prit gîte à l'hôtellerie de La Rochelle, où Miron, qui vint le voir après souper, lui exposa succinctement ses opérations. Le lendemain, Jeannin exhiba sa commission, portant « ordre et charge de voir les détenus, reconnaître la procédure, et du tout donner prompt avis au roi ou d'aller de sa personne lui en faire rapport ». Miron, Saubole et Batilly s'activèrent à faciliter la besogne. « Je me suis instruit, écrit peu après Jeannin à Bellièvre, le mieux et le plus particulièrement que j'ay pu, de l'estat de l'affaire pour laquelle il a plu à Sa Majesté m'envoier en ce lieu. Je l'ay fait par conférance avec Messieurs Sobole et Myron, et par la visite des procédures. Outre ce, nous avons encore ouï, ledit sieur Myron, le sieur Batilly et moy, les prisonniers et les avons confrontés les ungs aux autres, dont je ne vous peux rendre meilleur compte que par la copie de la lettre qu'en escris au Roy (1), qui contient ce qu'ay appris et recognu de la vérité de ceste affaire, et mon advis pour procéder au jugement, *que nous estimons debvoir estre mieux fait et ouvrir moins de subject aux accusés de s'en plaindre près la personne de Sa Majesté qu'en ce lieu...* J'estime que le Roy prendra plustost le conseil de les faire juger par

(1) Cette pièce s'est dérobée à toutes nos recherches.

deçà et qu'il ne faudra que pourvoir à y faire conduire les prisonniers en seureté. Vostre autorité et conseil pourra beaucoup pour luy faire choisir ce qui sera pour le mieux. Pour moy, j'obéiray très fidellement à ses commandements et aux vostres. *Monsieur de Sobole se conduit fort bien en ceste affaire*, et fera aussy tout ce qu'il plaira à Sa Majesté ordonner (1) ». « Vous apprendrez par le porteur, dit Saubole à son tour, en quel estat sont les affaires de ce lieu et en quelle disposition M. le président Jeannin les a trouvé, lequel n'a rien négligé de ce qu'il a jugé estre utile au bien du service de Sa Majesté, *et a trouvé fort à propos la procédure dont a usé M. le président Miron, lequel n'y a apporté que ce qui est de l'équité et de la raison, non plus que moy* (2) ». Et Miron : « Je n'eusse rien sceu désirer davantage que d'avoir M. le président Jeannin témoing de la syncérité de ma procédure, et loue Dieu de ce que cet affaire m'a procuré la connaissance et conversation ordinaire d'un si grand personnage, auquel je rendray l'assistance et respect à quoy sa qualité et son mérite m'oblige... Cette poursuite est en meilleur train. *Au moins est-il aisé à voir qu'il y a eu entreprise* ; du surplus, cela dépend de la dextérité des juges de recueillir, des convictions et présumptions qui en résultent, de quoy faire un jugement certain. De part ou d'autre, vous nous résoudrez, s'il vous plaist, Monseigneur, de la volonté du Roy pour le jugement (30 mai) (3). »

En attendant, notre trio de présidents s'occupa des affaires Copperel et Desforges, dont le détail, contenu dans les derniers écrits de Pircel, resté ignoré. On ne connaît qu'en gros les charges alléguées contre Wiriat : propos séditieux, voyages suspects à Vaudrevange avec

---

(1) *B. N.*, fr. 15899, f° 161. Orig.
(2) *Id.* 18.899, f° 501. Orig.
(3) *B. N.*, fr. 15899, f° 425. Orig.

François Le Labriet, son gendre, et transactions aux termes desquelles les troupes ennemies devaient s'embusquer sur ses terres. Un certain Georges Hamus, de Vaudrevange, vint témoigner au premier chef ; puis Jeannin, Saubole et Miron visitèrent Thury, la Grange-aux-Dames, où la cavalerie devait être cachée au jour de l'entreprise, et examinèrent les grilles du Pontiffroy et autres points faibles de la ville. En outre, par ordre du roi, on envoya Chartogne, lieutenant du prévôt des maréchaux, avec quelques archers à Verdun, où se trouvait le fils Copperel, pour l'arrêter et le ramener à Metz. La citadelle reçut ce nouvel hôte, au grand ennui de Saubole, qui eût voulu le voir ailleurs (1), et de Batilly qui refusa de l'interroger, « sachant qu'il l'avait suspect ». Miron, assumant la corvée, instruisit aussi l'affaire Desforges, à la requête de Nicolas de la Fosse, maître-échevin de Toul, dont Desforges avait soi-disant tué le fils. Pierre Olivier, de Vaucouleurs, le soldat Lazare la Ville, La Pointe, La Ronchère et Toussaint Fourreaux, meunier de Logne, figurèrent comme témoins de la cause. La campagne des deux commissaires royaux touchait à sa fin : elle s'acheva martialement par une montre de la garnison de Metz, à laquelle ils assistèrent aux côtés du gouverneur, qui les en avait priés.

Le 10 juin arriva la réponse du roi : elle était telle que chacun la souhaitait. Les prisonniers seraient jugés à Paris. Henri IV enverrait, pour les y mener, des archers de ses gardes, « voulant toutefois que les captifs étrangers fussent bien avant dedans la France avant qu'on connût sa résolution de les faire acheminer près de lui ». Après s'être consultés ensemble, Jeannin, Saubole et Miron décidèrent que les prisonniers quitteraient Metz par petits paquets. Pircel, La Ronchère et Journée par-

---

(1) Il le demanda : mais Jeannin et Miron déclarèrent que Jean Copperel devait partager le sort de tous les autres.

tiraient les premiers, le plus secrètement possible, sous
la conduite du capitaine Saubole assisté, jusqu'à Châlons,
du nombre de soldats qu'il jugerait nécessaire. Joly, Wiriat
Copperel, de Keurs, Deuch et Desforges formeraient un
second groupe, également conduit « sous bonne et sûre
garde », et, jusqu'à leur départ, demeureraient prisonniers comme devant. Quant à Praillon, Le Goullon, Le
Bachelé, Sartorius, le Bonhomme et Jean Copperel, ils pourraient rentrer chez eux, à condition « de se rendre à la suite
de Sa Majesté et de Mgr le chancelier » dans les limites du
25 juin (1). Les détenus, on le voit, sont rangés par ordre de
culpabilité présumée : d'abord les trois sujets ennemis (2) ;
ensuite les quatre plus compromis des bourgeois messins,
et le soldat Desforges, accusé de meurtre ; les six derniers,
moins chargés (3), bénéficient d'un traitement de faveur.

L'exode commença le 12. A quatre heures du matin,
le sieur de Logne et ses deux compagnons quittèrent
Metz, dans un coche clos escorté du cadet Saubole, à la
tête de 25 cavaliers. Dès huit heures, l'Etat convoqué
apprit du président Jeannin « l'intention et volonté du
roi touchant ses concitoyens prisonniers : ce que ledit
Etat, par la bouche du doyen de la cathédrale, témoigna
avoir grandement à gré. Et aussitôt, illec mandés »,
Praillon, Le Goullon, Sartorius, Le Bachelé, le Bonhomme
et Jean Copperel furent renvoyés chez eux, après avoir
promis de se représenter 'en temps et lieu prescrits.
Par contre, Joly et les quatre autres protestèrent. Petrus
Lepidus demanda « pourquoi il était d'autre condition
que ceux qui s'en allaient à Paris sur leur foi, et envoya

(1) Miron à Bellièvre. B. N., fr. 15899, f° 427. Orig.
(2) « Il y en a un (La Bouchère), dit Miron à Bellièvre, qui mérite
tout autre traitement que les autres... Aussi en ai-je dressé procès-
verbal que je n'ai point éventé jusqu'à présent, étant encore besoin le
tenir secret pour le bien du service du roi ».
(3) Ils n'étaient accusés que d'avoir signé le prétendu pacte montré
par Monet au sieur de Logne.

quérir dans sa chambre un discours par lui fait, contenant tous les points du procès sur lesquels il avait été interrogé et qu'il avait appris aux confrontations, ledit discours en forme d'épître adressée à l'État de Metz (1) ». Pour lui complaire, Saubole obtint qu'il ferait le voyage à part, dans son propre coche, accompagné de deux gentilshommes (2), tandis que Deuch, de Keurs, Desforges et Wiriat Copperel seraient conduits jusqu'à Verdun par le prévôt des maréchaux et ses archers, qui les remettraient là aux gens du roi. Les trois présidents eux-mêmes iraient en cette ville, Jeannin et son collègue pour s'entretenir de la future conférence avec le gouverneur d'Haussonville, Batilly comme assesseur de Miron qui l'emmenait à Paris, « pour, avec lui, rendre compte de ce qui s'était passé en toute la procédure ». Ce programme s'accomplit ; le 16 juin, tout le monde se retrouva à Verdun où, par un opportun hasard, aborda pareillement l'escorte attendue ; elle comprenait douze archers des gardes du roi commandés par l'enseigne Champagne, sous l'égide duquel le vieux Copperel et ses compagnons s'acheminèrent à Paris, Joly, par permission spéciale, s'y rendant « en la sorte qu'il était parti de Metz ».

L'odyssée générale s'effectua sans encombre. Le 25, nos gens furent distribués comme suit : les trois étrangers, à la Bastille ; Wiriat Copperel, Deuch, de Keurs et Desforges, au For-l'Evêque ; Joly, chez Le Cirier, huissier du Conseil ; Praillon et les autres, « dans la ville et faubourgs de Paris et à la suite du Conseil, avec défense d'en sortir et partir jusqu'à nouvel ordre » ; le capitaine Saubole, à la Croix-de-fer (3), où il attendrait la fin du procès dont Miron ferait rapport par-devant ledit Conseil.

(1) Texte inconnu.
(2) « Nous y consentîmes, dit Jeannin à Bellièvre, pour être bien certains que ledit sieur Joly ne faudra de se présenter, outre ce qu'il est en bonne et sûre garde. (*Id.*, 15.899, f° 163, orig.).
(3) Célèbre hôtellerie, sise rue Saint-Martin.

Le président ne chôma point ; sa procédure, si copieuse
à Metz, grossit encore à Paris où les parents des prévenus
remuaient ciel et terre en leur faveur. Le fils de Jean de
Keurs demanda à voir son père pour lui faire signer « des
faits et une requête (1) ». Louis Lallement, gendre de
Wiriat Copperel (2), en fit autant pour son beau-père ; « et
bien que le Conseil, vu l'inégalité des charges, eût soigneusement distingué entre les accusés, Joly, plus soup-
çonné que les autres, s'efforça de rendre leur plainte et
poursuites unanimes aux siennes, de fait » ; le 27 juin,
l'huissier Le Cirier, accompagné de Louis Lallement,
remit à Miron un mémoire écrit et signé par Jean Copperel,
divers papiers émanant de Joly, parmi lesquels « un discours signé à la fin dudit Joly, et à la marge du troisième
feuillet, de Praillon, Le Goullon et le Bonhomme » ; le
même jour, le geôlier du For-l'Evêque apporta « un mémoire au nom de Wiriat Copperel, signé de son fils, et un
autre mémoire non signé ». Le Conseil s'étant instruit
du tout, Bellièvre, après enquête personnelle, fit un rapport destiné au roi seul (3), qui, sur ce, renvoya le procès,
de son Conseil au Parlement de Paris (4 juillet).

Les accusés n'avaient plus grand'chose à dire. Néanmoins La Ronchère « cuisina » ses compagnons. On les
logea, à cette fin, dans une tour, l'oncle et le neveu en
une même chambre — tragique tête-à-tête, s'il en fut ! —
l'écuyer en une autre au-dessous, et l'autorité les laissa
communiquer sans obstacle. Le 12 juillet, La Ronchère
convoqua Miron à la Bastille. Journée, révéla-t-il, connaissait l'ingénieur qui devait venir préparer l'attaque ;
il se nommait don Stella, demeurait près Luxembourg,
et s'était, six mois durant, retiré à Metz chez le chanoine
de la Coppe. L'écuyer déclara aussi qu'un jour le colonel

____

(1) Sans doute les Faits et articles ci-dessus mentionnés.
(2) Wiriat Copperel, outre son fils Jean, avait quatre filles mariées.
(3) Lettre du roi au chancelier, 29 juin 1601. Lettres missives, t. VIII.

de Minières, surintendant des affaires du comte Mansfeld,
lui dit, parlant de la fréquentation que Monet et Bonnet
avaient à Metz : « Si ces secrétaires gouvernent tout, je
crains que les choses n'aillent pas si bien que l'on pense ».
Et poursuivant ces propos : « N'y a-t-il point moyen,
ajouta Journée, de faire un bon service à notre maître
en nous dédisant ? » A quoi La Ronchère répondant :
« Nous serions mal avisés de nous faire tourmenter
pour un maître qui n'a pas seulement écrit une lettre
pour nous ! » « Ne doutez point, répliqua Journée, qu'il
n'ai écrit (1), mais nous ne l'avons pas su. Si l'on ne me
tourmente point, je ne persisterai pas à ce que j'ai dit ;
mais si l'on me gêne, il faudra bien parler ; après, je m'en
dédirai. Si j'avais une lime, je me sauverais bien. » Le
sieur de Logne, que Miron vit ensuite, assura « qu'il n'avait
jamais fait que ce qui lui avait été commandé ; que le
comte de Mansfeld lui avait dit, en se levant du lit : « Il
faut que vous serviez à cette prise sur Metz ; vous en êtes
voisin » : ce qu'il promit faire de son pouvoir, en présence des secrétaires Monet et Bonnet : que Monet lui
montrant l'écrit signé des six habitants, il y lut assuré-
ment les noms de Joly, Praillon et Goullon, et comme il
lui sembla, ceux de Sartorius et du Bonhomme, mais que
du sixième, il ne s'en pouvait ressouvenir, lui disant
Monet que Joly, Praillon et Goullon étaient une même
chose ; au surplus, qu'il savait bien qu'on en voulait à la
ville de Metz à quelque prix que ce fût, et qu'il jugeait,
tant par les menées et traités qui s'en projetaient que par
la sorte qu'il en avait ouï parler à Monet et Bonnet, qu'il
n'avait rien dit qui ne fût vrai et qu'il le soutiendrait
jusqu'au dernier soupir ».

Pendant ce temps Joly écrivait à Bellièvre : « Je ne
crois point, Monseigneur, qu'il y ait aucune nouvelle
entreprise. Ces malheureux qui nous ont accusez, ne sont

(1) Mansfeld écrivit, en effet (V. plus loin).

pas de l'estoffe de ceulx à qui on l'eust communiquée.
Estant tels que j'ay sceu depuis mon partement de Metz,
ils ont oy parler de l'entreprise que l'archiduc avoit autrefois tentée avec le sieur de Saubole gouverneur, et s'en
resouvenant ont pensé, pour se rédimer de la rançon
qu'on leur demandoit (1), qu'ils se serviroient de ceste
accusation comme plausible au sieur capitaine Saubole,
pour certaines considérations que le temps, père de
vérité, mettra en évidence. Mon malheur est que les services que j'ay rendus au Roy ne sont pas bien cognus de
tout le monde, ny la façon de laquelle j'ay vescu, ne
m'ayant proposé pour but de mes actions que la piété
et l'intégrité, deux parties qui m'aliénoient du tout de
ces furieuses conspirations, non-seulement pour me maintenir en réputation de bon serviteur du Roy, mais pour
mon salut auquel je vise plus qu'à toute autre chose (2) ».
Édifiantes paroles, démenties presque aussitôt par les
actes. Admis peu de jours après, ainsi que ses compagnons,
en présence du roi, Petrus Lepidus prouva de façon
éclatante que les choses de la terre l'occupaient plus que
celles du ciel.

« Contentez vostre esprit, mande-t-il à sa femme, par
la lecture de ce véritable récit, lequel vous représentera
la consolation que nous receusmes dimanche dernier,
xve de ce mois de juillet, environ les neuf heures du
matin au parc de Saint-Germain-en-Laye dans la grande
allée duquel le Roy se pourmenoit, ayant avec luy M. le
duc du Mayne (Mayenne), M. de Sillery, MM. les secrétaires d'Estat. Le Roy retiré d'une arquebusade de la
foule qui estoit dedans ladite allée, M. de Gesvres fut
envoyé nous appeler, qui estoit à la teste de **tant de gens.**

---

(1) Joly, mal informé, croit qu'on a capturé Pircel et Journée pour
en tirer rançon.

(2) *B. N.* fr., 15899, f⁰ 463. Orig. Avec cette lettre, Joly envoie à
Bellièvre trois feuillets contenant « tout ce qu'il a jamais appris sur
l'entreprise ». Nous en avons donné l'analyse et la référence au ch. xviii.

Il m'escria par mon nom et commanda que ceux de Metz s'advançassent ; à quoy nous obéismes d'une merveilleuse ardeur.

« Approchez que fusmes de Sa Majesté, elle nous commanda de la joindre. J'eus ce bonheur de commencer par une seconde révérence que je luy fis. M. Praillon suivit, et puis tous les autres, mesmes M. Lallement qui ne nous abandonna, encore qu'il fust seul autre que les accusez. Au moins, après tant d'ennuis, il a eu ce bonheur de veoir le gracieux accueil que nous fit Sa Majesté, à laquelle, prenant la parole, je dis : « Sire, ce sont icy ceux de Metz, que l'on a représentez à Vostre Majesté pour traistres et rebelles et proditeurs (1) de la patrye. Il sont icy devant vous, non pour y rechercher grâce, mais pour supplier très humblement Vostre Majesté ne permettre que leur innocence demeure plus longtemps flestrye par ces malheureuses calomnies. Vostre Majesté les a indiciblement obligez par le bon ordre qu'il luy a pleu establir en la procédure qui se doibt désormais observer en les affaires et laquelle a couppé le cours à la violence de la première, qui semblait n'avoir pour but que leur oppression. Mais au lieu de grâce et faveur, Sire, ils vous supplient très humblement commander que justice leur soit administrée par la plus grande abbréviation que faire se pourra, affin qu'estans recounus sans tache, ains tout purs et innocens, vous les mainteniez en vos bonnes grâces, qui sont celles qu'ils désirent et espèrent de Vostre Majesté. »

« Lors M. Praillon, prenant la parole, amplifia son discours par une longue production de raisons qui debvoient bien faire croire à Sa Majesté que nous n'avions aucune part aux meschans effets dont on nous avoit blasmez ; et comme la vérité accompagnoit son langage, elles se trouvèrent suivies de fortes passions en la commémo-

____

(1) Vendeurs.

ration des indignitez que nous avions receues, qui luy
firent esclatter quelques injures contre nos calomnia-
teurs : puis, du général venant à son particulier, remontra
qu'il y avoit cinquante ans que ses prédécesseurs avoient
fait service à la France, que luy-mesme en avoit rendu de
bons et signalez depuis près de quarante ans, desquels
en voulant raconter le mérite, les larmes accompagnèrent
ses parolles, ce qui esmut infiniment les assistans à com-
passion. « J'ay, dit-il, Sire, femme et enfans ; c'est
ung grand crève-cœur qu'au lieu d'estre applaudy de
l'éducation que je donne aux derniers pour les eslever
en toute discipline qui eschauffe en eux l'affection et fidélité que je veux qu'ils ayent au service de Vostre Majesté, on s'est efforcé de ruyner la mère et les enfans, et
d'honneur et de biens ». Il avoit peine de mettre fin
à sa plainte et je taschois de le faire cesser, cognoissant
le naturel du Roy ; mesmes M. de Villeroy luy fit signe
qu'il suffisoit.

« Lors Sa Majesté, avec une face riante et pleine de
débonnaireté, nous visageans tous l'un après l'autre. « Je
ne pouvois, dit-il, les affaires m'estant représentées comme
chacun scait, sinon m'esclaircir et en rechercher la vérité,
n'ayant jamais esté mon intention de rien violenter,
ayant eu assez de cognoissance de vos services. Les ja-
lousies d'Estat sont grandes et naturelles aux princes.
Et touteffois je n'ay point creu les sinistres rapports que
l'on m'a faict de vous : je l'ay dit et desjà tesmoigné à
Joly (1). Ce que je confirmay sur l'heure, asseurant
Sa Majesté que j'en avois fait relation aux autres. Puis
continuant son propos : « L'ordre que j'ay mis, dit-il,
pour mettre fin à ceste affaire, vous doibt faire cognoistre
que je suis justicier, et quel soing j'ay de vous. — Tout
nostre regret, luy dis-je, Sire, est que nous soyons réputez
traistres jusques à ce qu'il en soit décidé. — Si je vous

_____

(1) Tout ceci est imaginé ou « romancé » par Joly, (V. plus loin).

eusse estimez tels, proféra lors Sa Majesté, je ne vous eusse pas mandé. Il n'y a que les gens de bien qui soient calomniez. Asseurez-vous tous que je vous tiens pour mes bons et fidelz serviteurs ; vostre honneur n'en sera que plus relevé. — Le mal a desjà duré trois mois, luy dis-je, Sire, et par continuation de prison. — Vous en estes au bout, réplicqua Sa Majesté ; j'ay bien esté travaillé vingt-deux ans relégué de ce pays ! — Il y a, luy dis-je, Sire, trop grande disproportion de Vostre Majesté à nous. — Si me faisoit-il bien mal, adjousta-t-il, de me veoir esloigné des belles allées de Sainct-Germain et des promenoirs du palais, ayant si bonne part au gasteau comme j'y avois ! Et comme il se recognoist à présent, vous vous en retournerez contens : vivez en ceste asseurance. »

« Plusieurs autres propos furent meslez en ce discours, des uns et des autres : du serment rendu à Sa Majesté par les habitans trois ans devant que la garnison la recognust par cette nécessaire formalité : de ce que les habitans avoient exposé leur vie, leurs biens, leurs enfants pour la conservation de la place en l'obéissance de Sa Majesté : que ceste conservation estoit plus deue auxdits habitans qu'à la garnison : et autres choses semblables que Sa Majesté advoüa (1). Voilà à peu près tout ce qui s'est passé à la veue de ce beau soleil, qui dissipa la pluspart des brouillars d'ennuys dans lesquels nous avions vescu jusque-là, et nous donna asseurance que nous reverrions bientost le jour tout splendide et serein de nostre entière justification et relief de nos réputations. Dieu nous en face la grâce ! (2) ».

La page est charmante, et Petrus Lepidus n'a jamais fait mieux. Mais où est notre philosophe chrétien ? Est-ce cet homme aux airs supérieurs qui, raillant les maladresses de Praillon, en commet de plus lourdes encore ? Magistrat

(1) Reconnut.
(2) *B. N*, Duchesne 94, f° 415, et N. acq. fr. 22665, f° 19. *B. M*, 87.

royal, il flétrit l'honneur d'un collègue : créature du gouverneur de Metz, il attaque celui de son patron. *La violence de la première procédure, qui semblait n'avoir pour
but que l'oppression des accusés : voilà pour Miron. Le
serment rendu à Sa Majesté par les habitants trois ans devant
que la garnison la reconnût par cette nécessaire formalité ;...
la conservation de la ville... due plus auxdits ·habitants
qu'à la garnison : et choses semblables que Sa Majesté
avoua : voilà pour Saubole.* Encore si ces mots n'eussent
point franchi les limites du foyer ! mais en les écrivant,
Joly songeait plus au public qu'à sa femme. Sous le **titre**
de : *Discours de ce qui se passa à Saint-Germain-en-Laye*,
la lettre à Sarah Busselot courut le monde. Saubole la lut.
On devine l'effet de cette flèche plantée au cœur de **son**
loyalisme.

« Sire, écrivit-il au roi, le bruit que tout un général fait,
ne peult qu'il ne soit entendu des particuliers, et que,
où il y va de l'honneur, ils ne prestent attentivement
l'oreille pour scavoir d'où il est procédé. Je suis de ceux-
là et qui, premier que m'esclatter davantage, ay recher-
ché la vérité de ce qui m'offense, pour plus justement me
plaindre du procureur Joly qui, depuis quelque temps, **a**
envoyé à sa femme un discours dont il ne se peult nombrer
les coppies qu'elle et ses alliez ont fait tirer pour les despartir non-seulement en vostre royaume, mais **parmy**
les nations estrangères. Or, s'il se maintenoit dans le subjet
par lequel il commence, je n'y trouverois à redire ; mais
de s'esgarer du premier pour entrer en un aultre où **tant**
de gens de bien sont touchés, il seroit impossible qu'eux
ny moy eussions assez de patience pour le souffrir. Qu'il
me soit donc permis, Sire, de rapporter les mesmes **mots**
que ledit Joly a couché en son escrit (suit le passage précité). Qu'en cela, il se soit absolument oublié, il appert
évidemment, n'y ayant jamais eu aucun cappitaine, depuis le temps que le deffunt Roy et vous, Sire, m'avez
donné commandement en ce lieu, qui ait produit aultre

action que d'homme de bien et de très fidelle serviteur de Vostre Majesté ; et ne peult estre reproché à un seul d'entre eux d'avoir espargné leurs vies, ni ce qu'ils perdoient pour conserver ceste place qui n'avoit meilleur rempart que de leur probité. De moy, Sire, je ne coucheray les articles de ce que j'y ay fait, estant trop peu de chose pour estre représenté à Vostre Majesté ; ce seul mot me suffira, que les ennemis n'y ont pris nul advantage durant l'honneur qu'elle m'a fait m'y continuer. *J'advoue que les habitans se sont tousjours renduz fidelz, affectionnez et libéralz de leurs moyens où le bien de vostre service l'a requis ; mais de dire qu'ils nous ont prévenus de trois ans à recognoistre Vostre Majesté, cela ne se trouvera jamais, non pas de trois moments.* Ces mots me touchent vivement et me font vous supplier, Sire, de déléguer telles personnes qu'il semblera bon estre à Vostre Majesté, pour informer si exactement sur ce fait et de tous mes desportemens, qu'elle en scache la vérité. Que s'il se trouve de moy ou des cappitaines ce que ledit Joly en a publié, nous ne demandons point de grâce mais voulons estre puniz comme les plus desloyaux subjets de vostre royaume. Que s'il ne se trouve ainsy, Vostre Majesté nous permette la raison (1) de ses impostures. Et afin qu'elle cognoisse que nous ne nous arrestons sur parolles en l'air, je luy envoye coppie du discours, signé de ceux qui l'ont escrit sur l'original et ont fait serment qu'il estoit de la propre escriture dudit Joly. C'est beaucoup vous importuner, Sire ; mais pardonnez-le-moy, je vous supplie, puisque d'effet ni de pensée, je n'ay jamais dédit la fidélité que je doibs au service de Vostre Majesté (7 août 1601) ».

Au reçu de cette lettre, il y eut du bruit dans Landerneau. Henri IV, fort mécontent, chargea Bellièvre de tancer vertement Joly. Mais doué d'une souplesse d'acrobate, celui-ci se tira d'affaire en vrai jongleur. Le sieur

(1) Réparation.

de Saubole se plaignait ? et de quoi donc, justes dieux ? *« Ayant de tout temps publié de bouche et par écrit l'inviolable intégrité dudit sieur de Saubole, sa naturelle bonté, et avec combien d'affection et de résolue fidélité il avait servi le roi, Petrus Lepidus se serait fait trop de tort en participant à un dédit honteux, tel que par lesdites paroles il était prétendu avoir été fait en présence de Sa Majesté.* La grandeur de son affliction lui en aurait pu tirer quelques, mais nulles de calomnies. Ceux qui servent le roi à si bonne marque que le sieur de Saubole sont en tant de respect aux accusés qu'ils ne fuient rien plus qu'à les offenser, ni ne désirent rien tant que de se maintenir en leurs bonnes grâces. *Il ne se trouvera donc jamais que les mots dont est plainte aient été proférés à dessein d'injurier personne,* même (1) les capitaines de la garnison, lesquels les accusés tiennent pour gens d'honneur, ayant très bien versé dans leurs charges, en paix comme en guerre. Joly a seulement voulu dire, à propos du serment, que les habitants le prêtèrent dès l'avènement de Sa Majesté, et les soldats, selon l'usage (2), lors de la première montre que leur fit faire Sa dite Majesté, montre qui eut lieu beaucoup plus tard. Toutefois, la garnison reconnut Sa Majesté incontinent après la mort du feu roi, lorsque le sieur de Saubole ayant fait faire aux gens de guerre la cérémonie du deuil et iceux s'en étant acquittés, auraient par relèvement de piques, battements de caisses et grande scopetterie crié : Vive le roi Henri, quatrième du nom ! reconnaissance outre laquelle n'en pouvait lors être faite de plus solennelle.

« Voilà la vérité. Quant à la conservation de la place, les accusés ne prétendent point en disputer l'honneur au sieur de Saubole : en déclarant qu'elle était plus due

---

(1) Notamment.

(2) « Les soldats, dit Bellièvre, ne font point de serment qu'en faisant la montre. »

aux habitants qu'à la garnison, ils n'ont pas voulu dire
que les premiers surpassassent la seconde en fidélité,
mais simplement qu'étant beaucoup plus nombreux,
ils avaient apporté un notable secours à la cause royale :
de quoi le sieur de Saubole même leur a donné tant et
de si favorables témoignages. Ledit sieur ne peut donc
ni pour lui, ni pour la garnison avoir sujet de se plaindre.
Néanmoins Joly regrette ses paroles, *puisqu'elles ont
pu être tirées en sens contraire* et que le sieur de Saubole
s'en est offensé, n'ayant jamais ledit Joly à rien tant
travaillé (après ce qui concerne le service de Sa Majesté)
qu'à se conserver l'amitié dudit sieur, lui acquérir les
affections desdits habitants, et donner à ses belles actions
tout le lustre qui lui a été possible. L'assiduité que ledit
Joly a rendue en cela, au mépris de ses propres affaires,
se vérifiera par le témoignage dudit sieur de Saubole,
auquel ledit Joly se réfère ».

Henri IV, expédiant cette palinodie à notre héros,
l'assaisonna d'une sauce propre à faire passer le morceau.

« Monsieur de Sobole, dit-il, j'ay veu par vostre lettre du
7e de ce mois et la coppie du discours faict par Joly,
lequel m'avez envoyé avec vostre dite lettre, la juste
plainte que vous faictes dudit Joly, pour avoir entrepris
de faire ledit discours au désadvantage de vous et de
toute la garnison qui m'a servy en la conservation de la
ville de Metz depuis mon advènement à la couronne,
*dont j'ay receu beaucoup de mescontentement, ayant trouvé
fort mauvais que ledit Joly ait publié ce discours et y ait
employé plus qu'il n'avoit dit en ma présence ; car si j'eusse
entendu qu'il eut dit un seul mot à vostre désadvantage
et de ceux qui m'ont bien et fidellement servy sous vostre
charge, je l'en eusse repris aigrement* (1), comme j'ay faict
depuis la réception de vostre lettre, ayant commandé
au sieur de Bellièvre, mon chancelier, de mander ledit

(1) Sévèrement.

Joly, luy représenter ledit discours, luy monstrer les clauses insérées en iceluy au préjudice de mon service et de vostre intérest particulier, le reprendre de ce qu'il avoit escrit mal à propos, luy faire cognoistre sa faulte et luy en faire telle réprimande comme le faict le mérite : ce que ledit sieur de Bellièvre a faict suivant mon commandement, n'y ayant rien oublié de ce qui estoit deu à mon authorité et au respect que ledit Joly doit vous porter : sur quoy vous verrez ce que ledit Joly a escrit et signé pour vous faire satisfaction. Il m'a faict dire particulièrement qu'il s'estoit oublié et que l'affliction en laquelle il est l'y avoit porté, me suppliant de luy pardonner comme il vous supplie de faire en ce qui vous a peu donner du mescontentement, à quoy il a un extresme regret, comme verrez par ledit escrit qu'il a signé. *Le principal en cela, et sur quoy vous debvez fonder vostre contentement, c'est que vous scavez comme vous m'avez bien servy, le contentement et la bonne opinion que j'en ay, qui ne peult estre changé ni altéré en mon esprit et de tous ceux qui en ont cognoissance, quelque escrit ou rapport qui se puisse faire au contraire :* dont vous debvez prendre toute asseurance et donner la mesme opinion à tous mes serviteurs qui sont près de vous. Et sur ce, je prie Dieu, Monsieur de Sobole, de vous avoir en sa saincte garde.

De Sainct-Germain-en-Laye, le xviiie jour d'aoust 1601.

HENRY.

« Nul ne peut, ajoutait Gèvres, avoir apporté plus de fidélité et de debvoir au service de Sa Majesté qu'avez fait... L'indiscrétion du procureur Joly sera blasmée d'un chacun, et vous estimé de la négliger, puisque ses paroles ne sont véritables, et que vostre vertu et la fidélité de vos actions sont tellement cognues, qu'il ne s'y peult apporter d'obstacle. Monsieur vostre frère vous pourra escrire ce que Sa Majesté luy en a dit, et la volonté que j'ay de vous servir. »

Ce baume sur la plaie n'agit qu'en surface. Saubole, remerciant le roi, promit « d'oublier le langage dudit Joly, puisque Sa Majesté avait agréable de lui pardonner » : mais il laissa voir aux ministres qu'il ne l'oublierait pas de sitôt. « Je ne vous céleray point, dit-il à Gèvres et au chancelier, que si le personnage eust esté autant maniant les armes que la plume, je me fusse conduit en sorte que honteusement il s'en fust dédit. Mais sa vacation (1) ne me permettant de nous mesurer ensemble, j'ay esté contraint de me plaindre et maintenant de me contenter, puisque le Roy le veut, bien plus en ce que Sa Majesté agrée mes services et en l'assurance que j'ay de n'avoir jamais manqué à la fidélité que je luy doibs, que non point de l'acte qu'a fait ledit sieur Joly qui, en tous ses discours, se confond par des raisons si embarrassées pour se couvrir de ses premières allégations, qu'il ne s'en peut choisir une bien à propos... Et quand il dit avoir mesprisé ses propres affaires pour m'acquérir l'amitié des habitans, c'est chose que je ne luy advoueray jamais ; mais bien publieray-je, comme il est vray, *qu'il s'est fait ce mesnage pour luy-mesme*; et de ma propre industrie me suis gaigné leur affection, non pour mon prouffict particulier, mais pour les conserver, sans aucune assistance de son conseil ni d'aucune de ses aides, au service du Roy. Or cela suffira, content et satisfait de ce qu'avez jugé combien en cet article il a failly (2). »

L'incident était gros d'orages. Que Joly, acquitté, revînt à Metz, un duel à mort s'engagerait entre lui et son ex-patron. Aussi l'issue du procès excitait-elle une vive curiosité. « Chacun en parlait à sa fantaisie, affection et pensée violente », attendant le jugement que, depuis le 19 juillet, Messieurs du Parlement élaboraient en toute conscience.

(1) Profession
(2) *B. N.* Duchesne 94, f°⁸ 407 et suiv. Cop. et fr. 15899, f° 509. Orig. Cf. *Bibl. d'hist. du prot. fr.* Papiers Paul Ferry 765/2, pièce 50 Cop.

XXII

LE JUGEMENT

On ignore les débats de l'affaire, mais on sait quels magistrats la jugèrent. Ce furent : le premier président Achille de Harlay, les présidents Potier, Forget, de Thou et de Verdun, les conseillers de Fleury, de Turin, de Montholon, Briçonnet, du Four, Scarron, Jabin, Bénard, de Hère et Feydeau. Les accusés ne pouvaient se plaindre : il y avait là des hommes « qui comptaient parmi les plus illustres de la robe et de leur siècle » : tels Harlay, cette vertu romaine, l'historien de Thou, grand caractère et grand talent, le conseiller de Turin dont l'intraitable droiture était légendaire. Si l'on songe que les uns et les autres travaillaient sur un thème vu, revu, corrigé, remanié, débattu par Batilly, Miron, Jeannin, Bellièvre, Villeroy, Sillery, Gèvres, Rosny et Henri IV, on peut dire que toutes les lumières de France et de Navarre coopérèrent au jugement.

Deux questions se posaient. Les Espagnols, depuis la paix, avaient-ils repris leurs pratiques à Metz ? Les accusés s'y étaient-ils prêtés ?

Sur le premier point, la conviction des juges fut unanime. *L'entreprise, commencée bien avant le traité de Ver-*

vins, avait été poursuivie depuis (1). *Claude Pircel, sieur de Logne, et Barthélemy Francesquin dit Journée, étaient coupables et convaincus d'y avoir participé.* Transférés à la Conciergerie, « ouïs et interrogés en Parlement » par Harlay lui-même, les deux prisonniers furent condamnés, « pour l'entreprise par eux faite sur la ville et citadelle de Metz, subornation et pratique d'aucuns soldats de la garnison depuis la paix jurée entre le Roi et le Roi d'Espagne, à être décapités sur un échafaud dressé, pour cet effet, en la place de Grève de la ville de Paris, leurs têtes portées à Metz et fichées au bout d'une lance au-dessus de la principale porte de ladite ville, et leurs corps à Monfaucon, tous et chacun leurs biens, si aucuns ils possèdent en ce royaume, acquis et confisqués au Roi (13 sep. 1601) (2) ».

Néanmoins la clémence d'Henri IV adoucit les choses. Pircel et Journée n'étaient, après tout, que des instruments. Le roi les épargna donc ; mais il ordonna qu'on leur lût la sentence « pour voir, dit-il, si en ceste appréhension de la mort, ils découvriront point quelque particularité de ladite entreprise qui puisse servir à convaincre ceux qui en sont accusez, ou nous informer d'autre chose concernant notre service (17 septembre) (3) ». Dans la chapelle de la Conciergerie, tous deux entendirent à genoux leur arrêt : puis, liés aux anneaux de la muraille, ils subirent un dernier interrogatoire. Le rapporteur du procès nota leur déclaration, dont il alla rendre compte à

---

(1) On ne peut rien inférer des lettres de l'archiduc et de Mansfeld à ce sujet. Écrites en mars-mai 1601, après l'arrestation de Journée, elles témoignent d'une ignorance et d'une innocence trop parfaites pour être sincères — (Bruxelles, 1445).

(2) *A. N.*, X 2*b*. 203. La Ronchère fut mis hors de cause, comme l'indique cette note : « Ronchière : le renvoyer à la Bastille sans en faire mention par l'arrest... pour ce que la Cour ne l'a voulu juger. » Il fut relâché peu après.

(3) *Id.* Lettres de grâce du 17 sept. 1601 « entérinées, dit une note, par le procureur général ,le 19, en la Chambre de la Tournelle ».

la Cour. Il revint, un parchemin aux doigts : « Détachez-les, dit-il au bourreau ; et se tournant vers les deux patients : « *Le roi vous fait grâce* ; regardez si vous savez quelque chose en ce qui concerne son État, que vous ne celez ; autrement, vous êtes indignes de la grâce qu'il vous fait. » Et nos gens, réintégrés en prison, furent quelque temps après remis aux mains de Rapin le jeune, fils du grand-prévôt de la connétablie (1), lequel, à la tête de six archers, les conduisit à Calais, d'où le gouverneur, M. de Vic, les dirigea sur Gravelines avec leur arrêt, un extrait de leurs procédures et une lettre d'Henri IV, remettant l'exécution de la sentence à la volonté de son très cher et très aimé frère l'archiduc, ainsi que bon lui semblerait. Comme bien on pense, l'archiduc les laissa vivre, pour sa vengeance et pour la leur, pour celle aussi des accusés messins, dont le sort s'était décidé dans l'intervalle.

« *Je me réjouis d'une chose : c'est que je ne trouve pas que les habitants soient si coupables que l'on estimait,* » mandait le 4 juin Henri IV au connétable. Le Parlement fut de cet avis. « Tout considéré, porte son arrêt, dit a esté que la Cour, pour les cas contenus au procès : *a banni et bannit de Keures des villes de Metz, Toul et Verdun, pour le terme et espace de cinq ans ; ordonne que Couppray (Copperel) père s'abstiendra d'icelle ville de Metz pour trois ans ; a* permis et permet au procureur général d'informer plus amplement contre Joly et Desforges... et ce pendant les a eslargis, ledit Joly par ceste ville et fauxbourgs de Paris, et ledit Desforges partout, à la charge d'iceux représenter toutes fois et quantes que par ladite Cour sera ordonné : fait néanmoins deffense audit Desforges d'entrer en la ville de Metz, à peine de la hart ; *et quant auxdits Praillon, Bachelay, Sartorius, Humbert (le Bon-*

(1) Le grand-prévôt Nicolas Rapin est l'un des auteurs de la Satire Ménippée.

homme), *Couppray fils, Deuch et Peltre, les a eslargis et
eslargit partout* (20 septembre 1601) (1) ».

De Keurs et Wiriat Copperel ne sont donc pas blancs
comme neige ; la Cour les punit, non de trahison, mais
de quelque faute assez grave : et le premier, banni des
Trois-Évêchés pour cinq ans, a failli plus que l'autre,
exilé de Metz pour trois ans. Les juges ne se prononcent
pas à l'égard de Desforges (2) et de Joly : un supplément
d'information est nécessaire. Pour les huit autres, leur
entière innocence est reconnue. Les pauvres gens virent
enfin se lever, — pour parler comme Petrus Lepidus —
le soleil de la justification. Mais un nuage l'assombrit :
Wiriat Copperel succomba au malheur. Son grand âge
(plus de 75 ans), les épreuves de la captivité, les émotions
du procès l'avaient brisé : huit jours après le jugement,
il expira dans les bras de son fils, au milieu de ses concitoyens attristés. Il y avait eu jadis entre eux maints
orages ; toutefois l'adversité rapproche, et les fautes
durement expiées inspirent une pitié sincère. Elle ne
manqua pas au vieux maître-échevin. Le roi permit
même qu'on l'inhumât en l'église du couvent des Célestins de Paris, véritable Saint-Denis des grandes familles,
où figuraient toutes les gloires de France. C'est parmi
elles qu'il repose, dans la chapelle des Dix-mille mar-
tyrs (3), dont le nom convenait à ses infortunes. La dalle
qui recouvrit ses restes, devant l'autel, porta ces mots :
« Cy-gist noble homme Viriot Copperel, vivant seigneur

(1) *A. N.*, X 2*b*. 203. *B. N.*, fr. 4828, f° 29, et V° Colbert, 12, f° 17.

(2) Une note concernant Desforges porte ceci : « Surseoir la prononciation de l'arrest jusques à ce que le procès du meurtre prétendu
par lui commis en la personne de François de la Fosse soit jugé ; et
pour icelui juger, seront obtenues lettres du Roi, pour le faire juger
en la Chambre de la Tournelle ».

(3) Construite par la confrérie de ce nom, elle faisait suite à celle
des ducs d'Orléans. Au XVII° siècle, les Potier de Gèvres y furent
inhumés. Restaurée par cette famille, elle prit le nom de chapelle de
Gèvres.

de Thurin-lez-Metz, lequel avec autres concitoyens, ayant esté faussement accusé d'avoir participé à certain dessein de soustraire la ville de Metz à l'obéissance du Roy, et depuis recognu innocent, mourut en ceste ville de Paris le 28 septembre 1601. Priez Dieu pour son âme ! — *Per varios casus, per bella cruenta, per ignem. Promissum Christi tendimus in requiem* (1).

Vis-à-vis de la tombe, on fixa au mur une autre inscription : gravée sur un marbre noir dont l'encadrement offrait des têtes d'anges, des pots à feu, des torches allumées, des consoles et un fronton cintré, elle était ainsi conçue :

Épitaphe

de noble Viriot Copperet, quand il vivoit seigneur de Thuris lez la ville de Metz et citoyen d'icelle, qui trespassa en ceste ville de Paris le xxvIII^e septembre 1601.

« Entre la naissance et la mort, l'interval est ordinairement entrecoupé de quelques adversitez ; telle est l'humaine condition. Escoute, passant :

« Metz, ville célèbre, me donna la vie ; doulx née (2) fut son cours. ; heureus en mariage de cinquante cinq ans et plus ; favorable en ligaée ; honnorable pour les charges qu'il m'y a veu exercer, souvent de judicature, deux fois maistre-eschevin, magistrat premier en dignité ; trop heureux mes jours passez en la foy de nos pères, si les derniers n'eussent esté persécutez de calomnie ; elle prévalut sur mon innocence ; faulcement accusé avec mon propre fils et autres gens de bien des premiers de la dicte ville, je suis arresté, de la citadelle d'icelle amené en ceste ville, poursuivi et finablement recognu innocent, eslargi. Mais Dieu me voulant du tout affranchir de misères, en

(1) A travers des épreuves de toute sorte, des luttes sanglantes, à travers le feu, nous tendons au repos promis par le Christ. (V. *Hist. du monastère des Célestins*, Beurrier, 1634, in-4°; et Baunié, *Épitaphier du vieux Paris*, t. II.

(2) Il semble que le graveur ait voulu écrire : doux *me* fut son cours.

mesmes temps qu'il tire mon corps de sa captivité, il
retire mon esprit de sa prison corporelle, m'appellant à
soy dix (1) jours après mon eslargissement. Prie Dieu
pour moy, passant, et qu'il te garde de faulce accusation ! » (2).

L'image de « l'ambitieux et orgueilleux Aman » ne se
retrouve guère dans cette naïve épitaphe : mais l'accent
en est si touchant qu'on ne peut rester froid en la lisant.

Les compagnons de Wiriat avaient hâte de quitter
Paris. Cependant, avant de partir, ils sollicitèrent une
dernière grâce. Le style de Messieurs du Parlement ne
leur plaisait guère. *Quant aux dits Praillon* (et autres),
la Cour les a élargis et élargit partout. Quelle sécheresse !
Quoi ! après une arrestation retentissante, une « longue
et dangereuse procédure », cinq mois d'emprisonnement
sous le coup d'une accusation infamante, on se bornait
à les renvoyer sur un bref : « Allez : vous êtes libres ! —
C'est l'usage, répondait-on : le Parlement n'a pas d'autre
formule que celle-ci : il n'en peut inventer une exprès
pour vous ! — Pourquoi pas ? ripostaient nos héros : les
citoyens de Metz en valent la peine. D'ailleurs, cette
forme d'absolution est inconnue chez nous et chez nos
voisins : il faut quelque chose de plus clair *et surtout de
plus solennel.* » Condescendant à ce désir, Henri IV leur
octroya un acte portant que « dûment informé de leur
innocence, tant par l'arrêt de son Parlement *que par le
témoignage de son lieutenant général le sieur de Saubole,*
et des représentants des trois Ordres, mémoratif aussi

____

(1) Huit : l'arrêt est du 20 et Copperel mourut le 28.

(2) Cette épitaphe eut des aventures. Recueillie en 1790, lors de la
suppression des couvents, au Musée des monuments français, elle
émigra à Saint-Denis, où quelqu'un, à qui le cadre plut, enleva l'inscription pour la remplacer par une prétendue tête de Turenne. Le tout
a passé au Musée de Cluny, où l'on peut voir l'encadrement avec sa
pseudo-tête de Turenne sous les arcades de la cour, et la plaque dans
le jardin, scellée à un mur, en compagnie de plusieurs autres. (Cata-
logue général n°s 472 et 801).

des bons services rendus par aucuns d'eux, notamment
par le sieur Praillon, le roi les déclare non-seulement
purs et innocents des cas et crime à eux imputés, mais
aussi dignes de sa bienveillance et faveur, voulant qu'ils
soient reconnus tels d'un chacun, et qu'il leur soit permis de faire enregistrer et publier sa déclaration pour
mémoire perpétuelle de leur innocence, fidélité et
prudhomie » (1). De cette déclaration, expédiée en chan-
cellerie le 13 octobre, Sa Majesté avisa par lettres les
autorités messines (2), tandis que Bellièvre écrivait à
Saubole :

« Monsieur. Le procès touchant l'entreprise sur la ville
de Metz a esté jugé au Parlement de Paris avec tant de
prudence et considération que le Roy en demeure très
satisfait. Vous avez adverty Sa Majesté de ce qui en est
venu à vostre cognoissance, *avez recommandé l'innocence
et parlé de la fidellité des services de ceux qui s'estoient tousjours monstrez affectionnez au bien des affaires de Sa
Majesté. C'est ce que j'ay veu par vos lettres* et que j'ay
tesmoigné (3) où il a esté à propos de le faire. L'innocence
des sieurs Praillon et autres desnommez en la déclaration sur ce faicte par le Roy, a esté cognue en son dit
Parlement. Le Roy vous les renvoie avec ce titre d'honneur qu'il les tient pour ses bons et fidèles serviteurs, et
de ma part je les estime tels, vous priant, à ceste occasion, de les recevoir et continuer en vostre amitié et favorable protection. Vous recevrez beaucoup d'assistance
de leur bonne volonté et du respect qu'ils sont résoluz de
vous porter. Vostre prudence, par ses bons et dignes
comportemens en leur endroict, leur en accroistra et les
moyens et la volonté : et pour ce que c'est chose que je

(1) *B. N.*, fr. 4828, f° 29, et N. acq. fr. 22665, f° 122. Cop. Texte
imprimé dans l'*Hist. des Evêques de Metz* de Meurisse.

(2) *Id.* 22665, f° 123. Cop.

(3) Du Gué cite ce passage ainsi : « C'est ce que j'ay veu par vos
lettres *et témoignage* où il a été à propos de le faire ».

juge concerner grandement le bien du service du Roy,
je vous en prie avec toute affection. Sur ce, vous pré-
sentant icy mes bien humbles recommandations, je prie
Dieu vous donner, Monsieur, longue et contente vie.

C'est de Fontainebleau, le 13e jour d'octobre 1601.

Vostre bien humble et affectionné à vous faire service.

BELLIÈVRE.

Praillon et consorts en avaient, cette fois, pour leur
argent. Ils rentrèrent à Metz, où le 26 la déclaration
royale fut lue en public, l'ordre d'enregistrement donné,
et l'original mis sous la garde de l'aman (1) Jean Dubois.
Pierre Joly manquait à la fête ; principal accusé et magistrat royal, son cas exigeait des procédures plus longues
et conduites avec plus de circonspection ; elles durèrent
cinq mois encore, au bout desquels la Cour, n'ayant
trouvé aucune charge contre lui, l'acquitta définitivement
(1er avril 1602) (2). La déclaration qu'il obtint s'amplifia
d'un préambule expliquant comme quoi, « vu sa qualité
et celle de l'accusation », on lui avait imposé cette attente
« pour justifier son innocence par le temps et les circonstances, et faire connaître à chacun que rien ne lui avait
été favorable que son intégrité et prudhomie, desquelles
Sa Majesté n'avait jamais douté » (3). Le président Viart
fut chargé de faire lire et enregistrer cet acte, qu'Henri IV
communiqua aux magistrats de la ville, « nous asseurant,
leur dit-il, qu'estant le sieur Joly, comme il est, vostre
compatriot, vous serez fort ayses qu'il ne soit le premier d'entre les Messains qui ait manqué au debvoir
d'homme de bien à l'endroit du Roy vostre Protecteur » (4).

La réhabilitation de Petrus Lepidus s'effectua en grande

(1) Sorte de tabellion.
(2) A. N., X 2b. 206 (La date du 30 mars, citée partout, est erronée).
(3) B. N., n. acq. fr. 22665, fo 124. Cop.
(4) Lettres missives, t. V et A. M, 86.

pompe. « Le dimanche 21ᵉ jour d'avril (1602) relate la Chronique protestante, M. le procureur général du roi revint de Paris. Le 26 fut lue, en la Chambre de M. le président Viart, la justification des accusations faites à l'encontre de la personne dudit sieur procureur. En grande assistance de gens de tous états, sont lues les lettres patentes du roi, le mandement fait tant audit sieur président qu'aux sieurs maître-échevin et justice de la ville de Metz. Fut harangué par ledit président, consolant et admonestant ledit procureur de prendre en gré ce qui s'était passé, vu qu'on avait tant mieux connu sa fidélité, étant remis en son état et justifié en tout et partout ». Mais Joly voulait plus que des discours et que des parchemins. Il fit frapper des médailles d'argent, « du modèle d'un petit écu », dont la face portait son nom : Petrus Lepidus, et l'effigie dont nous avons parlé (1). Le revers offrait la figure d'un homme debout, la pointe du pied gauche appuyée sur un rivage battu par les flots, et le pied droit posé sur un vaisseau violemment agité par la tempête ; il lève les mains vers le ciel dont les nuages, s'écartant, laissent apparaître le nom de Jéhovah. *Cœlo tuta quies* : mon salut vient du ciel, dit la légende (2). Cette composition ressemble trop à celles des Emblèmes pour n'être pas l'œuvre de Boissard : elle paraît inspirée de celle qui, dans l'édition de 1593, porte le nᵒ 49 : on y voit un navire aux mâts brisés, secoué par la tempête sous un ciel zébré d'éclairs d'où tombent pluie, grêle et foudre : sur la rive, un homme à genoux, prie, la face et les mains levées vers le ciel, où apparaît au-dessus des nuées d'orage une ancre dont la branche centrale est un crucifix (3). *Spes cœlo certissima venit*, dit

<hr>

(1) Au chapitre x.

(2) V. Dupré de Geneste. Notice et fac-simile. *B. M.*, Ms 155, fᵒ 134.

(3) Celui qui met sa confiance dans les choses d'ici-bas fera naufrage comme ce navire : mais à celui qui compte sur l'aide céleste, Dieu envoie l'ancre du salut.

la légende, d'où procède évidemment le *Cœlo tuta quies*
de Pierre Joly. Sa médaille est peut-être la dernière œuvre
de Boissard, qui mourut six mois après (1).

Réhabilités et rentrés en charge, Joly et ses compagnons avaient reçu de Dieu et des hommes toutes les
satisfactions qu'ils étaient en droit d'attendre. Néanmoins il leur en manquait une — qu'on devine. La tragédie dont on vient de suivre les phases devait fatale-
ment en produire une autre : celle qui, précipitant notre
héros des sommets du pouvoir, nous mènera jusqu'à la
fin de sa carrière et de sa vie.

(1) L'effigie doit être également de lui, ce qui en expliquerait la
naïveté.

XXIII

LA VENGEANCE DE PIERRE JOLY

Rarement situation fut plus pénible que celle de nos personnages remis face à face. Henri IV leur avait prêché la concorde : mais leurs blessures étaient trop fraîches et trop profondes. *Mon mari n'oubliera jamais le mal souffert*, déclarait la femme de Praillon. *Le mien non plus* disait celle du Bonhomme. Saubole n'oubliait, pour sa part, ni les attaques des députés messins, ni l'incident de Saint-Germain-en-Laye. Cependant le temps aurait adouci les choses si deux haines implacables n'eussent travaillé à les aigrir : celle de Pierre Joly et celle du duc d'Épernon.

L'affaire de Saint-Germain avait convaincu Joly des inconvénients d'une lutte ouverte. Une lutte couverte convenait mieux, d'ailleurs, à son caractère. Maître Renard l'entreprit durant son séjour à Paris où pendant cinq mois, dit Rosières, « il banda entièrement ses pensées et tourna son esprit à machiner au dommage et préjudice des sieurs de Saubole tout ce qu'il put ». On le vit chez les Moncassin, qui les haïssaient, le père, « pour sa détention dans la citadelle de Metz », le fils, pour l'abbaye Saint-Vincent, dont il disputait la commende à notre héros ; ce dernier se rendant en cour, Joly avertit Moncassin jeune « afin qu'ayant fait reconnaître le lieu où il

et telles, dit-il, que de la teneur on remarque aisément
qu'on commençait les avant-propos d'un éclat de cla-
meur publique à l'encontre des deux frères ». Cette
intention ressort de deux petits articles qui terminent
— *in cauda venenum* — l'invariable énumération des
maux de la cité sous ses gouverneurs. « Que de tous les
articles ci-dessus, concluent les trois Ordres, il plaise à
Votre Majesté faire donner prompte exécution, et autres
ci-devant répondus à Rouen le 15e janvier 1597, et à
Blois le 13e septembre 1599, *desquels les remontrants n'ont
eu jusques à présent aucune exécution. Et croient lesdits
remontrants que le défaut provient de la non-résidence du
sieur gouverneur dans la ville*, à quoi il plaira à sa Majesté
pourvoir pour leur plus grand soulagement » (1).

D'Épernon montre ici le bout de l'oreille : tirer Discret
de sa forteresse et s'y installer à sa place : l'idée, soufflée
par Joly aux trois Ordres, est de lui. Il la signifia d'ailleurs
à Saubole, en envoyant Vallier lui dire dès son arrivée à
Paris, *qu'il ne pouvait trouver bon qu'il se qualifiât gouverneur de la citadelle*. En même temps, les députés messins réclamaient à grand fracas des réformes qu'Henri IV,
pour les satisfaire, ordonna par lettres patentes.

— Que dois-je faire ? demanda le capitaine Saubole,
en recevant ces lettres. — Attendez mon retour, répondit le gouverneur. Ce fut alors un tolle général. « Les
sieurs de Saubole refusent d'exécuter les patentes ! Le
respect dû au prince n'est assez fort pour les empêcher
de se cabrer contre le bien public ! Qui les gardera d'as-
souvir leur vengeance sur les habitants, s'ils se dispensent
de toutes lois » ? (2) Au feu ! à l'aide ! nous sommes perdus ! Les ex-accusés mènent le chœur : « Depuis notre
retour en nos maisons, Monseigneur, écrivent-ils (ou plu-

____

(1) *B. N.*, n. acq. fr. 22665, fr. 136, et *A. M.* 87.
(2) Récit du subjet pour lequel le Roy fit un voyage à Metz...
pamphlet de Joly. *B. N.*, n. acq. fr. 4832, fo 66 (cop. complète) et 22666,
fo 10 (Cop. incomplète).

tôt écrit Joly (1) à Bellièvre), ceux qui nous commandent...
n'ont omis une seule occasion de faire connaître que nous
leur sommes en tout et partout désagréables... retenant
au sieur Joly la communication des affaires concernant
sa charge, privant les sieurs Praillon, Sartorius, Coppe*
rel et Bonhomme des offices naguère... exercés par eux,
guettant le moment de spolier des leurs, les sieurs Goullon
et Bachelé !... Et d'autant qu'ils savent combien grième-
ment nous avons été blessés, et qu'il est difficile qu'une
si maligne plaie ne laisse une longue douleur, ils y rapportent les plaintes des trois Ordres au roi, prétendant
qu'elles sont faites à notre sujet et à la suggestion de nos
parents et alliés, pour rejeter, par cet artifice, le blâme
qu'autrement ils encourraient de la mauvaise volonté
qu'ils nous portent ... A toutes heures arrivent à nos
oreilles des bruits de communication de touches dangereuses... On observe ceux qui nous fréquentent et que
nous visitons. *De petites gens, qui ne sont que depuis qu'on
a mis peine que nous ne fussions plus*, servent en cela
d'émissaires qui détractent et médisent de nous avec
toute hardiesse ». De nouveaux malheurs nous menacent.
Défendez-nous, Monseigneur : avertissez Sa Majesté :
« Soyez le mécène établi de Dieu pour l'arc-boutant de
notre justice » (2).

Joly se décèle à ce trait comme d'Épernon au précédent : et le roi, connaissant les deux sires, n'est pas dupe
de leur rhétorique. Quand Saubole, retournant en sa
charge vint prendre ses ordres, rapporte Rosières, « il lui
dit *qu'il voyait bien qu'on lui voulait brasser et dresser
quelque partie* : mais qu'il continuât à le servir fidèlement *et se donnât garde d'être surpris pour n'être mis hors
de sa place* : qu'il était et serait toujours son roi et son

---

(1) Toutes leurs lettres sont de son style, et l'une d'elles, entièrement de sa main.

(2) *B. N.*, fr. 15899, f° 529. Orig.

bon maître à le défendre et maintenir envers et contre
tous ». Aussitôt rentré à Metz, Roger de Comminges
convoquerait les trois Ordres ; leurs griefs ouïs, il y satisferait : ce que Sa Majesté lui rendrait possible en affec-
tant au paiement de la garnison le produit d'un récent
édit sur la vente des vins (1) : quant à ses ex-ministres,
il dissiperait leurs craintes en les assurant de sa confiance
et de son amitié.

Notre héros partit le 15 juillet, avec son cousin Mansieux (2), un certain Saint-Romans et La Ronchère, lorsqu'au Port-à-Binson, entre Épernay et Dormans, ils croi-
sèrent un domestique du grand doyen Jacques Foës.
Nous avons entrevu ce personnage, premier dignitaire
du premier ordre, et, comme tel, porte-parole attitré de
l'État messin. Beau-frère de Sartorius, il avait pris la
tête du mouvement, autant par ambition que par esprit
de famille. Digne émule du primicier Fournier, il voulait
tout régenter. *C'est le plus insolent et outrecuidé homme
de sa robe qui soit*, disait son allié d'Épernon. *Foës, doyen,
n'a non plus de conscience que le Turc*, ajoutait Valadier,
abbé de Saint-Arnould : mon aumônier, prêtre sacré,
l'allant trouver de ma part (pour se plaindre), *il le reçut
à grands coups de poing et le jeta dehors, après l'avoir
battu et outragé furieusement* ». A un homme de ce
caractère, la poigne du gouverneur pesait, encore qu'il
lui dût la vie. Deux ans auparavant, ayant interdit la
chaire à Raymond Bray, dit Le Chantre, ex-Jésuite
chargé par le cardinal-évêque de « reprendre les vices des
ecclésiastiques », Foës et Lescamoussière, assaillis en
pleine cathédrale par les fidèles armés des bancs de
l'église, eussent été assommés sans l'intervention des
soldats du gouverneur, lequel proclama « les chanoines
reçus en la protection du roi, avec défense de les offenser

____

(1) Henri IV à Bellièvre, 7 juillet 1602. Lettres missives, t. IX.
(2) Orthographe du temps. Auj. Mancioux, près Saint-Gaudens.

en leurs vies, biens et honneurs », sous peine de mort (1).
À présent, mués en champions du peuple, ces Messieurs
l'excitaient contre celui qui les avait tirés de ses griffes :
l'un à Paris et l'autre à Metz attaquaient Saubole avec
ardeur. Aussi ce dernier, voyant le courrier, devina-t-il
l'objet de sa mission. Il lui demanda s'il portait des lettres
aux députés en cour ? sur sa réponse négative, on le
fouilla ; douze missives, résultat de l'opération, édifièrent
le gouverneur : par l'une, Foës informait les députés de
« trois nouveaux griefs faits à trois bourgeois par le capitaine Saubole, dont naissait nouveau sujet de plainte » ;
d'autres « encourageaient les dits députés à diligenter
leurs poursuites » ; et par le contenu de certaines, dit
Rosières, Saubole apprit « *qu'il était vrai ce qu'on l'avait
avisé de l'engagement du procureur Joly envers le duc
d'Epernon contre lui, et de plus que jà il avait associé et
uni les desseins et les volontés d'aucuns des capitaines de
la garnison, créatures particulières du duc, à ceux des principaux des trois Ordres de la ville* ». Le porteur, disait-
on, vous instruira du reste. Interrogé là-dessus, ce dernier refusa de répondre : ce qui combla la mesure. Si
maître de lui qu'il fût d'ordinaire, Roger de Comminges
n'en était pas moins d'un temps où chacun se faisait
justice de ses propres mains. On vient de voir Foës rosser
l'envoyé d'un confrère et les ouailles dudit Foës lui
témoigner leurs sentiments à coups de prie-Dieu : par
ces façons des gens d'église, qu'on juge de celles des gens
d'épée ! Transporté de colère, dit Joly, « le sieur de Saubole n'eut telle force sur ses passions qu'il se pût empêcher de pousser son cheval avec impétuosité contre le
messager » qui fut renversé et piétiné : puis il lui fit donner les étrivières, et le laissa poursuivre son voyage.

L'accommodement s'annonçait mal. Néanmoins, dès
son arrivée (28 juillet), notre héros, convoquant l'État

____

(1) 16 févr. 1600. (V. *B. N.*, fr. 14530 et *B. M.*, Ms. 117).

se rendit à l'assemblée avec le sieur de Cachat, capitaine de
la porte du Louvre, « chargé de rendre témoignage... du devoir qu'il avait fait de tenter la réconciliation» projetée (1).

« Me voici de retour, dit-il aux assistants. D'autant
qu'en mon absence les députés de cette ville ont présenté
forces plaintes contre moi, j'ai désiré voir l'État réuni
afin d'entendre de la bouche d'un chacun quel sujet il a
de se plaindre, et faire connaître que le mal n'est pas si
grand qu'on a mis peine de le représenter au Conseil ». —
Le président Viart, stylé par Henri IV, prit la parole : il
déclara que la mésintelligence née des derniers événements devait cesser « le service du roi et la sûreté de la
place ne la pouvant souffrir » ; il n'y avait rien de grave :
avec un peu de bonne volonté de part et d'autre, l'ancienne concorde se rétablirait; ce que Sa Majesté désirait
pour fruit de cette assemblée. — Puis se tournant vers
Saubole, assis à sa droite. — « Je m'assure, ajouta-t-il,
que c'est votre intention et que vous y contribuerez en
ce qui dépendra de vous ». — « Je ne suis point cause de
la division, répondit Saubole : on se plaint de moi, on
crie contre moi, on s'est efforcé de me tirer de la citadelle et de me réduire à la ville, et Dieu sait à quel sujet ! » — Viart observant que tous les gouverneurs avaient
habité la Haute-Pierre, notre héros, ne pouvant s'expliquer là-dessus sans compromettre le roi et d'Épernon,
abandonna le terrain. — « Cela à une autre fois, Monsieur,
dit-il ; voyons au moins qui se plaint de moi ».

Tous les regards se fixèrent sur le grand doyen qui se
leva, fit une profonde révérence, « le bonnet au poing »,
et déclara que la noblesse n'étant point présente, le clergé
tenait l'assemblée pour nulle et refusait d'y prendre
part. — « Il n'a tenu qu'à ceux de la noblesse qu'ils ne
comparent, dit Saubole : pour deux gentilshommes qu'il

(1) Pour toute cette séance, voir le *Récit du sujet...* de Joly, et une
lettre des magistrats de Metz à Gèvres. (*B. N.*, n. acq. fr. 22720, f° 30.
Cop.)

y a (1), il ne faut tant de bruit » — et s'adressant au maître
échevin Saint-Jure (2), il lui demanda s'il avait quelque
occasion de se plaindre. — « Je n'en ai point », répondit
Saint-Jure, en jetant un coup d'œil de détresse à Foës.
Celui-ci vint à son secours. — « Pardonnez-moi, Monsieur,
dit-il au gouverneur, ce n'est pas la façon d'informer ;
ces interrogations doivent être faites à chacun, à part,
par commissaires autorisés, et non point par vous-même ».
— « Vous n'avez pas toujours été ainsi animé contre moi,
Monsieur le grand doyen, riposta Saubole ; depuis quand
vous êtes-vous rendu si agréable au peuple qu'il vous ait
fait son chef ? » — Le trait porta ; néanmoins Foës répondit mielleusement « qu'il était serviteur de M. de
Saubole, et que les rapports contraires provenaient de
flagorneurs désireux de se mettre en crédit ; quant à se
prétendre chef du peuple, il n'y pensait point : parler en
qualité de premier du premier ordre était son devoir,
et présenter des doléances au roi, était la coutume de
l'État. » — « C'est vrai, dit Viart. Eh bien ! il faut connaître
des plaintes, et si elles sont justes, il y faut pourvoir. » —
« Non, non, protesta Saubole, ce n'est qu'animosité au
grand doyen : il a pensé me traiter comme M. Le Chantre ! »
— « Il n'est plus question de cela, répliqua Foës, piqué
au vif. Sa Majesté a pourvu à nos plaintes précédentes
par règlements restés sans exécution. » — A cela, le gouverneur dut objecter que, sans argent, tous règlements
étaient inapplicables. Joly, néanmoins, lui fait dire « qu'on
ne lui a pas montré ces règlements » ; à quoi Praillon
affirmant que si, et qu'il y pourvut même par des ordonnances contre la maraude (3), Saubole déclare que ces

---

(1) Les frères Vernéville.

(2) Jean Bertrand, dit Saint-Jure, successeur de Jean de Viller.

(3) Les mécontents ne voient pas qu'ils se contredisent en men-
tionnant ces ordonnances. Saubole, en effet, réprima la maraude et
les délits de chasse par des peines allant de l'amende à l'estrapade
en passant par le fouet. (*B. N.*, n. acq. fr. 22665 ,f°s 80-82. Ordonnances
des 30 mai 1598 et 13 mars 99).

ordonnances procédèrent de sa seule initiative, et que
Praillon « s'en doit bien souvenir, lui qu'il a si longtemps
continué en charge, et à qui il a donné plus de pouvoir
que jamais maître-échevin avant lui n'en a eu. Et pourtant, conclut-il, vous n'avez laissé de vous joindre au
grand doyen et au sieur de Vernéville pour vous plaindre
au roi que j'empêche les trois Ordres de s'assembler,
alléguant que Sa Majesté m'a défendu de le leur permettre ; et vous savez que je ne vous ai fait cette défense ». — « Le sieur de Viller nous l'ayant signifiée de
votre part, dit Foës, nous avons cru que c'était votre
volonté. » — « Mais, interrompit de Viller, je n'ai pas interdit aux trois Ordres de s'assembler : je leur ai seulement
fait connaître que M. le gouverneur avait l'intention de
réduire leurs représentants à petit nombre » (1). — Praillon
et Foës soutenant le contraire : « Je vois bien, dit alors
Saubole, que M. Praillon se ressent (2) de son accusation
et ce n'est pas d'aujourd'hui que je m'en aperçois » — Il
rappela le mot de dame Praillon, l'attitude de son mari
et du greffier Le Goullon qui, lors d'une séance des Treize,
restèrent assis à l'entrée du gouverneur, sans paraître
remarquer sa présence : à quoi les susnommés répliquèrent qu'on leur faisait tort, que leurs intentions
étaient pures, leur conduite correcte et leur disgrâce
imméritée. — « Bien, bien, dit Saubole : cela est passé ».

« Aussi n'est-ce pas pour le passé que nous cherchons
règlement, mais pour l'avenir, reprit Foës. J'ai, par
quatre ou cinq fois, prié M. le maître-échevin de faire
assembler l'État ; tantôt il me dit que cela ne lui est
permis, tantôt il me remet à une autre fois. » — « Permettez, dit Saint-Jure : vous ne m'en avez parlé qu'une seule
fois. » — Là-dessus les deux champions échangèrent

(1) Il s'agit des assemblées tenues durant le procès, et dont on crai-
gnait un appel à l'insurrection. La tactique des meneurs est de trans-
former ces mesures d'exception en mesures habituelles.

(2) Éprouve du ressentiment.

quelques vérités. Saint-Jure reprocha à Foës d'avancer
des choses fantaisistes ; Foës reprocha à Saint-Jure de
ménager la chèvre et le chou. — « Vous parlez ici d'une
sorte, dit-il, et hors de ce lieu vous faites démonstration
d'être avec nous, même d'avoir regret que vous n'ayez
vu nos dernières plaintes et que vous n'y eussiez sous-
signé. » — « Vraiment, déclara Saubole, vous êtes bien
libres d'écrire et de signer ! » et prenant des mains d'un
de ses domestiques un petit sachet de toile, il le secoua
sur la table : une douzaine de lettres s'en échappèrent. —
« Voici, Monsieur, dit-il à Viart, des lettres du grand
doyen et d'autres que j'ai prises à son homme. Je le trou-
vai près de Port-à-Binson, où je lui fis donner les étrivières, et moi-même lui donnai quelques coups de bâton,
indigné du style des lettres. Si vous voulez savoir comme
on m'y traite, faites-les lire par votre greffier ». — « Cela ne
pourrait qu'aigrir les affaires : je vous prie, déportez-vous-
en », supplia Viart. — « Vous ne voulez pas qu'elles soient
lues ? reprit le gouverneur : eh bien ! je les ferai voir
et lire ailleurs. Mais ne ferons-nous rien dans cette assemblée ? »

— « Puisque Messieurs du clergé ne la tiennent pas pour
valable, trouveriez-vous pas bon de la remettre à un
autre jour ? » suggéra le président. Saubole, secouant la
tête, fit entendre que cela ne servirait à rien. Toutefois
par acquit de conscience et respect des volontés royales,
« il se leva en pied », jeta un regard circulaire sur l'assistance, et dit : « Puisque nul ne veut répondre aux de-
mandes que j'ai faites, je ferai de mon côté ce que je
m'étais proposé, et commencerai par les accusés,
M. Praillon, M. le procureur, M. le greffier et autres, pour
ce qu'il semble qu'ils aient toujours eu un regret (1) de
ce qui s'est passé contre eux. *Il n'y a rien du mien, sinon
que j'ai donné l'avis au roi : c'est chose que je devais faire,*

(1) Un sentiment de rancune.

quand c'eût été contre mon propre frère. S'ils veulent être mes amis, je serai le leur : sinon, à leur volonté : je m'en remets à eux. Quant au peuple, *je pardonne à tous : je veux vivre avec tous en la même correspondance que du passé* ». Le gouverneur répéta ceci plusieurs fois, promettant *de ne se jamais ressentir dè tout ce qu'on pourrait avoir dit et fait contre lui, en prenant Dieu à témoin*. « Si le sieur doyen me veut faire partie, ajouta-t-il, je saurai si la noblesse se veut joindre avec lui ; mon recours sera au roi, qui m'en fera la justice ; *mais je voudrais qu'il m'en eût coûté un doigt de la main, et que le dit sieur fût vide de toutes animosités* » (1).

Un grand silence accueillit cette déclaration. — « Puisque personne ne répond, dit l'orateur aux sieurs Viart et de Cachat, je veux croire qu'ils ne reçoivent ce que je leur offre ». — « S'ils se taisent, c'est qu'ils consentent », observa Cachat. — « Non font, non font, reprit Saubole ; ils regardent tous au doyen ». — Alors Petrus Lepidus se leva : — « Monsieur, dit-il, nous autres accusés, et justifiés par la grâce de Dieu, n'avons jamais rapporté notre disgrâce à ce que vous avez fait ensuite de notre accusation, ains purement et simplement à la méchanceté des accusateurs, desquels et contre lesquels est notre plainte toutes les fois que nos amis nous en parlent ou qu'entre nous il en est fait mention. La loi que le roi nous a imposée et l'assurance qu'il a plu à Sa Majesté nous donner que vous lui avez témoigné de notre innocence, nous obligent tous à vous reconnaître comme personne à qui nous devons service, et comme en mon particulier je veux vous le rendre : ce que feront aussi tous les autres que vous avez compris sous ce nom d'accusés ». Praillon et Le Goullon confirmèrent ces paroles. Roger de Comminges, en les écoutant, revit le Discours de Saint-Germain-en-Laye, l'avis au jeune Mon-

____

(1) Lettre des magistrats à Gèvres.

cassin, les conférences avec Vallier, le pacte avec d'Épernon, les plaintes au roi, les lettres aux membres du Conseil, l'excitation des capitaines à la révolte. Tournant le dos à l'hypocrite Joly, il rejoignit Viart « qui commanda à chacun de se retirer, puisqu'on ne voulait prendre aucune résolution ». Comme le clergé sortait, le gouverneur fit rappeler l'abbé de Saint-Symphorien ; lui et ses confrères s'étaient fort plaints des emprunts faits par notre héros à leurs caves et à leurs greniers : à quoi il avait répondu *que quand Sa Majesté le payerait, il satisferait à ce qu'il avait pris* . — « Et vous, Monsieur, dit-il à l'abbé, vous faites grand bruit pour du foin que vous dites que je vous prends ; si je ne vous l'ai payé, je vous le payerai ; la chose ne vaut le crier ». — « Je ne me plains sans cause, répliqua l'abbé : je suis en une maison endettée : je ne puis me nourrir, ni mes religieux, que de ce qui reste ». — « Par Dieu ! s'écria Saubole, les moines ne mangent pas de foin ! » — « Non, monsieur, repartit l'abbé, mais de l'argent qui en provient s'achète leur nourriture ». — « Eh bien ! je vous le payerai, dit Saubole ». — « Je désire avoir ce qui est à moi, conclut l'abbé ; hors là je ne dois être importun. » Ceci dit, tout le monde s'en fut.

Pour finir comiquement, la séance n'en était pas moins tragique. Elle révélait, chez les meneurs, la résolution d'aller jusqu'au bout : ils en avaient trop fait pour ne pas poursuivre, et l'incident de Port-à-Binson les y poussait. « Voyez, Monseigneur, combien justifiées sont nos craintes ! mandaient Joly, Foës et consorts à Bellièvre : si le sieur de Saubole se livre à de telles violences hors de son gouvernement, sur personnes qu'il sait ne devoir porter la peine pour autrui, qu'est-ce qu'il ne sera pas présumé devoir faire sur ceux qu'il tient coupables, en un lieu où, sous le nom du roi, il peut tout ? Cette appréhension ne nous donne point de relâche ; c'est à cela

que nous cherchons remède et que nous espérons votre
intercession près de Sa Majesté » (1).

Sollicité de même, d'Épernon, qui n'attendait que cela,
saisit le joint. « Envoyez-moi là-bas, dit-il à Henri IV,
j'arrangerai l'affaire : comme gouverneur en chef, cette
mission conciliatrice me revient ». Le roi y consentit.
Joly et ses compagnons exultèrent : le *roi d'Austrasie*,
rentrant dans sa capitale, ne manquerait pas de prendre
sur Discret la revanche couvée depuis tant d'années.

(1) *B. N.*, fr. 15899, f⁰ˢ 525 et 531. Orig.

XXIV

LA REVANCHE DU DUC D'EPERNON

En apprenant le voyage du duc, les habitants de la citadelle haussèrent les épaules. *Avant que M. d'Epernon soit ici*, dirent-ils, *le poil croîtra plutôt sur la tête d'un chauve* ! Leur incrédulité se conçoit : envoyer comme pacificateur à Metz l'homme le plus intéressé à y attiser la discorde semblait folie. Sa Majesté, il est vrai, lui adjoignait le conseiller d'Etat Boissise (1), « avec charge expresse de veiller et prendre garde qu'en cette négociation où les Sauboles étaient en jeu, ce qu'il savait être du particulier du duc en leur endroit n'empêchât l'effet de la réconciliation » désirée. Viart devait l'épauler, « afin d'arrêter le cours de toute altération et d'en extirper, si possible, la cause avec l'effet ». (2) Mais le roi connaissait assez d'Epernon pour prévoir qu'il brouillerait les cartes nonobstant tous les Viart et tous les Boissise du monde. La conduite d'Henri IV est difficile à pénétrer. Envoya-t-il d'Epernon à Metz aussi légèrement qu'il y avait envoyé Miron ? ou bien, jugeant la chute de Saubole inéluctable, l'accéléra-t-il par un stratagème digne d'Henri III ?

Quoi qu'il en soit, vers fin septembre, le duc mit le cap sur Metz. Le roi l'annonça aux habitants par une

(1) Jean de Thomery, sieur de Boissise, diplomate de talent.
(2) Rosières et Lettres missives, t. V (29 sept. 1602).

lettre déclarant qu'il le dépêchait « pour arrêter le cours des divisions... qu'à son grand déplaisir il voyait croître entre eux et le sieur de Saubole, *et pour les remettre ensemblement, s'il était possible, en la bonne amitié, familiarité et correspondance d'autrefois* ». (1) L'entrée du bon apôtre eut lieu le 28. « J'ai trouvé le peuple fort consolé de ma venue, dit-il à Bellièvre, pour l'espérance qu'il a que Sa Majesté... établira par moi quelque bon ordre pour son repos et soulagement. (En attendant M. de Boissise) je ne laisserai de contribuer tout ce qu'il me sera possible à la réconciliation et d'y ébaucher les affaires qui s'y présentent, avec l'assistance de M. le président Viart, le plus soigneusement que je pourrai. » (2)

D'Epernon apportait la guerre, et Saubole le savait de reste. Il reçut néanmoins son chef « avec tous les honneurs qui se peuvent faire ». La Haute-Pierre n'étant pas en état d'abriter le duc, on lui prépara dans la citadelle un souper et un logement qu'il refusa pour aller s'établir à l'Evêché. Il visita toutefois la forteresse, où Discret l'accueillit selon son rang. Sur cette visite, les historiens épernonistes ont tant glosé que Bassompierre, lisant le récit de Scipion Dupleix, ne put se tenir d'écrire ses réflexions en marge. « Le duc étant allé en la citadelle, dit notre auteur, Sobole lui présenta bien les clefs par honneur, mais il n'en fit pas sortir la garnison par le respect dû au gouverneur principal, suivant la coutume. » — *On ne fait pas*, note Bassompierre, *sortir la garnison d'une citadelle lorsque celui qui en est le capitaine particulier y entre.* — Bien est vrai, reprend Dupleix, qu'il dit au duc, que, s'il lui plaisait, il le ferait ; mais cela se devait faire, non demander. — *Au contraire*, dit Bassompierre, *cela ne se devait point faire, et Sobole n'eût pas mal fait quand il ne l'eût pas demandé.* — Le duc, poursuit Dupleix, en-

<hr>

(1) *A. M.* 86, même date, orig.
(2) *B. N.*, fr. 18597, f° 502. Orig.

trant dans la citadelle, trouva toute la garnison en armes :
ce qui était contre la décence. — *Vous êtes un animal,
Monsieur l'historien*, observe Bassompierre : *c'eût été
contre la décence que la garnison n'eût été en armes à l'entrée
de M. d'Epernon.* » L'autorité d'un maréchal de France
est indiscutable en pareille matière. D'ailleurs, les contemporains attestent que si le duc prit de l'ombrage, ce
ne fut pas de sa réception à la citadelle, mais du fait que
les deux Sauboles n'en sortaient jamais ensemble. L'un
et l'autre allaient le voir à l'Evêché, à tour de rôle ; en
vain d'Epernon les invitait-il à venir tous deux, « il n'y
en venait qu'un, tandis que l'autre ne bougeait de la
citadelle ». Le duc enrageait. Il avait compté, en leur
absence, faire occuper la forteresse par les capitaines alliés
de Joly. Mais Henri IV veillait : lorsque Roger de Comminges prit congé de lui pour rentrer à Metz : « *Quoi qu'on
vous puisse dire ou apporter de ma part*, lui recommanda-t-
il, *ne quittez jamais la citadelle tous les deux à la fois, si
vous ne me voyez aux portes.* » (1) D'Epernon devina
le roi derrière les Sauboles, et sa fureur contre eux s'accrut
d'autant. Joly le calma. Patience ! les Messins forceraient
la main à Sa Majesté : que le duc commençât par procla-
mer hautement « que la citadelle relevait de lui seul, et
leur fît voir la commission qu'il en avait du feu roi, pour
effacer de l'esprit d'aucuns l'impression que les frères y
avaient gravée du pouvoir absolu que l'aîné disait y
avoir » ; les alliés de Monseigneur feraient le reste.

Ils ne perdirent pas de temps. Une députation des trois
Ordres vint demander l'immédiat renouvellement de la
justice, sous prétexte qu'émanant de Saubole, elle serait
l'instrument de ses représailles. Le mandat de ses membres
expirant dans six semaines, il n'y avait pas péril en la demeure : mais comment brasser une émeute avec des magistrats dévoués à Discret ? *Ces petites gens, qui sont*

(1) Du Gué.

depuis que nous ne sommes plus, comme disaient Praillon et Joly, les gênaient fort ; aussi d'Epernon fit-il grande instance pour leur destitution, « nécessaire au bien des affaires de Sa Majesté et au repos de l'Etat messin. » (1) Sans démêler toute l'intrigue, Boissise eut l'intuition du vrai. « La capture de Praillon et des autres, dit-il au chancelier, a tellement ulcéré les esprits que la guérison en est très difficile, car ils sont les mieux apparentés, de sorte que leurs plaintes s'étendent à tous, ou peu s'en faut, et la fréquente répétition d'icelles en attire d'autres qu'on n'avait pensé de mettre en avant, si bien que cette ville ne retentit d'autre chose. *Ils demandent le changement de la justice pour s'assurer à l'avenir. Je crois que c'est aussi quelque espèce de vengeance contre le sieur de Saubole, qui l'a établie.* (Néanmoins) il n'y peut avoir d'inconvénient à les satisfaire. » (2) L'avis prévalut : Henri IV crut — ou parut croire — qu'en accordant ce point, on aurait la paix. Le 5 novembre, convoqués par le duc à l'Evêché, Saubole, Viart, Boissise, la majorité des trois Ordres et les pauvres « petites gens » s'y réunirent. D'Epernon lut un mandement de Sa Majesté déclarant que pour pacifier toutes choses, il fallait sur-le-champ renouveler la justice, « sans préjudicier en quoi que ce fût à l'honneur et intégrité de ceux qui en avaient présentement l'administration. » La démission qu'on requérait d'eux était un sacrifice au bien public, un acte de dévouement dont le roi et l'Etat leur sauraient gré. » (3) L'orateur, amplifiant ce thème, exhorta tout le monde à la concorde, à l'entier oubli du passé.., et institua une magistrature de combat où brillèrent Praillon, Goffin, Busselot, le Bonhomme, deux gendres de

(1) *B. N.*, fr. 18597, f⁰ 494. Orig.
(2) *Id.* 15899, f⁰ 441. Orig. V. aussi deux lettres de Saubole au chancelier et au roi, f⁰ˢ 511 et 513. Orig.
(3) Récit du sujet... et Preuves... t. II, f⁰ 667.

Wiriat et un beau-frère (1) de Jean Copperel, sans compter le maître-échevin Maguin, ex-député en cour contre Saubole (2).

Dès lors, l'offensive se déclanche. A peine élu, Maguin remet au duc de nouvelles plaintes, élaborées depuis **six** mois par les trois Ordres (16 novembre). Données comme extraordinaires, elles reproduisent, quant au fond, celles de mars 1602, qui reproduisent celles de juillet 1588, qui reproduisent celles de décembre 1585 (3). Logé à même enseigne que ses devanciers, Roger de Comminges s'est **tiré** d'affaire par mêmes moyens. *Il faut bien que je mange : les gouverneurs ne peuvent vivre d'air,* dit quelque part Sancho Pança. Mais cette nécessité qui n'a point de loi, les mécontents, pour les besoins de leur cause, l'érigent en tyrannie. Depuis que le sieur de Saubole commande aux Messins, il n'a jamais cherché qu'à leur nuire ; 85 articles formant quatre chapitres, en font foi. Le premier détaille tout ce que ledit sieur « a levé, fait lever ou permis **être** pris sur la ville et le pays, tant en argent, vivres, denrées, qu'en corvées ordinaires et extraordinaires ou prestations d'hommes et services de chars et chevaux, *au préjudice des privilèges, franchises et libertés de la ville et du pays, et contre l'intention et promesse de Sa Majesté.* On n'a omis ni une botte de paille, ni une pièce de vin, ni un quarteron de fruits, ni même — ceci n'est pas galant ! — les provisions du festin de bienvenue d'Isabeau : le **tout** énoncé de manière à faire croire que si le gouverneur **en** a usé ainsi, c'est uniquement par esprit de lucre et appétit de domination. *Il s'est ingéré, de son autorité privée, de*

---

(1) Lescuyer, frère de sa femme.

(2) Adjoint, avec Goffin, à Busselot et à Lescamoussière en mars-mai 1602.

(3) Comparer les textes. Déc. 1585 (Gouv. de La Verrière). **Preuves,** t. II, f° 427. Juillet 1588 (gouv. de Moncassin). *B. M.,* Recueil de M. de Lançon, f° 437. Novembre 1596 (gouv. de Saubole), *B. N.,* **n.** acq. fr. 22664, f° 289.

faire lever sur le pays vin, avoine, foin, paille... *en telle
quantité qu'il lui a plu...* Les habitants faisant difficulté
d'acquiescer à telles et si fréquentes levées *colorées du
service du roi*, il les a *menacés* d'envoyer les soldats
vivre à discrétion par les villages, si on ne lui fournissait
ce qu'il demandait. *Il a tiré...* du magistrat... des
meubles... *sous prétexte* de vouloir meubler la Haute-
Pierre. Il a fait amener par corvées les matériaux *qu'il
disait* nécessaires aux réparations de la citadelle, etc...Cette
humeur despotique, ce besoin de vexer et d'opprimer,
se sont donné carrière dans *ses entreprises sur le magistrat
de la justice ordinaire*, objet du second chapitre. On y
voit les deux frères instituer et déposer à leur gré les
officiers de la ville, influencer les juges, décider du gain
des procès, placer partout leurs créatures : le coup
d'Etat du 18 décembre 1600 et l'entente avec Batilly
scellent le pacte de la tyrannie contre la liberté et du
vice contre la vertu (style Joly) ; car le propre des des-
potes étant de haïr les gens de bien, ceux-ci ont essuyé
mille persécutions. Le troisième chapitre énumère ces
persécutions, motivées par de prétendues offenses « reçues
de plusieurs particuliers des trois Ordres » ; et comme ce
sont lesdits particuliers qui tiennent la plume, on peut
penser s'ils rapportent exactement les faits ! Le clergé se
pose en martyr ; Saubole aîné prend dans toutes les
poches, intervient dans toutes les affaires, menace les
récalcitrants de leur « fendre la tête, cap de Diou ! » Les
laïques n'en mènent pas plus large, témoin le messager de
Port-à-Binson ; par contre, La Ronchère « ose se promener
es places publiques », comme aussi Jean le Gascon « et
autres satellites » des deux frères, qui ont fait de la citadelle une vraie caverne d'Ali-baba. Un quatrième et dernier chapitre narre les exploits de ces Messieurs, dont le
capitaine Bourgneuf, terreur des propriétaires, et le capitaine Provençal, terreur des voyageurs, sont les héros :
bourgeois spoliés, marchands molestés, étrangers déva-

lisés et rançonnés, rien n'y manque. Quant à leurs acolytes ils sont trop ! un volume ne suffirait pas aux méfaits de Jean-Pierre, La Pointe, Carabin, La Joie, Mondessus, La Rose, La Rivière, Daniel, François-de-la-petite-Tape, Didier-la-Trompette et *tutti quanti*. On voit donc que sous le *formidable* gouvernement des sieurs de Saubole, les Messins, malheureux comme pierres, tremblent pour leurs vies, biens et honneurs : c'est pourquoi ils supplient Sa Majesté « de détourner d'eux la cause de tant de maux, en les délivrant entièrement et pour toujours de la domination et de la présence desdits sieurs » ; après quoi, rétablis en leurs privilèges, ils espèrent de sa royale justice la restitution de tout ce qu'on leur a pris, (avec dommages-intérêts) et la « punition exemplaire de ceux qui, impunément, ont été exécuteurs de tant de mauvaises actions » (1).

Servi fumant à d'Épernon, ce plat de haine et de vengeance fut porté, chaud encore, à Saubole. Sa colère et sa douleur furent grandes. « Combien que son naturel soit fort plombé, dit malignement Joly, si n'eut-il assez de poids pour modérer les premiers mouvements et ne lui fut-il possible de dissimuler le déplaisir (2) qu'il en reçut... Il mit peine, pourtant, de se justifier, peu étonné (3) des charges, mais étrangement indigné contre ceux qui les avaient osé produire, surtout pour y avoir vu qu'ils concluaient à séparation... ce qui plus perçait son cœur. » Déjà les meneurs chantaient victoire, lorsque le roi rappela d'Épernon. Nos gens n'étaient braves qu'à son ombre ; effrayés, ils coururent chez Boissise qui les rassura : le duc reviendrait : Sa Majesté voulait l'ouïr et voir les plaintes : ce qu'entendant, Lescamoussière et Goffin par-

---

(1) *B. N.*, n. acq. fr. 22665, f° 228, et 22720, f° 1. *B. N.*, Ms. 164, f° 465. *Preuves...* t. II, f° 673. *Mémoires sur Metz*, t. VI.
(2) Chagrin, douleur.
(3) Peu ému.

tirent « pour l'éclairer sur les circonstances d'icelles,
tant des temps que des lieux et personnes ». Saubole
envoya des ambassadeurs à même fin. — « Voici, dit
Boissise, expédiant le factum au chancelier, les plaintes
nouvelles des trois Ordres de ce pays contre le sieur de
Saubole. J'eusse mieux aimé que c'eût été leur réconciliation : mais il n'a été possible de les y amener, *tant les
dits trois Ordres sont animés et aheurtés à faire instance
d'un autre gouverneur... En ce temps, le changement dont
vous serez importuné est difficile et dangereux*. Il n'y a pas
moins d'inconvénient à laisser les habitants en leur
mauvaise humeur : en sorte que de toutes parts vous y
trouverez difficulté qui ne peut être surmontée que d'un
commandement bien absolu de Sa Majesté » (1).

Ce commandement, Henri IV le donna après avoir
examiné les plaintes et écouté les avocats des deux parties. En vos communes doléances, dit-il aux trois Ordres,
« *nous avons reconnu plusieurs recherches animées* lesquelles
passant plus avant et estant traictées par les procédures
qu'il seroit besoing de faire de part et d'autre, avec un trop
long temps pour les justifier, le remède en seroit plus
tardif et moins utile, et mesme pourroit vous apporter
plus grande altération : ce qui nous fait résouldre, pour en
arrester entièrement le cours, *de faire supprimer le tout et
d'en deffendre respectivement toutes recherches et poursuites,
et vous mander, comme nous faisons au sieur de Sobole, que
vous ayez à vous disposer absolument à une parfaite réconciliation*, par laquelle, rentrant avec ledit sieur en l'amitié
et bonne intelligence que nous scavons avoir esté autrefois entre vous, l'on mette réciproquement sous le pied
et en perpétuel oubly le passé, pour à l'advenir vivre en
paix, union et bonne correspondance, esloignez de toutes
divisions, discordes et partialitez, concurrens en une
mesme affection, soin et dessein de bien et fidellement

(1) *B. N.*, 15899, f° 193. Orig.

servir, chacun en ce qui est de son debvoir, avec le respect requis à nostre autorité et à ceux auxquels nous en commettons la conservation et manutention. Nous renvoyons présentement et expressément nostre cousin le duc d'Espernon à Metz pour vous le commander de nostre part, et vos députés pour vous tesmoigner cette nostre résolution à laquelle vous ne ferez faute d'obéir et entendre » (23 décembre 1602) (1).

Porteur de cette épître, d'Epernon reparut à Metz le 12 janvier. Saubole, de son côté, reçut pareille lettre d'Henri IV : *mais il reçut aussi un avis secret*. On lui disait que le duc, prenant prétexte de la réconciliation, l'attirerait dans un guet-apens avec son frère, pour se saisir à la fois d'eux et de la citadelle.

D'où venait cet avertissement et que valait-il ? Rosières suppose que l'avis, vrai, *vint du roi même*. Il admet néanmoins qu'il ait pu venir de l'entourage du duc : auquel cas il se pourrait bien qu'il fût faux. Le duc présumait que la réconciliation n'aurait pas lieu : mais il lui fallait la tenter et en imputer l'échec aux Sauboles : retenus à la citadelle par l'appréhension d'un piège, ceux-ci sembleraient refuser la paix et mettraient les torts de leur côté. Pour d'Épernon, fourbe fourbissime, c'était là l'enfance de l'art.

De toute façon, ainsi mis en garde, les deux frères redoublèrent de prudence. Le jour de l'arrivée du duc, l'aîné « lui fut au-devant jusques à deux lieues et rentra en ville à la portière de son carrosse » : mais le cadet demeura dans la forteresse *par ordre du roi*, dit Roger à d'Épernon mécontent. Le surlendemain, 14 janvier, tous deux furent conviés à l'assemblée de réconciliation. François y vint seul : son frère, indisposé, dit-il, l'avait chargé de l'excuser « et de supplier M. d'Épernon, pour ne perdre le temps de cette assemblée, vouloir composer,

____

(1) *A. M.*, 222. V. aussi *Récit du sujet...* et *Voyage du roi*, de **Joly**

en icelle les différends du capitaine Saubole avec les
trois Ordres, vu que ce qui regardait un simple capitaine
de gens de pied, devait se traiter distinctement et autrement que ce qui regardait un lieutenant de roi. Le duc,
poursuit Rosières, n'approuva nullement ce compliment,
et pendant que l'assemblée se formait, retenant près de
lui le capitaine Saubole, envoya Viart et Boissise l'un
après l'autre à la citadelle pour persuader au gouverneur
de s'y acheminer. » — « C'est l'intention du roi, lui dirent-
ils, que vous et votre frère assistiez *ensemble* aux Etats :
sans vous, la réconciliation ne pourra se faire, joint que
M. d'Epernon, offensé de votre conduite, aura sujet de
s'en plaindre à Sa Majesté. » — « J'ai regret, répondit Saubole, de déplaire à M. d'Epernon : mais *l'ordre du roi touchant la citadelle est formel, et la lettre qu'il vient de m'adres-
ser ne porte ordre contraire* : elle me commande seulement
de me réconcilier avec les trois Ordres. Je ne demande pas
mieux. Je leur ai offert la paix, qu'ils ont refusée ; je suis
prêt à la leur offrir derechef. Quant à sortir d'ici en même
temps que mon frère, cela m'est défendu ; le roi, qui m'a
fait cette défense, ne l'a pas faite sans raisons : et ces
raisons, j'irai les dire moi-même à M. d'Épernon ».

Le lendemain, notre héros, quittant la citadelle, alla
trouver le duc à l'Evêché. L'entrevue fut orageuse. D'Épernon éclata en reproches, non sans essayer encore d'ébranler la résolution de Discret : celui-ci se retranchant derrière
l'expresse volonté d'Henri IV, « le duc, de plus en plus
opiniâtré dans son courroux, lui dit, par plusieurs fois,
*qu'il se retirât donc dans sa citadelle et fît bonne garde
pour en répondre au roi pendant qu'il l'avertirait de sa
désobéissance et rébellion contre ses commandements !*
Alors Saubole s'avança pour lui dire à l'oreille ce qu'il
voulait que personne n'entendît, afin de le rendre particulièrement informé des raisons qu'il avait, sans offenser
ni déplaire au roi, de refuser à rendre au duc, en cet endroit, le contentement qu'il voulait avoir, de le voir ployer

à son désir ». Mais d'Epernon le repoussa, « réitérant ses paroles de s'en retourner à la citadelle : et lors Saubole prenant congé de lui, sortit après lui avoir dit pour dernier discours : « *Monsieur, vous me commandez retourner en la citadelle et en faire bonne garde pour Sa Majesté : vous obéissant, je m'y en vais, et au péril de ma vie ne manquerai à ce qui est de mon devoir.* »

Aussitôt le duc se rendit au palais des Treize (1) : et là, jetant le masque, il déclara aux habitants qu'ils faisaient bien de rejeter tout accommodement avec les deux frères ; que ceux-ci étaient traîtres, ingrats et rebelles ; qu'ils voulaient rester maîtres de la citadelle pour combattre les Messins, lui-même et le roi : et que, pour tuer ces projets dans l'œuf, il fallait investir la forteresse à l'instant. Les bourgeois, enchantés, prirent les armes, « ce moyen de plus forte division leur étant aussi agréable, dit Joly, qu'ils avaient peu goûté le commandement de réconciliation. » A peine rentré, Saubole vit commencer tranchées et palissades auxquelles travaillaient « 800 hommes conduits par leurs centeniers (2) et dirigés par les plus expérimentés de la garnison ». La citadelle fut ainsi « bloquée du dedans et du dehors de la ville », et l'on mit même des sentinelles dans le fossé : mais elles en furent ôtées la nuit suivante « sur ce que, dit Rosières, le même jour au soir, Saubole, envoyant l'enseigne de sa compagnie de 400 hommes demander et prendre le mot au duc, le fit prier de retirer cette sentinelle du fossé : autrement que, *pour ne pouvoir faire la garde de cette place comme il le lui avait recommandé*, il serait forcé de se porter à quoi il n'arriverait jamais qu'à l'extrémité et dernière nécessité où on pourrait le réduire, ne lui laissant libres les fossés de cette place. »

D'Épernon comprit que sa revanche ne serait pas en-

----

(1) L'hôtel de ville du temps, situé près de l'Evêché.
(2) Capitaines bourgeois.

tière et que Discret s'ensevelirait sous les ruines de la forteresse plutôt de la rendre à un autre qu'au roi de France. Ce soir-là, dans Metz en rumeur, il y eut deux hommes qui ne dormirent guère ; le drame qui se jouait entre eux depuis quinze ans touchait à son dénouement : et chacun pressentait que ce dénouement lui serait cruel.

XXV

LE VOYAGE DU ROI

Le lendemain, 17 janvier 1603, deux cavaliers galopaient vers Paris : c'étaient les sieurs du Plessis, gentilhomme du duc d'Épernon, et de Mansieux (1), cousin de Saubole, chargés par leurs chefs d'informer le roi des événements.

Henri IV, alors las et malade, ouït ces deux cloches le 19, et se dirigea, soucieux, vers l'Arsenal (2), où il devait passer la journée. Après « y avoir examiné toutes choses, il s'alla promener sous les grandes halles aux canons proches de la Bastille », et là, devisant selon sa coutume avec Rosny, il reconnut que « plus les rois possèdent de pays et seigneuries, moins doivent-ils espérer d'être en repos de corps et d'esprit » ; aux grandes affaires en succèdent d'autres, quasi non moindres. « Je ne me suis pas plutôt vu, continua-t-il, hors de celles que j'ai eues avec le roi d'Espagne, M. de Savoie, M. de Biron et sa séquelle, qui n'était pas petite, que voici de nouvelles épines, lesquelles, quoiqu'en effet elles ne soïent pas si dangereuses, *si ne laissent-elles pas de me piquer l'esprit bien serré*, et trois entre les autres ». Henri expliqua que

---

(1) Bertrand de Comminges, âgé de 32 ans, fils de Nicolas de Comminges, sieur de Mansieux (auteur de la seconde branche cadette des Péguilhan) et de Françoise de Montpezat.

(2) Rosny y demeurait, comme grand-maître de l'artillerie.

la première « était le reste des menées de Biron » et celles
de Turenne-Bouillon, devenu son ennemi : la seconde,
l'obstination de la duchesse de Bar à demeurer hugue-
note, au risque de voir son mariage annulé : « *et la troisième*
poursuivit le roi, *ce sont les affaires de Metz,* lesquelles il
faut traiter bien délicatement, à cause qu'étant ville
d'Empire, si je venais à la perdre, je n'aurais droit de la
redemander, les brouilleries d'entre M. d'Épernon, les
Soboles, et les principaux habitants des deux religions
étant telles qu'il m'y faut remédier promptement... Voilà
les causes pour lesquelles je suis venu ici vous entretenir,
afin que vous m'en disiez votre avis. » Rude et tran-
chant à son ordinaire, Rosny déclara que Bouillon n'était
point à craindre, ses partisans n'ayant nulle place en
état de résister quinze jours. Pour les deux autres affaires,
« un voyage en Lorraine, avec la reine et toute la cour,
afin qu'il semblât que ce ne fût que par forme de visite »,
arrangerait tout. Charles III et son fils, en présence du
roi, n'oseraient mal traiter sa sœur, et le Pape sanction-
nerait le mariage avant six mois. Quant aux brouilleries
de Metz, ces dissensions entre d'Épernon, les Sauboles et
les notables « *procédaient surtout de leurs intérêts particuliers et de l'autorité absolue que chacun se voulait arroger
et s'y maintenir...* s'étant tous là-dessus tellement enaigris
les uns contre les autres, qu'il n'y avait que la seule présence et prudence de Sa Majesté qui pût remédier à tant
d'intrigues et d'embarras, mélangés d'impostures, calomnies et suppositions : ce grand embarras des parties
donnerait l'avantage au roi, car il les rendrait tous chiens
couchants, sans faire autre chose que tâcher à rejeter
les fautes de leurs intrigues les uns sur les autres. » Le
conseil corroborant ses vues, Henri remercia son ministre et
résolut de partir au plus tôt, « nonobstant les mauvais chemins qui lui rendraient, dit-il, une cour bien crottée. » (1).

(1) Œconomies royales, Sully.

Mansieux et du Plessis repartirent donc le 22 pour
Metz « avec ordre d'y arriver de compagnie et en même
temps ensemble : ce qu'ils firent le 24, portant chacun
séparément la volonté du roi... Saubole eut ordre de ne
rien aigrir, et d'Épernon de ne rien entreprendre, ains
de se comporter doucement et faire bailler, de la ville,
des vivres aux gens de la citadelle, afin qu'il ne fût touché
aux magasins. » Quant aux habitants, Henri leur annonça
son intention de pourvoir aux affaires sur place, en personne, et bientôt (1) ; mais désireux d'un rapport impar-
tial, il envoya son confident La Varenne en éclaireur.
Ex-gâte-sauce de la duchesse de Bar, porte-manteau et
porte-poulets du roi, Guillaume Fouquet, sieur de la Varenne, n'est connu que par de bas services ; il en rendit
pourtant de plus avouables en politique, où sa science de
l'intrigue et sa souplesse d'homme à tout faire firent merveille ; à ce point de vue, l'écheveau des brouilleries messines ne pouvait tomber en meilleures mains.

Arrivé à destination le 29, il remit au duc d'Épernon,
qu'il vit d'abord, cette mercuriale de Sa Majesté : « Mon
amy... Vous aviez sceu par le Plessis *comme je n'approu-
vois pas la précipitation dont vous aviez usé en vos bar-
rières* (2) ; *jugez par là combien je trouve mal à propos
les tranchées* que me mandez qu'allez commencer par le
dehors. *C'est ce que je vous avois le plus recommandé, que
la passion ne vous fist rien haster. Les avis que m'envoyez
du dehors* (3), *quand ils eussent esté véritables —·ce qu'ils
ne sont pas, car je vous en asseure — ne requéroient point
prendre l'alarme si chaude. A ceste heure on verra que tout
ce que je feray ne sera qu'exécuter vos vengeances, qui est
l'impression que je crains le plus qui entre dans le cœur*

______

(1) Rosières, *Preuves*, t. II, fo 693 et *Voyage du roi.*
(2) L'investissement de la citadelle.
(3) Un paysan avait dit au duc que les Sauboles « communiquaient
par le dehors avec un seigneur voisin qui leur promettait secours,
présage de quelque hostile dessein » (Joly).

de mes subjets : que je me gouverne par autre chose
que par la raison. Si donc vous avez commencé rien par
dehors, que l'on quitte l'ouvrage et remette toutes choses
comme elles estoient auparavant ; et conduisez les affaires
par toute douceur, attendant mon arrivée. La Varane (1)
vous dira mes volontés. » (2)

Ces volontés — les mêmes pour tous nos personnages —
étaient de se tenir tranquilles, de s'en remettre à l'équité
royale, et de dire franchement au sieur de la Varenne
ce qu'ils pensaient de la situation et quels moyens ils es-
timaient propres à y remédier. L'un après l'autre, d'Épernon, Boissise et Viart s'exécutèrent. L'ambassadeur se
rendit ensuite au Palais des Treize où le duc, sur sa demande, avait réuni les trois Ordres. Là, il tenta un dernier
effort. Après avoir produit sa créance, il « remontra, avec
un langage naïf, le besoin que le service du roi et la condition du pays avaient de voir les courages radoucis et levée
la mésintelligence que quelque désordre passé avait sus-
citée entre les sieurs de Saubole et les habitants : qu'il ne
fallait plus vivre divisés... pour ce que c'était un acheminement à la ruine d'un chacun, joint que Sa Majesté ne
pouvait trouver bonne cette aigreur en un peuple qu'elle
avait toujours reconnu doux et traitable (3) : que ceux
qui se glorifiaient être bons serviteurs du roi le devaient
faire paraître en cette occasion; se portant et mettant
peine de faire porter les autres à la réconciliation qui leur
avait été proposée ;... et *c'était le principal sujet de son
voyage, de leur dire qu'ils ne pouvaient faire chose plus
agréable à Sa Majesté.* » — A ces mots, Joly, Praillon,
Maguin, Foës, se regardèrent d'un air consterné ; puis,
après une consultation feinte, Maguin répondit à La Varenne qu'une réconciliation n'était plus tentable, attendu

(1) Il signait ainsi. La forme La Varenne date du siècle suivant.
(2) *Lettres missives*, t. VI (26 janv. 1603).
(3) C'est Joly qui le dit !

que Messieurs de Saubole, outrageusement offensés des
dernières plaintes, l'étaient encore davantage des barricades, « qui les avaient tellement irrités qu'il n'y aurait
aucun moyen de les apaiser. » D'ailleurs, en admettant
qu'ils parussent l'être, nul ne se fierait à des gens dont on
connaissait l'humeur implacable et qui s'étaient efforcés
de perdre, avec bon nombre de signalés habitants, l'honneur et la réputation de la ville. Non, non, pas d'accommodement, pas de milieu ; si les sieurs de Saubole restaient à Metz, les bons citoyens en sortiraient ; si les bons
citoyens restaient à Metz, les sieurs de Saubole en sortiraient. Sa Majesté n'avait qu'à choisir. Sur ce, l'envoyé
du roi prit congé, « accompagné des plus notables qui
l'abandonnèrent peu, chacun à son tour reprenant le
discours des déportements des deux frères. » (1)

De ce nid de guêpes, La Varenne passa à la citadelle.
Il dit à Roger de Comminges « que le roi avait eu fort
désagréable tout ce qui venait de se passer » et désirait y
remédier à la satisfaction générale : *qu'ayant entendu par
le sieur de Mansieux comment il s'était comporté en cette
occasion, Sa Majesté en avait contentement et trouvait bon
qu'il ne sortît de la citadelle, ni son frère aussi, suivant ce
que Sa dite Majesté lui avait écrit* (2), jusqu'à ce qu'elle
lui eût fait autre commandement. » Comme tous les
intéressés, Saubole raconta les événements, proposa sa
solution du problème et reçut, de plus, l'assurance « *que la
volonté de Sa Majesté était de le conserver* (3) *et tenir en sa
protection, comme aussi son frère* », auquel La Varenne,
selon sa charge, « fit connaître la même bonne volonté de
Sa Majesté en son endroit. » (4) Sur la réponse de notre

<hr>

(1) *Récit du sujet, Voyage du roi*, et *A. M.*, 222 (séance du
29 janv. 1603).

(2) On voit qu'Henri IV avait donné cet ordre aux Sauboles, non-
seulement de vive voix, mais encore par écrit.

(3) Protéger, défendre.

(4) Instruction au sieur de la Varane. *B. N.*, Dupuy 53, f° 88. Mi-
nute. (Indication due à M. Gaston Zeller).

héros, les contemporains n'ont qu'une voix. « Sobole, dit Pierre Mathieu, se montra disposé à faire tout ce que Sa Majesté commanderait, mais néanmoins déclara *qu'il ne remettrait jamais la place qu'à elle-même.* » Cette réponse, ajoute Palma Cayet, « fit résoudre le roi d'y aller ».

Henri IV comptait partir dès le retour de La Varenne : mais son état de santé le retint cinq semaines à Paris, d'où il expédia force épîtres calmantes à Metz (1). Il y avait là-bas tant de poudre dans l'air que la moindre étincelle était à craindre. D'Épernon ne laissait entrer dans la citadelle qu'à peine ce qu'il fallait pour vivre au jour le jour : Saubole et sa garnison, affamés, se plaignaient. Le sort du capitaine Provençal était un autre brandon de discorde : le duc l'avait fait arrêter avec l'ex-trompette Didier de Saint-Paul, sur qui les mécontents s'acharnaient ; mais Jean Vian et Didier-la-Trompette n'étaient pas hommes à se laisser pendre sans dire ouf : ils « récusèrent toutes les justices de Metz », si bien qu'on dut les envoyer à Vitry-le-François : là, ils se défendirent comme de beaux diables, tandis que Saubole, ne pouvant mieux faire, écrivait au roi en leur faveur.

Le voyage du souverain, heureusement, servit de dérivatif aux passions. Malgré l'avis des médecins, Henri IV s'était mis en route. D'Épernon, faisant bonne mine à mauvais jeu, prépara l'entrée de Sa Majesté, de concert avec les notables. Ceux-ci partageaient les sentiments du duc ; mais le peuple éprouvait une joie franche ; l'orgueil des Messins s'épanouissait à voir Henri IV, malade, quitter sa capitale en plein hiver, pour venir, avec toute sa cour, résoudre leurs difficultés. « Le roi a bien délibéré de pourvoir aux affaires *en maître entièrement, et non à demi* », mandait Villeroy à Rosny, de Fresnes-en-Verdunois, d'où la caravane royale, arrivée le 11 mars, « faisait état d'arriver à Metz le 14 ». A Mars-la-Tour, d'Éper-

____

(1) *Lettres missives*, t. VI (févr. 1603) et *A. M.*, 86 (même date).

non vint saluer son maître. Saubole, de son côté, envoya
Mansieux demander « permission et sûreté de sa vie contre
ses ennemis de pouvoir aller au-devant de Sa Majesté
en la campagne, lui rendre compte de ses actions et l'informer de toutes choses. » Cette entrevue eut lieu à Moulins, où Henri IV passa la nuit du 13 mars dans l'ancien
château des Baudoche (1) récemment acquis par Abraham
Fabert.— « Monsieur de Sobole, manda le roi à notre héros,
venant me trouver demain matin et amenant vostre frère
avec vous, je trouve bon que laissiez la charge et commandement dans la citadelle au sieur de Mansieux, attendant que vous y soyez de retour. Et afin que puissiez
me venir trouver avec la seureté que désirez, j'escris au
sieur de Vitry (2), cappitaine de mes gardes que, venant
à mon lever, il vous en advertisse, et vostre frère, afin
que veniez ensemble. » (3)

Ainsi fut fait. Le lendemain, escortés de Vitry, les
deux Sauboles « entrèrent en la chambre de Sa Majesté
comme elle en voulait sortir ». Le roi se dirigea, par le
village, vers le pont de pierre sous lequel coulait alors
la Moselle : laissant là sa suite, il traversa le pont et gagna,
accompagné des deux frères, une grande prairie d'où
l'on voyait Metz au loin : un beau soleil dorait les tours et
les clochers de la ville, tandis qu'au premier plan, la haute
taille de Roger et la petite stature d'Henri se détachaient
sur la vaste étendue du pré (4). Le roi y demeura plus
d'une heure, parlant à l'aîné, puis, moins longtemps, au
cadet. De cet entretien, amis et ennemis rapportent même
chose. « Le roi, dit Joly, promena longuement l'aîné des
frères sur la prairie, *avec démonstration de toute bonne*

(1) Famille des paraiges. Ce château subsiste sous le nom de
château Fabert.
(2) Vitry était déjà à Metz.
(3) *B. N.*, fr. 4828, fº 32. Cop.
(4) Ce décor subsiste tel quel : mais la Moselle a changé de lit, et
sous le vieux pont, c'est un fleuve de verdure qui coule.

volonté et d'être satisfait de ses déportements. » — « Sa Majesté, dit Rosières, ayant parlé plus d'une heure avec Saubole *et lui ayant rendu toute sorte de favorable attention, avec signes de bienveillance,* lui commanda, avec son frère, retourner en la citadelle et se dispenser de se trouver à son entrée, qu'elle fit le même jour, fort triomphalement et magnifiquement. »

Petrus Lepidus a narré cette entrée dans un livre (1) bien connu des historiens messins : ce qui rend superflu de peindre des fêtes toutes semblables à celles de l'entrée d'Isabeau. Mais l'analogie du décor accentue le contraste des états d'âme ; à trente mois de distance, le peuple qui criait si haut : Vive Saubole ! crie non moins haut : A bas Saubole ! Pour opérer ce changement, les rancunes d'une douzaine d'hommes ont suffi ; entre leurs mains, la réception d'Henri IV devient une arme : nonobstant festons et astragales, tout lui fait sentir qu'il est là *pour exécuter leurs vengeances.* D'Épernon lui présente les clefs de la ville ; Praillon, Busselot, le Bonhomme portent le dais sous lequel il marche ; Copperel, Le Goullon conduisent les milices messines ; sur tous les arcs de triomphe, des vers de Joly indiquent à Sa Majesté ce que « le public » attend d'elle ; dans sa harangue de bienvenue, virulente sortie contre les Saubole, Maguin requiert, avec leur destitution, le rétablissement de l'État en ses privilèges, c'est-à-dire l'abdication du pouvoir royal ; plus adroit, Foës loue la bonté d'un prince venu exprès « pour soulager le pauvre peuple et tout le pays désolé », sans oublier le clergé « dont les privilèges sont particulièrement recommandés à sa piété ». Il n'est pas jusqu'au présent offert à la reine (2) qui ne concoure au même but : c'est un « char triomphal d'orfèvre-

(1) *Le Voyage du roi,* dont nous parlerons ci-après.
(2) Le roi ne voulut pas de présent pour lui, on verra plus loin pourquoi.

rie » : au centre, une horloge à deux faces est enclose dans une pyramide dont la base cache un ressort à plusieurs roues ; attelé de daims qui piétinent un hanneton, le char a pour cocher l'Amour prêt à tirer de l'arc ; en actionnant le ressort, l'horloge sonne, les daims marchent, le char s'avance, et le dieu lance sa flèche. Le tout est d'un haut symbolisme : la pyramide figure la monarchie ; le ressort, le roi ; l'Amour, l'affection d'Henri pour ses sujets, « laquelle, dit Joly, ne se meut lentement, mais est portée par la course isnelle (1) des daims de sa volonté où l'utilité et le soulagement de ses peuples l'appellent, foulant à ses pieds les murmures sottes et étourdies (*sic*) de ceux qui font du bruit sans raison : ce qui est représenté par le hanneton : et le trait décoché marque que cette affection *n'est jamais sans effet* ».

A bon entendeur, salut ! Aussi bien, le parti du roi est-il pris. « Ma présence ici était fort nécessaire, écrit-il le soir même à Rosny : vous ne sauriez croire combien le sieur de Sobole est généralement haï en cette ville ». L'y maintenir, serait perdre Metz : que pèse la fortune de Discret dans cette balance de la raison d'État où le Béarnais a jeté ses amitiés, ses croyances, le cœur et la vie de sa sœur (2), la tête du maréchal de Biron ? Le loyalisme de la victime facilite d'ailleurs l'oblation. A cette époque encore anarchique, un gouverneur ne rend pas sa place, il la vend : Vitry a ainsi obtenu sa charge de capitaine des gardes et 168.890 livres ; Villeroy, sa charge de secrétaire d'État et 476.594 livres ; Brissac, sa charge de maréchal et 1.695.400 livres ; Villars, sa charge d'amiral et 3.470.800 livres ; d'Épernon, en échange de la Provence (dont il a tiré 20 millions) a reçu 600.000 livres et le gouvernement du Limousin. C'est ce qu'on appelle *capituler avec le roi*. A ce honteux marché, Saubole ne descendra

(1) Prompte, légère.
(2) V. *Vie de Catherine de Bourbon*, duchesse de Bar.

pas. « Il a cru, dit Henri IV dans la même lettre, le conseil de ses amis et des sages qui lui ont parlé (1), de sorte qu'il est résolu de me remettre demain la citadelle entre les mains sans capituler avec moi ».

Le lendemain (16 mars) en effet, Roger de Comminges, allant au lever du roi, fut mandé dans le cloître de la cathédrale où se trouvaient Gèvres, Villeroy, Sillery, Jeannin. « Il entendit d'eux que Sa Majesté, reconnaissant l'impossibilité de le réconcilier avec les Messins, se voyait forcée de les séparer : ce dont elle était marrie, le tenant pour fort homme de bien et son très fidèle serviteur : et pour marque de cette estime, elle lui faisait demander ce qu'il désirait de sa bonne volonté à son égard. » Saubole reçut le coup sans broncher : immobile comme une statue, il garda quelque temps le silence : puis simplement, fièrement, il dit : « J'ai regret qu'il soit donné, *non à tous les habitants, mais à peu d'entre eux qui les font mouvoir, et qui sont mes ennemis,* trop de sujet de s'élever et hausser leur gloire. Toutefois, le roi est mon maître : je ne trouve rien à redire à ce qui est de ses volontés : il me suffit que je sache ce qu'il désire de moi : je suis prêt à y obéir. Seulement supplierai-je, si l'on trouve quelque chose contre moi dont on me voulût soupçonner de coulpe, que premier qu'il me retire, je réponde devant Sa Majesté et tous Messieurs des officiers de sa couronne, à ce qu'on me voudrait objecter : et ce, au prix de ma tête, si j'ai failli. Du surplus, je le remets à la volonté du roi, *tenant à plus de gloire pour moi, ayant servi et rendu preuve de ma fidélité ainsi que j'ai fait, de sortir et me retirer une baguette à la main* (2), *que d'emporter aucune chose par traité et capitulation avec mon roi, que je veux croire un sire bon maître* » (3).

<hr>

(1) La Varenne, fort vantard, avait dit au roi que les bonnes dispositions de Saubole étaient son œuvre.
(2) C'était la capitulation la plus glorieuse.
(3) Du Gué, Rosières, Joly.

La carrière de notre héros compte mainte page honorable : mais aucune ne l'est plus que celle-ci ; l'épreuve
qui montre en d'Épernon le traître, en Joly le valet,
montre en Saubole le gentilhomme. Moins fort, son frère
plia sous le choc : « étonné comme d'un coup de foudre,
dit Petrus Lepidus, il perdit la raison et le jugement, et
fondant en larmes, y noya ce qui lui restait de cœur (1). »
Isabeau ne pleura pas : elle s'indigna ; naguère, parlant
des meneurs, elle avait « reproché à son mari qu'il se
sentait peu (2) de penser à cette vermine, dont il devait
faire aussi peu d'état que de sa pantoufle » : le triomphe
de ces « racailles » l'ulcéra : mais en vraie fille des Coucy
« elle établit cette différence entre *honneur* et *réputation*,
qu'il ne faut survivre au premier, ains est nécessaire
de prolonger sa vie pour relever l'autre, d'autant que
celui-là est de la vertu et des mœurs, et celle-ci des charges
et dignités, qui sont en la puissance du prince ». Le
roi, au reste, abonda dans ce sens, déclarant aux trois
Ordres « qu'il leur ôtait le sieur de Saubole *pour seule
incompatibilité d'humeur, et non pour les plaintes pro-
duites contre lui, lesquelles il tenait seulement pour marques
que leurs esprits étaient irréconciliables.* » Il commanda
que le pays « lui fournît chars en suffisance pour mener
jusqu'à Verdun ses meubles et armes ». Mais ses créanciers s'opposèrent à leur sortie s'il n'était pourvu au
paiement de ses dettes (48.630 livres) (3). « Le sieur de
Saubole, dit Sa Majesté, a rendu d'assez grands services
pour que la ville de Metz et moi, chacun par moitié,
payions cette somme ; en retour, je dispense les habitants du présent qu'ils me veulent faire. » L'arrangement, rejeté avec fureur par les trois Ordres, fut néanmoins donné comme ferme aux créanciers qui, dès lors,
ne mirent plus d'obstacle au départ.

(1) De courage.
(2) Qu'il s'abaissait.
(3) Les dettes des deux frères y sont comprises.

Bon nombre de soldats de la citadelle devaient la quitter avec leur chef : mesure délicate à prendre : car d'Épernon voulait les remplacer par des gens à lui : et l'on risquait, en contentant les Messins, de mécontenter les sortants, « tous vieux soldats, dit le roi à Rosny, qui, n'étant retenus, iront indubitablement servir les archiducs (1), desquels ils seront bien reçus ». Pour écarter ce double danger, Henri décida que lesdits sortants permuteraient avec la compagnie colonelle de ses gardes, et seraient versés, peu après, aux régiments français à la solde des Provinces-Unies (2). Ces questions réglées, Saubole fit le 20 mars ses adieux aux princes, seigneurs, officiers de la couronne et gens du conseil de Sa Majesté. Après avoir régné seize ans sur *Metz-la-riche*, il en sortait « une baguette à la main », et dans sa poche, pour tout trésor, une sauvegarde (3) protégeant sa petite caravane jusqu'à Chémery.

Le lendemain matin, de bonne heure, 35 chariots et 7 à 8 charrettes de bagages escortés d'un exempt et des archers du grand prévôt, défilèrent vers la porte Saint-Thiébaut, d'où on les conduisit en la campagne. Isabeau s'en alla en même temps : hors d'état de refaire par la ville un chemin vraiment trop cruel, la pauvre femme obtint permission « de partir par la porte d'Enfer, dans son carrosse, suivi d'un autre carrosse et de quelques cavaliers ». Roger, lui, but le calice jusqu'à la lie. Avec son frère, qui s'était ressaisi, il vint prendre congé du roi. Henri IV l'embrassa, lui promit un autre gouvernement, lui enjoignit de ne pas quitter son royaume, et l'assura qu'il lui serait très bon roi et maître. De retour en la citadelle, notre héros ordonna à son lieutenant « de faire battre aux champs, sortir l'enseigne déployée et

____

(1) L'archiduc Albert et sa femme, l'infante Isabel.
(2) Œcon. royales (mars 1603).
(3) Passeport en commandement. *B. N.*, fr. 4828, f° 97. Cop.

ranger la garnison sur la contrescarpe du fossé : et se rencontra au même moment la compagnie colonelle du régiment des gardes » destinée à prendre sa place. Alors, devant les deux troupes au port d'armes, un groupe de cavaliers passa : en tête venaient les Sauboles entourés de quelques amis, dont Claude de Joyeuse, comte de Grandpré, gouverneur de Mouzon et de Beaumont-en-Argonne, et le sieur de Marcossey. Vitry se tenait à côté d'eux. Suivaient 25 à 30 « capitaines » parmi lesquels on reconnaissait Daniel de Hauteville, La Pointe, Carabin, Mondessus, La Ronchère, La Caille et autres. La cavalcade traversa la ville, en sortit par la porte du Pont-des-Morts — la porte de l'entrée d'Isabeau ! — et s'éloigna rapidement dans la direction de Chémery.

Il était dix heures du matin. La citadelle resta abandonnée (1) jusqu'au retour de Vitry, qui y fit entrer les gardes avec leur chef, Antoine de la Grange, sieur d'Arquien. Vers deux heures de l'après-midi, le roi, la reine et d'Épernon s'y acheminèrent. Vitry attendait sur la porte, « vers lequel d'Épernon, s'étant avancé, reçut les clefs de lui ». Le duc les présenta à Henri IV qui les prit et fit quelques pas, les gardant en main : puis, se retournant vers mademoiselle de Guise (2), qui suivait Marie de Médicis, il les mit dans le repli de sa robe. Peu après, dit Rosières, « le duc d'Épernon étant d'une part de Sa Majesté, et le sieur d'Arquien de l'autre, le roi reprit les clefs et les mit lui-même es mains d'Arquien... de quoi le duc ne fut ni content ni satisfait, et moins encore de ce qu'Arquien croyait n'avoir à reconnaître autre que Sa Majesté dans la place ». La vengeance du duc d'Épernon se retournait contre lui. « Ayant longtemps, dit Girard,

_____

(1) Il n'y resta qu'un exempt et une dizaine d'archers « qui levèrent le pont sitôt que ces Messieurs en furent hors ».

(2) Louise-Marguerite de Lorraine, fille du Balafré. Elle épousa en 1605 le prince de Conti.

disposé de toutes les charges inférieures à la sienne, il
avait par ce moyen l'autorité absolue dans la ville ; mais
le roi, ne voulant pas qu'il y eût d'autre autorité que la
sienne en son royaume, fit entendre au duc que Sobole
s'étant démis entre ses mains de la lieutenance au gouver-
nement de la ville et citadelle de Metz et pays messin dont
il l'avait autrefois pourvu, il avait résolu d'établir en sa
place des personnes de condition dont la fidélité lui fût
bien connue... et qu'il avait jeté les yeux sur les sieurs de
Montigny et d'Arquien, frères (1), au premier desquels
il voulait donner le gouvernement de la ville et du pays,
et à l'autre celui de la citadelle ». « M. d'Épernon,
achève Sully, ne fut pas sans se repentir d'avoir voulu
ôter les Soboles ; mais n'ayant nul apparent sujet de se
plaindre, vu que toutes choses s'étaient passées de son
apparent consentement, il fallut se résoudre à en faire
le bon compagnon, et dire le premier que le roi n'eût pu
choisir gens qui fussent davantage ses amis (2) ». Le
duc triomphait de Discret, mais le roi triomphait du duc.
Le roi veut être roi, déclarait Malherbe, à ce propos même,
et le sera tant qu'il vivra » (3).

Il ne l'eût pas été à Metz sans le loyalisme de Saubole :
et celui-ci, payé de son zèle comme on l'est toujours, se
remémorait en chemin cette parole du Béarnais : *Le*
principal en cela, et sur quoi vous devez fonder votre conten-
tement, c'est que vous savez comme vous m'avez bien servi.
De sa grandeur défunte, il ne lui restait rien d'autre :
mais c'était la vraie gloire, celle qui demeure.

---

(1) François et Antoine de la Grange, sieurs, l'un de Montigny,
l'autre d'Arquien, étaient fils de Charles de la Grange et de Louise de
Rochechouart-Mortemart. Montigny, l'aîné, était alors gouverneur
de Paris, et d'Arquien, lieutenant-colonel aux gardes.

(2) V. lettre à du Cos de la Hitte. *Revue de Gascogne,* t. XXXI.

(3) Lettres à Peiresc, 11 déc. 1609, 23-25 mars 1610.

XXVI

« MONSIEUR ET MADAME SAUBOLE »

Grâce à la sauvegarde royale, Roger de Comminges et sa smala atteignirent Chémery sans encombre. Là, ils étaient chez eux, au grand déplaisir des Messins, anxieux de les savoir si près. Aussi les trois Ordres demandèrent-ils au roi « contre les sieurs de Saubole et leurs satellites », une sauvegarde semblable à celle que lesdits sieurs venaient d'obtenir contre eux. Henri, se rendant à ce vœu, fit défense particulière « aux capitaines Carabin, La Pointe, La Rivière, Valma, La Ronchère, Monthessus, La Caille et Le Tellier, d'approcher de six lieues au tour et circuit de Metz (1) » : ce qui donne à penser qu'ils réservaient quelque chien de leur chienne à ceux qui les avaient voulu faire pendre. Mais les châtelains de Chémery ne songeaient nullement à la guerre. « Je ne vous représenteray icy rien de ce qui est passé, écrivait Saubole à Bellièvre un mois plus tard, ayant le tout esté fait ainsy que l'a désiré Sa Majesté. Bien vous puis-je asseurer qu'il ne se trouvera que j'aye jamais fait autre chose que ce que doibt un fidel subjet à son Roy, accompaigné du respect que je debvois à un chascun. C'est où je fonde mon bon heur, et y prend hardiesse de vous

(1) Sauvegarde du 24 mars 1603. *Preuves*, t. II, fº 699, Cop.

supplier avoir en recommandation ce qui sera de la volonté de Sa Majesté en mon endroit (1). »

Le roi, alors, était fort mal : rétabli, il partit pour la Normandie, d'où il ne revint qu'en septembre. « Dites à Sobole de me venir voir, » manda-t-il au comte de Joyeuse-Grandpré. Notre héros fut bien accueilli : on lui promit grâces sur grâces : maintien du don de l'abbaye Saint-Vincent, brevet pour l'ordre du Saint-Esprit, pension de 3.600 livres par an (2) jusqu'à ce qu'un gouvernement fût vacant, dettes payées mi-partie par la ville de Metz et par le roi qui rembourserait, en outre, à Mme de Brusol les 2000 écus jadis avancés par Schomberg pour l'expédition de Marsal. Nanti de ces assurances, Saubole rentra au bercail où l'attendait une grande joie : le 16 juillet 1604, deux jours avant l'anniversaire de son mariage, naquit le fils désiré depuis quatre ans : baptisé en l'église de Chémery, il reçut le prénom du comte de Joyeuse-Grandpré, son parrain. La venue du petit Claude mit du baume dans l'âme de ses parents ; elle les aida à prendre leur mal en patience : car s'ils respectèrent le repos des Messins, ceux-ci ne se firent pas faute de troubler le leur.

Nous promettons selon nos espérances, et nous tenons selon nos craintes, a dit La Rochefoucauld. Saubole n'était pas à craindre, ou plutôt il ne l'était plus. Factieux, le roi l'eût couvert d'or : fidèle, il le paya en monnaie de singe. Ne voyant rien venir de part ni d'autre, les créanciers investirent Chémery qui, pour la première fois, subit un blocus de recors. Aux appels de son ex-lieutenant, Henri répondit en ordonnant à Messieurs de Metz de payer leurs 24.000 livres dans deux ans au cours desquels il payerait le reste, toutes poursuites contre la personne ou le bien du sieur de Saubole demeurant suspendues

(1) *B. N.*, fr. 15899, f° 515. Orig.
(2) 1200 écus, montant de ses appointements de lieutenant général.

pendant ce temps. Mais une bordée de malédictions
accueillit l'huissier royal Rouget lorsqu'il notifia la chose
aux trois Ordres. « Jamais, s'écrièrent-ils, la cité n'a
payé les dettes de ses gouverneurs ! il ferait beau voir
qu'elle payât celles du plus détesté de tous ! Il prétend
avoir consacré cet argent à la garnison ? Mensonge ! il
l'a dépensé « pour soie, velours et autre marchandise
exquise, fournitures de sa maison, orfèvreries et pierreries pour sa femme, et commodités particulières ». Et il
faudrait, après l'avoir entretenu si longtemps à la ruine
de la ville et du pays, débourser 24.000 livres « pour ses
excès et magnificences », alors que pour 150.000, il ne
pourrait réparer les torts et dommages qu'il nous a faits !
Le roi ne saurait vouloir pareille iniquité. Au reste, que
Sa Majesté juge : voici l'état desdites dettes (1). »

Le document parle, en effet, mais *pour* et non contre
les frères Saubole. Ils ont, en dix-sept ans, dépensé
48630 livres, soit environ 2850 par an, — la moitié du prix
d'un mouchoir de la belle Gabrielle. Leurs profusions
sardanapalesques comportent 400 écus de pierreries,
292 d'orfèvreries (cadeaux de noces d'Isabeau), 883 de
« draps de soie », une coupe d'argent de 20 écus, quelques
parfums et 500 écus d'armes, le tout dépassant à peine
2000 écus — deux perles du collier offert par Henri III à
la duchesse d'Épernon pour son mariage. Les nécessités
de la vie absorbent tout le reste : boucher, boulanger,
épicier, tailleur, cordonnier, armurier, sellier, apothicaire,
figurent pour des sommes allant de 10 à 3000 écus, sur
lesquelles deux ou trois ont reçu de maigres acomptes ;
le boucher Thiriat, pour tout gage, a « deux chevaux de
service qui peuvent valoir 100 écus les deux » ; Jean
Toussaint, maréchal, « un cheval de 15 à 20 écus que le
sieur de Saubole lui a prêté » ; et le sellier Jacob, « une

______

(1) V. *Preuves*, t. II, f°s 55, 59, 61 et *B. N*, n. acq. fr. 22720 : recueil
ntitulé : *Affaire Saubolle*, et consacré en majeure partie à ses dettes.

aune et demie de velours violet » ; moins bien partagés
les prêteurs « d'argent clair » n'ont rien... que des cédules,
reconnaissances et promesses dont la plupart remontent
au déluge ; tous les emprunts d'antan sont là, renforcés de
maints autres, dont le plus considérable — 1400 écus
sol avancés par le boucher Derlon en septembre 1600
« pour cautionner le sieur de Saubole et retirer sa vaisselle
d'argent d'où il l'avait engagée » — révèle dans quelle
détresse ce dernier se trouvait alors. Étalée toute vive aux
yeux du souverain responsable, cette misère lui fit honte.
Les Messins ne donneraient rien, c'était certain : on ne pouvait leur en faire un crime, après ce qu'ils avaient fourni.
Henri se résigna donc à les décharger des 24.000 livres
« qu'il paierait au sieur de Saubole le plus tôt que la commodité de ses affaires le lui permettrait, toutes poursuites
contre ledit sieur cessantes comme devant ».

Discret profita de ce répit pour faire un voyage en
Gascogne. Bien qu'éloigné des siens depuis vingt ans, il
gardait d'étroits rapports avec eux : maints cadets de
sa maison l'avaient suivi à Metz, tandis que les aînés,
fidèles au sol natal, y continuaient la vie guerrière et
rurale de leurs pères. Les Péguilhan n'étaient point gens
de cour : ils n'en servaient que mieux le roi, « montant à
cheval » pour lui dans toutes les occasions marquantes
et travaillant au succès de sa cause en Comminges, où tout
le monde lui était hostile ; la reconnaissance d'Henri IV
par les Commingeois fut en grande partie leur œuvre,
service qu'un titre de vicomte (1), dûment mérité, reconnut. Il est probable que Jean-Jacques, premier vicomte
de Péguilhan, administrait les biens de Saubole et sur-
veillait pour lui Saint-Béat, dont il était toujours responsable au roi. La nécessité d'y pourvoir ramena notre
héros au pays. Il partit en septembre 1605 avec le fidèle

____

(1) Accordé en mars 1597. La vicomté de Péguilhan devint comté
en 1613.

Du Gué, qui nous a laissé sa feuille de route. Par Orléans, Romorantin, Châteauroux, Limoges, Brives-la-Gaillarde, Cahors et Montauban, on s'achemina jusqu'à Toulouse. Là, Roger, quittant son secrétaire, partit pour Chantelle où il s'installa. Il revit ces lieux familiers, le pic de Saubole, le bourg d'Espaon, l'humble évêché de Lombez aux bords de la Save, Saint-Béat es monts Pyrénées, Péguilhan et son « vieil chasteau avec corps de logis basty à l'anticque sur une petite motte de terre ». Dans ce coin où il était né, Discret eût pu vivre heureux : regrettait-il ce bonheur dédaigné ? ses vingt ans de grandeur et de misère, les eût-il donnés pour la médiocrité du sage ? non sans doute ; un homme de ce caractère préfère la route escarpée à la route plane ; on peine, on côtoie l'abîme, mais on monte : et si la chute suit l'ascension, du moins est-ce de haut qu'on tombe.

Ainsi songeait notre héros par les chemins de sa Gascogne. Il comptait n'y demeurer que trois mois, mais ses affaires lui en prirent dix, « s'étant trouvées en rencontres autres qu'il ne le pensait ». Son long séjour à Saint-Béat, les allées et venues de Du Gué à Péguilhan, Toulouse et Montpellier, font conjecturer que Saubole, rompant ses attaches locales, rétrocéda ses biens et droits à la branche aînée de sa maison. De ses deux frères, l'un était mort, l'autre allait s'expatrier ; pour lui, déraciné par les guerres civiles, son mariage le fixait à l'autre extrémité de la France : dans ces conditions, il était naturel que ce qu'il possédait en Comminges revînt aux Péguilhan. Du Gué rapporte le principal de ces arrangements : la transmission du gouvernement de Saint-Béat à Roger, fils aîné du vicomte Jean-Jacques (juin 1606). Quant tout fut réglé, Saubole dit adieu à son passé : il se revit courant à sa première bataille, puis recrutant les Quarante-Cinq et prenant, l'an d'après, le chemin de Metz, la noble cité... C'était maintenant son dernier départ ; ici tout finissait pour lui : mais là-bas ? sa fortune affligée se relèverait-

elle ? derrière le voile de l'avenir, n'y avait-il plus rien
pour lui ?

Il se le demanda l'an d'après en voyant son frère et
son cousin, laissés libres, prendre du service à l'étranger.
Mansieux choisit la Hollande où, malgré le traité de
Vervins, plusieurs régiments français combattaient l'Espagne sous la bannière des Provinces-Unies. L'ex-garni-
son de la citadelle de Metz s'y trouvait déjà. Chaudement
recommandé par Henri IV, Mansieux fut proposé pour
une compagnie dans le régiment du sieur de Châtillon,
petit-fils de l'amiral Coligny et parent par alliance du
prince Maurice (1) ; un concurrent la lui souffla ; mais il
ne perdit rien pour attendre, et l'histoire nous le montre
« capitaine pour le roi en Hollande », aussi apprécié de
ses nouveaux chefs que des anciens. Les ambitions du
capitaine Saubole le menèrent plus loin ; la guerre hol-
landaise, méthodique et lente, le rebutait ; le hasard,
l'aventure, les folles chevauchées lui convenaient mieux ;
il trouva tout cela dans ces guerres dont les Messins
avaient donné à Isabeau une si mémorable représenta-
tion. François de Comminges alla combattre les infidèles
en Hongrie. Il y fournit une brillante carrière « aux
armées chrétiennes de l'Empereur, en charge honorable,
contre les Turcs ». Lui aussi retrouva là-bas de vieilles
connaissances, entre autres le capitaine Blanc (2), ex-com-
pagnon de geôle du Provençal, et qui sait ? peut-être le
Provençal même. Dans sa prison de Vitry, celui-ci n'avait
pas fait long feu. Henri IV, allant à Metz, le voulut voir
ainsi que Didier-la-Trompette. L'entretien ne s'ébruita

(1) Maurice de Nassau, fils de Guillaume le Taciturne, généralissime
des troupes hollandaises. (V. Lettres missives, t. VII, 26 mai, 8 juillet
1607. Lettres à ce prince et à Châtillon en faveur de Bertrand de Comminges, sieur de Mansieux (que M. Berger de Xivray prend pour son
frère aîné Roger).

(2) Bernard Gallois, dit le Blanc. Il n'était pas de Metz, mais de
Vitry-le-François.

pas, mais Didier, jugé peu après, fut acquitté et ses accusateurs condamnés aux dépens ; quant à Jean Vian, il s'évada si à propos qu'on crut que le roi l'y avait aidé. Exécuté en effigie, *feu* le capitaine Provençal devint le cauchemar des Messins ; sûrs et certains d'avoir sa peau, ils s'étaient abstenus de le comprendre dans la sauvegarde du 24 mars ; et voilà qu'il ressuscitait, prêt à leur jouer de ces tours pour lesquels on l'avait pendu ! Les trois Ordres le voyaient partout : à Sarrebruck, chez le comte de Nassau ; à Madières, avec La Pointe et La Rouchère. Il était tout bonnement à Paris où le roi, considérant ses services, lui accorda une abolition (1) en 1605. Suivit-il son ancien chef en Hongrie ? Ce n'est qu'une hypothèse, mais elle plaît à l'imagination (2).

Saubole perdit ainsi les compagnons de sa vie ; tandis que les uns combattaient l'Espagnol en Hollande, et que les autres, sur le Danube, faisaient le coup de sabre contre le Grand-Turc, lui, confiné dans son Réthelois, « écoulait le roulement de ses jours à la chasse » ! Il touchait sa pension de lieutenant-général ; mais des autres promesses royales, nuls effets : gouvernement, ordre du Saint-Esprit, fumée ! après mille péripéties, d'Épernon venait de prendre l'abbaye Saint-Vincent pour un de ses fils (3), et la meute créancière, impayée, recommençait à montrer les dents ; Henri IV cherchait à repasser aux Messins la moitié des 48.000 livres. « Ils m'ont promis d'acquitter cette somme, disait-il au sieur de Montigny, en échange du présent dont je les ai dispensés. — Nous n'avons

____

(1) Sorte d'amnistie : elle effaçait toute condamnation, soustrayait le condamné aux poursuites et annulait celles qui étaient commencées.

(2) Jean Vian, marié à Elisabeth Lion, avait à Metz des biens dont la ville s'empara. Vitry les réclama pour lui : d'où procès et contestations. Un fils du Provençal demeura dans le pays, sous le nom de Champel (village où son père avait des propriétés).

(3) Le plus jeune, Louis, futur cardinal de la Valette (*A. Mos. H.* 1965-70).

rien promis ! ripostaient les habitants outrés. — En leur
ôtant le sieur de Saubole, continuait le roi, je leur ai fait
un sacrifice de plus de 24.000 livres. — Vous nous êtes re-
devable, Sire ! » répliquaient les obstinés Messins. Le débat
s'éternisa : il durait encore quand le couteau de Ravaillac
trancha ce nœud gordien. A la prière du duc d'Épernon,
Marie de Médicis paya (1). Par une de ces ironies dont la
vie offre maint exemple, Saubole dut au triomphe du pire
ennemi de son prince, la faveur que celui-ci lui avait
marchandée jusqu'au dernier souffle.

Regretta-t-il Henri IV ? moins qu'Henri III peut-être,
ou plutôt autrement ; dans la victime de Jacques Clément, il avait pleuré l'homme plus que le roi : dans celle
de Ravaillac, il pleura le roi plus que l'homme. Henri IV
mort, c'était la France rejetée aux factions, à l'anarchie.
Au soir de sa vie, Roger de Comminges revoyait le même
spectacle qu'au matin : un enfant-roi, une régente italienne, de même sang, de même nom que Catherine, les
grands se disputant le pouvoir, l'Espagne menaçante, les
huguenots en armes. Le rideau se levait sur la même pièce,
jouée par de moins grands acteurs : des âmes basses, des
intérêts mesquins, des intelligences médiocres, une ruée
d'appétits autour du trône : voilà le spectacle qu'offrit
à notre héros le sacre de Louis XIII, auquel il assista
pour rendre hommage à son nouveau maître « et lui pro-
tester de sa fidélité telle qu'il l'avait rendue aux rois ses
prédécesseurs ». Le jeune prince lui confirma sa pension
« en attendant le gouvernement » promis. L'obtenir eût
été facile : l'intrigue ou la menace auraient suffi ; mais
Saubole respectait trop la royauté pour employer ces
armes : et d'ailleurs, il n'était plus temps. L'ambition
avait eu son heure : celle de la philosophie sonnait. Le
meilleur des biens, pour le sage, c'est « le repos, la retraite
et un endroit qui soit son domaine » ; en ce hâvre, la

____

(1) En 5 ans, par portions égales.

barque d'Isabeau et de Roger venait d'aborder ; deux
événements l'y avaient conduite : la mort de Mme de
Coucy, en juillet 1608, le remariage de Guillemette en
janvier 1609.

On ne sait rien de la fin d'Antoinette d'Ongnies ; il
est à présumer que la catastrophe de Metz l'avança ;
après tout ce qu'avait souffert la pauvre femme, ce dut
être pour elle le coup de grâce. Le remariage de Guillemette est moins explicable ; elle épousa un neveu du
marquis d'Havré, Philippe de Croy, comte de Solre (1) ;
on se demande si Mme de Coucy l'eût plus agréé que
Saubole ? non que la maison de Croy, picarde comme
celle des Coucy, ne fût antique, illustre et riche ; mais
elle servait l'Espagne avec un zèle dont nous avons vu
les effets : et c'était le dernier parti qu'eût dû prendre
la veuve du brave et malheureux Rumesnil. Cette union
modifia la condition des deux sœurs ; lors du partage
définitif de tous les biens de leurs parents (1609), *le lot
d'Isabeau passa à Guillemette et celui de Guillemette à
Isabeau. Guillemette eut Chémery, Stonne, le Biez et leurs
dépendances; Isabeau eut Vervins et ses dépendances.* Ces
deux parts, dit Du Gué, furent tirées au sort ; peut-être,
en l'occurence, le sort fut-il quelque peu aidé ; Henri IV,
qui vivait encore, ne se souciait guère de voir Vervins
aux mains d'un grand-officier des archiducs, neveu du
marquis d'Havré ; il était prudent qu'à cette porte du
royaume, ce fût un Français et un bon Français qui
veillât.

Au retour du sacre de Reims, Isabeau et Roger quittèrent donc Chémery pour Vervins. Si leur existence y

---

(1) De même maison que le marquis d'Havré, il avait, de plus,
épousé en secondes noces Anne de Croy, nièce dudit marquis. Zélé
Espagnol comme son oncle, il était grand écuyer des Archiducs et
membre du Conseil d'Etat. Guillemette fut sa troisième et dernière
femme. Il mourut le 4 février 1612. De leur mariage naquirent deux
fils : Philippe, mort à 11 ans, et François, tige des derniers ducs d'Havré

perdit en confort, elle y gagna en intérêt. Vervins était
une ville forte ; dans cette capitale des Coucy, Saubole
retrouvait un gouvernement de Metz en miniature, moins
les soucis et les alarmes ; plus d'angoissants problèmes
ni d'écrasantes responsabilités, plus de devoirs contra-
dictoires ni de maîtres ennemis faisant guerre ou paix à
vos dépens, plus de complots ni de brouilleries, plus de
Foës ni de Joly. Héritiers de Jacques de Coucy, nos deux
héros restaurèrent son œuvre compromise par vingt ans
de guerre. Ils se partagèrent la besogne : Isabeau eut les
châteaux, l'église, les hôpitaux ; Roger, la défense de la
cité et l'administration de la justice. Cette dernière tâche
l'occupa fort. « Il y prenait plaisir et contentement, dit
Du Gué, pacifiant ses sujets sans plaids, et étant si reconnu amateur de tranquillité et ennemi de chicanerie et
immortellité de procès, qu'outre et de plus que ses sujets
plusieurs autres recouraient à lui pour les leur éviter :
à quoi si volontiers et activement il entendait que, s'il
eût eu autant de créance sur les sujets de ses voisins
qu'il en avait acquise sur les siens, les officiers de justice
en Thiérache n'eussent plus tenu leurs charges qu'*ad
honores* .»

Ainsi *Monsieur et Madame Saubole*, comme on les appelait à Vervins, finirent en rois d'Yvetot. Une lettre d'Isabeau à Du Gué, datée du 22 juin 1612, nous les fait en-
trevoir dans ce rôle. Ce n'est qu'une lettre d'affaires (1),
mais le ton, l'atmosphère et la physionomie de la maison y transparaissent. On y vit simplement, patriarca-
lement. *Madame Saubole* y règne en femme de tête et de
cœur, « prudente, accorte » comme feu sa mère, atten-
tive aux besoins de tous, ménagère économe et active,
grande dame courtoise. Opérations financières, sollici-
tations en faveur des Vervinois, affaires de famille, mes-

_____

(1) Relatives à la succession d'Antoinette d'Ongnies.

sages aux amis, conseils à dame Du Gué malade, commissions chez l'apothicaire, — « un opiat » — et chez la bonne
faiseuse, — « des échantillons de passement pour une
robe à l'italienne, de gros taffetas » — elle n'oublie rien.
« Je suis bien ayse, termine-t-elle, que le voiage des seigneurs et dames pèlerins soit remis au mois d'aoust,
parce que ceste saison produit plus de gibier pour les
mieux traicter. Je leur baise à tous bien humblement les
mains, et salue les bonnes grâces de vostre bonne femme
des affectionnées recommandations de Monsieur et des
miennes (1) ». N'est-ce pas là une aimable image ? On
voit Isabeau ,dans sa robe à l'italienne, préparant au
Château-neuf la réception des « seigneurs et dames pèlerins », tandis que les ébats du petit Claude emplissent le
grand jardin de rires, et que *Monsieur*, escorté de ses
fauconniers, part pour la chasse sur un cheval solide,
l'âge lui donnant, de plus en plus, la carrure héroïque
de Porthos. Il est toujours le plus fier cavalier de France ;
« les bonnes armes, les beaux chevaux, les oiseaux et les
chiens » n'ont pas d'amateur plus passionné que lui.
Jacques de Coucy peut dormir tranquille : son petit
royaume est en bonnes mains. Comme de son temps,
l'hospitalité des châtelains s'étend à tous, du mendiant
au comte de Joyeuse-Grandpré, du capitaine d'aventures
à l'austère président de Thou. Une lettre de Saubole, du
12 mars 1614, invite celui-ci, de passage à Sedan, à venir
« se rafraîchir » soit à Vervins, soit à Rozet-Saint-Albin,
autre maison d'Isabeau « laquelle maison, dit-il, est
pareillement à votre commandement ». Du Gué a écrit
la lettre : mais au bas s'étale, immuable, la magnifique
signature de son maître, cet R. de Commenge aux lignes
harmonieuses et nobles qui attire le regard à l'égal d'un
portrait (2).

(1) *B. N.*, fr. 4828, f° 100, Orig.
(2) Depuy, 802, f° 239. Orig.

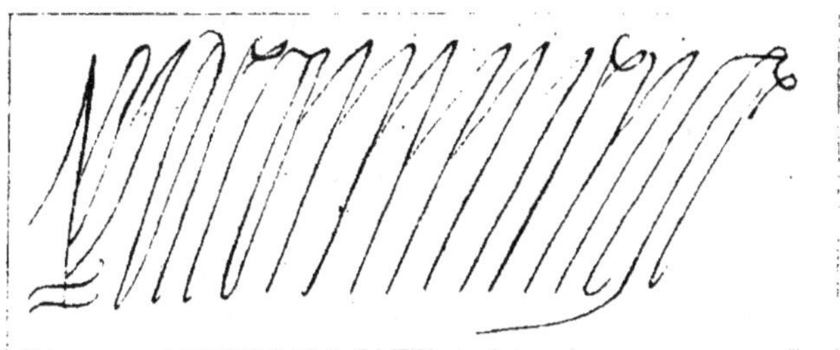

Les jours se succédaient paisibles quand un fâcheux
événement les troubla. On était à la veille des États de
1614 — (où Miron devait jouer un si grand rôle) — et
Saubole, mandé le 1er août à Laon, allait s'y rendre pour
concourir à l'élection des députés, lorsqu'un coup de
pied de cheval l'immobilisa. L'accident eut-il des suites
mortelles ? On serait tenté de le croire, car cet homme
si fort n'y survécut qu'un an. Le jeudi 7 mai 1615, il y
eut fête à Vervins : le jeune Claude, âgé de onze ans,
reçut la confirmation des mains de l'évêque de Laon ; il
prit à cette occasion le prénom de son père, qu'il ajouta
désormais au sien. Ce fut la dernière joie de notre héros :
deux mois après, il n'était plus. Il mourut le vendredi
24 juillet 1615, « à huit heures du matin, âgé de 62 ans
10 mois » précise Du Gué, qui observe, de plus, qu'en ce
mois « si remarquable pour lui » ont eu lieu son mariage,
la naissance de son fils, et son trépas.

Isabeau lui fit faire des obsèques qu'on mit plus d'un
mois à organiser. Elles se déroulèrent le 28 août en l'église
Notre-Dame, trop petite pour la foule qui s'y pressait.
Saubole, embaumé, reposait dans sa dernière armure,
un cercueil de métal moulant la forme du corps, porté
par quatre bourgeois de Vervins et quatre gentilshommes, dont les sieurs de Lambercy, de Preumont et
un frère du sieur de Vignoles. Les coins du drap de velours étaient tenus par les sieurs de Lislet et d'Ivory

(alliés aux Coucy) (1) de la Fanchette et de la Simonne (2).
M. de Marfontaine (3), cousin germain d'Isabeau, portait
le cœur posé, dans son enveloppe de plomb, « sur un carreau (4) noir couvert d'un voile de crêpe dont les deux
bouts étaient supportés, du côté dextre par le sieur d'Artaize, et du senestre par le sieur de la Mothe-Franque-
ville » (5). Suivait le principal personnage du cortège, le
pauvre petit Claude-Roger, non moins accablé de sa
dignité que de son chagrin : *M. de Vervins*, comme l'appelle pompeusement Du Gué, avait le costume des « seigneurs du grand deuil », longue robe à queue, bonnet carré,
chaperon pendant sur l'épaule : dans cette médiévale
tenue, l'enfant s'avançait, conduit par le sieur d'Étré-
aupont (6), de la maison de la Cour, tandis que les
sieurs de Mansieux (côté Comminges) et de Grandmont (7)
(côté Coucy), soutenaient la queue de sa robe. D'Étréau-
pont le mena à l'offrande, avec Grandmont seul comme
adextrant (8), et comme héraut Du Gué portant « un
cierge où avait un écu d'or fiché » qu'il offrit à l'autel
après que Claude-Roger eut baisé la patène. La messe
fut dite et tout l'office chanté par l'archidiacre Tripolet :
l'oraison funèbre prononcée par Tristan de Villelongue,

---

(1) Raoul III, oncle de Jacques II, mort sans alliance, avait **trois**
filles naturelles auxquelles il laissa une partie de ses biens. Jacques
les éleva et les maria, Catherine, l'aînée, à Etienne d'Ivory, sieur
d'Ecordal, et Isabeau, la seconde, à Adam Aubert, sieur de Lislet.

(2) Les La Simonne étaient sieurs de Saint-Pierre, près Vervins.

(3) Fils d'une sœur de Jacques II, Catherine, mariée à Jacques **de**
Fay, sieur de Marfontaine.

(4) Coussin.

(5) La seigneurie d'Artaize relevait de Chémery et celle de la Mothe-
Franqueville de Vervins.

(6) Etréaupont : à 8 kilomètres de Vervins.

(7) Autre cousin germain d'Isabeau : fils d'une sœur de Jacques II,
Jossine, mariée à Simon de Grandmont. Mansieux remplaçait le capitaine Saubole, alors en Hongrie : il survécut 9 ans à son frère et **mourut**
en 1624, en Allemagne.

(8) Accompagnant.

abbé de Bucilly, d'une noble famille rémoise alliée, elle
aussi, aux Coucy. L'éloquence de messire Tristan était
célèbre ; Du Gué, toutefois, n'a pas conservé son discours ; mais il a noté cette curieuse pièce destinée au
tombeau et au cœur du défunt :

> Celluy duquel le Cœur est icy resserré
> Dont l'esprit est au Ciel, fut Roger de Commenge,
> Chevallier généreux, filz de Jean, engendré
> D'Aymeric, petit-fils d'un Conte de Commenge,
> En ligne directte bysayeul par deux fois
> Du Conte Puiguilham, chef du nom commengeois

> Ce grand Cœur ainsy né, surgeon de tant de preux
> S'est fait veoir en tous lieux héritier de leur gloire
> Ung mirouer de vertu, brave, tout courrageux,
> N'ayant d'esgal à soy rien trouvé sur la terre (1)
> Que l'illustre Coucy, qui par leur unité
> Ont fait luire icy-bas une divinité.

> Nous, son pays natal, terre de Commengeois
> D'où petit enffanton, il marquoit sa naissance
> Du tige (2) maternel d'Espaigne, vrays Gaullois
> Qu'en Montespan (3) revyt le renom, la vaillance,
> Dans voz marbres gravez au rang des antiens preux
> Saubole (est) l'ornement de vos cœurs valleureux.

> Des premiers seroient veuz la main à ce labeur
> Le peuple de Saint-Béat, celluy de leurs montaignes, ,
> Qui l'ont plus de vingt ans eu pour leur gouverneur
> Plain d'amour, de douceur, marques bien si insignes
> De sa débonnaireté, qu'entre ses trophées
> Paroistront tousjours les monts Pyrénées.

> Les Metzsins pleureront au repos de ce Cœur
> Qui pendant dix-sept ans a sceu, par sa prudence
> Si bien les gouverner que, tout comblé d'honneur
> Il s'en estoit acquis l'amour, la bienveillance
> Des Germains, des Lorrains, tesmoings combien loyal
> Il a toujours esté : Francoys, fidel, Royal.

(1) Terre rime avec gloire, qu'on prononçait glouère (cf. mirouer).
(2) Souvent masculin dans l'ancienne langue.
(3) Les chefs de la maison d'Espagne étaient les seigneurs de Mon-
tespan.

> A son tour et sur tous, Vervin, ville de Paix
> Qui dedans son encloz garde tant d'excellence
> Se montre tout en plus regrettant pour jamais
> Son bien-aimé seigneur, salut de ses chevances (1)
> Celluy que ses bourgeois n'ont veu qu'avec amour
> Chérir l'homme de bien, l'eslever à son tour.
>
> Enfin aprends, Lecteur, que si ce monument
> Et le petit (2) de plomb qui retient et couvre
> Ce magnanime Cœur estoit tout esgallement,
> Le courant de la mer seroit son parfait œuvre (3)
> Ainsy que la pluspart de l'Europpe cognoist
> Que ce que j'en escript est vray et apparoist.
>
> De Gaumie, du 16 septembre 1615 (4).

L'auteur de cette épitaphe — heureusement pour lui — est inconnu. Elle eut les honneurs du papier : mais ceux du marbre exigeaient un texte plus digne du tombeau fastueux qu'Isabeau éleva à son mari (5). Quatre colonnes de marbre jaspé portaient « leurs deux statues priantes » en marbre blanc. La riche taille de l'un et de l'autre (6) étoffée de lourdes draperies, leur donnait un air imposant. Six étendards mutilés (7) formaient au-dessus de leurs têtes un dais glorieux. A la base du monument, sur un marbre noir encadré de pierre blanche, on lisait :

A LA POSTÉRITÉ
P. M. P.

(1) Biens.

(2) Le peu.

(3) Si le monument élevé à Saubole et le peu de plomb qui renferme son cœur devaient en égaler la grandeur, il faudrait, pour cela, qu'il fussent grands comme la mer.

(4) *B. N.*, fr. 4828, f° 40.

(5) La Révolution l'a détruit. Dubuisson-Aubenay, qui l'a **vu**, lui a consacré quelques lignes dans sa description de plusieurs **villes** de France.

(6) Ils avaient « forci » avec l'âge, et l'on disait familièrement à Vervins : gros comme M. et madame Saubole.

(7) Trois d'entre eux venaient de la guerre lorraine (défense de **Vry**, dit le Petit Metz).

« La figure que tu vois ici relevée sur ce marbre est
celle du brave et généreux Saubole. La sculpture représente sa prestance et son air martial ; les services signalés
qu'il a rendus à la France représenteront ses mérites : six
des enseignes écornées ci-dessus arrangées témoignent
des exploits de ses armes. Dès l'âge de seize ans, les
armées, les sièges et les batailles furent ses académies ; il
a partout égalé les efforts de son courage et la splendeur de
son extraction illustre, des anciens Comtes de Commenge.
La religion et la piété lui ont toujours été plus chères que
la vie. Sa prudence et sa valeur l'ont fait chérir des princes
et des rois, et l'ont rendu digne des plus importantes
charges de l'État. Les troupes qu'il a conduites et com-
mandées, les gouvernements de Saint-Béat et, depuis, de
la citadelle de Metz où sa vigilance a été louée, la qualité
de conseiller d'État et de chevalier des Ordres dont il
était honoré, sa lieutenance de Roi au gouvernement de
cette même ville de Metz et pays messin, qu'il a fidèlement exercée, en feront foi. Son autorité était le sup-
port des bons et la terreur des méchants. Sa libéralité
lui a souvent fait exercer toutes sortes de courtoisies et
de bienfaits envers les uns et les autres. Mais enfin, après
avoir expérimenté l'inconstance des choses de ce monde,
ce noble et illustre seigneur, Messire Roger de Commenge,
seigneur de Saubole, Chantelle, Vervins, etc... décéda le
24 juillet 1615 et de son âge le 63e. Il vit en la mémoire des
Français, et revit en la personne de Messire Claude-Roger
de Commenge, son fils unique, de lui et de Madame Isabeau de Coucy, sa femme, qui, avec pleurs et regrets, lui
a fait ériger ce tombeau. Que son âme repose en paix ! »

Sic morte mortalitas finitur non vita (1).

· L'ancienne France avait le secret des belles épitaphes.

(1) Ainsi, par la mort, finit la condition humaine, non la vie.

Celle-ci est le modèle du genre : simple, forte, pleine et
noble, elle revêt d'un manteau royal une vie qu'agitèrent
les passions de son siècle, mais qui s'éleva au-dessus d'elles
par le dévouement à une grande cause.

> Vixi non sine gloria
> Migravi non sine invidia

lisait-on sur la tombe de Jacques Ier de Coucy. Saubole
eût pu revendiquer comme sien ce distique. *Il vécut, non
sans gloire ; il passa, non sans éveiller l'envie.* Comment
la seconde parvint à étouffer la première, c'est ce qui
nous reste à dire dans le dernier chapitre de ce livre.

XXVII

COMMENT ON ÉCRIT L'HISTOIRE

Il y a, pour l'agitateur victorieux, un danger : c'est que le peuple ne s'aperçoive qu'il lui a servi d'instrument ; il faut donc, au lendemain du triomphe, épaissir le bandeau sur ses yeux : d'Épernon et Joly n'eurent garde d'y manquer.

L'exemple leur vint des Pays-Bas où, jusqu'à la chute de notre héros, chacun s'était tenu coi, et pour cause ; L'archiduc et Mansfeld tremblaient de voir divulguer leurs intrigues. L'événement de mars 1603 les rassura ; tout s'arrangeant sur le dos de Saubole, on pouvait le charger sans risques. Un mois après son départ de Metz, la cour souveraine de Malines cassa l'arrêt rendu contre Pircel et Journée « sans connaissance de cause, par juges étrangers, sur confessions extorquées à force de tourments par l'ex-gouverneur et ses complices qui les voulaient faire servir à leurs desseins (1) ». Proclamés « innocents de la prétendue entreprise sur Metz, et réintégrés en leur pristin (2) honneur et états », le sieur de Logne et l'écuyer de Mansfeld agirent en vue d'un triple but :

____

(1) Proclamations publiées avec le Discours de Francesquin. La date de ces actes, observe justement Rosières, leur ôte toute valeur.

(2) Premier, ancien.

servir leur prince, se venger de Saubole. et apaiser les Messins vainqueurs.

Pircel flatta Joly, qui se laissa faire. « Dès incontinent que l'escuyer de M. le comte de Mansfeld et moy nous avons esté en lieu là où on a voullu entendre nos raisons et la vérité, lui écrit-il, nous vous avons tous découlpés... et déclaré que vous esté innocent de toutes choses, et que l'accusation qu'avons faite contre vous, Messieurs, estoit faite à force de tormens et menaces par les Sobolles, Provensal et autres semblables leurs adhérans et complices, et d'aultres que présentement ne vous peux desclarer. Bien vous diray-je que leur maudite ambition, envie et malveuillance, avec ces malheureux La Ronchière et La Pointe, nous ont vendus et deslivrez aux Sobolles pour, après leurs faulx trafics jouez, me faire mourir secrètement ». Suit l'exposé de ces « faux trafics » : la situation de Saubole aîné, à Metz, n'était pas sûre ; le roi ne l'y avait jamais vu d'un bon œil (1) ; en outre, il lui fallait 100.000 livres pour son mariage ; la somme empruntée, le mariage conclu, les prêteurs redemandèrent leur argent ; pour s'en procurer et se faire bien venir du roi, « lesdits Sobolles inventèrent qu'il falloit dire et maintenir que les Bourguignons, avec l'intelligence d'aucuns bourgeois de la ville, avoient entreprinse sur la ville de Metz : (et pour certifier la chose) estoit nécessaire prendre quelques Bourguignons et leur faire accuser ces bourgeois » ; de la sorte, « le roi ne persisterait plus au changement de gouvernement, et par la confiscation des biens des accusés (2), ledit Sobolle auroit moyen de payer ses bancquiers. Voilà, Monsieur, la vraye source des malicieux et malheureux desseings des Sobolles et de leurs complices, que j'espère que le grand

____

(1) Les Espagnols croyaient à ce bruit, répandu — on l'a vu — par les Sauboles eux-mêmes.

(2) Pircel ignorait que la lettre de Miron à Rosny détruirait cette seconde fable.

Dieu vivant ne laissera impuny. (J'espère aussi que vos compagnons m'excuseront) ; car aux forces et tormens qu'on m'ait fait, j'eusse dit que Dieu, mes père et mère et tous mes parents estoient de l'entreprinse (bien que je n'eusse) jamais ouy parler d'entreprinse sur la ville de Metz non plus que l'enfant qui ne sort ni sortira hors du ventre de la mère. Ainsi Dieu ne m'aide à mes nécessités si ce n'est la vérité ! O maudites âmes que sont ! De ma part, je leur pardonne : Dieu leur veuille pardonner ». Notre homme vient d'appeler l'ire céleste sur leurs têtes : mais on n'y regarde pas de si près entre Tartufes, et l'ircel devine en Joly un frère. Il le supplie donc d'intercéder pour lui auprès de « ces seigneurs » (les ex-accusés), et, en outre, d'assister sa nièce « contre ce meschant de la Ronchière, qui l'a déçu et trompé, et ses enfants aussi », en disposant indûment d'un legs fait à ses dits enfants par feu leur oncle (frère de Pircel). « M'asseurant de vos accoustumées faveurs, conclut-il, je vous baise bien humblement les mains et à ces autres seigneurs, priant Dieu, Monsieur, qui vous conserve en santé, avec l'entier accomplissement de vos nobles désirs ». A M. *de* Joly, procureur du Roy très chrestien, à Metz. 12 septembre 1603 (1).

L'épître plut à *M. de Joly* ; il la garda, l'employa comme on va le voir, et la paya au sieur de Logne en plaidant, près d'Henri IV, la cause de ses *petits-fils* (ainsi les qualifie le roi dans une lettre adressée aux magistrats de Metz à leur sujet : novembre 1604) (2). Enhardi, Pircel demanda passeport au sieur d'Arquien, et s'étant rendu le 29 décembre en la citadelle, il y fit, par devant notaire, une déclaration (3) de tout ce que les

(1) *B. N.*, fr. 15899, f° 533. Cop.

(2) *A. M.* 86. Le roi ne veut intervenir que si la juridiction messine sur la terre de Logne le lui permet : il demande des précisions à cet égard.

(3) Imprimée avec le Discours de Journée.

sieurs de Saubole lui avaient fait souffrir en ladite citadelle « pour le forcer d'accuser faussement plusieurs gens
de bien, d'honneur et de grande qualité », espérant que
« par cette déclaration ils lèveraient la haine qu'ils pouvaient avoir contre lui et lui pardonneraient sa faute »,
ou plutôt sa défaillance.

Ici Claude Pircel, sieur de Logne, disparaît de l'histoire : acheva-t-il sa vie dans son domaine, entre sa nièce
et ses *petits-fils* ? C'est ce que quelque chercheur préci-
sera un jour. Quant à son compagnon Journée, il mourut
en 1606, comme nous l'apprend Hiéronyme Francesquin,
son cousin qui, venu peu après à Bruxelles, trouva chez
ses amis, *prétend-il* « un discours de sa capture écrit de sa
propre main » ; or Journée, dans ce discours même, déclare « savoir à peine signer son nom » : ce qui donne une
idée de la véracité dudit factum. Hiéronyme le publia
en 1606, avec les actes de la cour de Malines et la déclaration de Pircel, (1) en vue de répandre, avec l'aide de Joly,
la fable du complot inventé pour dépouiller les notables
messins de leurs biens. Qu'auraient dit les uns et les
autres s'ils avaient su qu'à ce moment même (26 février
1605), Henri IV écrivait à d'Épernon : « *J'ay esté pendant
peu de jours en alarmes pour la ville de Metz, parce que
j'avois eu advis de divers lieux qu'il s'y menoit une entreprise avec bon nombre des habitans, qui se debvoit exécuter
le jour de caresme prenant ; et en mesme temps il me fut
aussy escrit qu'il s'estoit desbandé de l'armée de l'Archiduc
mil Italiens que l'on ne scavoit qu'ils estoient devenus. Sur
cela, j'ay dépesché en diligence au sieur d'Arquien, qui me
manda... qu'il veilloit si soigneusement que je n'en debvois
appréhender aulcun inconvénient* (2) ». Voilà qui eût coupé
court aux déclamations de ces Messieurs sur « l'horrible

----

(1) Publié en 1606 par Claude Ouliot aux dépens d'Hiéronyme.
(1 exemplaire à la *B. M.*).
(2) *B. N.*, fr. 6644, f° 3. Orig.

trame des Sauboles » ; mais n'étant pas dans le secret des dieux, ils poursuivirent leur œuvre de haine sans penser que l'équitable avenir en ferait justice.

Joly, depuis longtemps, élaborait un copieux pamphlet. Sous couleur de narrer le voyage d'Henri IV à Metz et d'en expliquer les causes, il écrivait, d'une plume trempée de fiel, la vie de Roger de Comminges, sieur de Saubole. Pauvre cadet de Gascogne, créature du duc d'Épernon, il reçoit de ce seigneur la garde de la citadelle de Metz. Mais c'est un ambitieux ; les troubles de la Ligue le servent ; la crise de 1588 lui donne l'occasion d'un coup hardi ; traîtreusement, au cours d'une montre des troupes, il arrête le lieutenant général Moncassin et prend sa place, sans qu'Henri III ni d'Épernon aient le loisir ni peut-être la force de s'y opposer. Le voilà lieutenant général de fait, sinon de droit. Pour se faire valoir, il enlève Marsal — toujours par traîtrise — et, de sa seule autorité, y établit un sien frère lequel, voulant aussi étaler son zèle, invente un complot où Pierre Gies et autres malheureux perdent vie et biens à son profit. Survient la guerre lorraine, dont les Messins portent tout le poids ; tandis qu'ils peinent à tenir la campagne, le sieur de Saubole, bien à l'abri dans sa citadelle, conserve sa personne pour le service du roi, joint que, s'il se hasardait à sortir de sa place, quelque rival la lui pourrait prendre ; il a peur du duc de Bouillon ; il est jaloux du sieur des Réaux ; aussi s'empresse-t-il de conclure une trêve qui les éloigne ; son frère, assiégé dans Marsal, capitule au bout de huit jours et vient le rejoindre à Metz, où désormais ils ont soin que la citadelle ne demeure orpheline de tous deux à la fois. Durant cette *petite guerre*, il s'est commis assez de désordres pour en remplir un volume. Notre auteur l'écrira (1) ; il se borne à constater ici qu'au

____

(1) On ignore s'il mit ce projet à exécution.

lieu des intérêts du roi, Saubole n'a eu en vue que les siens propres, et qu'en prenant des mesures sévères pour prévenir toute intelligence avec l'ennemi, il ne s'est proposé que de se faire craindre.

Cependant, sa fortune s'établissant peu à peu, l'appétit lui croît en mangeant. Il recherche Mlle de Coucy plus pour sa dot que pour toute autre chose ; la mère exigeant un brevet de lieutenant général, il l'obtient grâce à ses amis, au retour du siège de Laon, où il est allé parader à la tête de deux compagnies formées, à leurs propres dépens, par les capitaines et les bourgeois de Metz. Mais Mme de Coucy veut aussi 100.000 livres ; pendant sept ans, l'ambitieux court après ; peu s'en faut que sa fiancée ne lui échappe ; et son âme vindicative ne pardonnera ni aux notables qui, lui devant leurs charges, ne lui ont pas avancé cet argent, ni au peuple pour la conservation duquel — *à l'en croire* — il a refusé de grosses sommes des princes étrangers. Enfin, les 100.000 livres trouvées, le mariage a lieu. Les Messins fêtent l'événement ; opprimés par le sieur de Saubole, les pauvres gens souhaitent l'amadouer ; ils reçoivent sa femme en reine ; hélas ! elle est aussi dure, aussi altière que son mari. Au lieu d'un tyran, les Messins en ont deux, trois même, en comptant le capitaine Saubole, qui n'est pas le moindre.

Ce dernier hait les notables ; il cherche un moyen de les perdre (ici Joly copie le sieur de Logne). Or les prêteurs des 100.000 livres en requièrent le remboursement ; les deux frères trament alors le complot qui, satisfaisant la haine de l'un remplira l'escarcelle de l'autre. Ils imaginent une entreprise espagnole sur Metz, en donnent avis aux futures victimes, obligent la principale (le procureur du roi) à en avertir Sa Majesté, s'assurent par coup d'État une magistrature docile, disposent de Batilly, qui a des injures à venger. Cependant le roi demande des détails ; pour se les procurer, les Sauboles ont recours au trop fameux Provençal et à un sacripant nommé La Ronchère, qui veut se débarrasser de son oncle. Ce pauvre brave homme d'oncle, innocent comme l'enfant à naître, vit tranquille dans sa terre de Logne, d'où les deux compères l'enlèvent pour le transporter dans la citadelle de Metz. Là, à force de tortures, Saubole cadet tire de lui un écrit où il avoue l'entreprise, désignant comme complices ceux qu'on lui nomme. L'écuyer Journée, capturé traîtreusement — toujours — confirme l'accusation par même voie. Aussitôt le capitaine porte l'écrit au roi et requiert l'arrêt des coupables, comptant que tout se passera entre lui, son frère et Batilly. Déconcerté par l'envoi de Miron à Metz, il profite de son inexpérience et de sa faiblesse pour le convertir à ses vues, conversion à laquelle les *mignotises* (1) de Mme de Saubole ont part. Néanmoins Miron hésite à arrêter les accusés : mais les deux frères l'y forcent. Dès lors, c'est la procédure secrète, avec ses complaisances infâmes et ses ténébreux bas-fonds. L'histoire de ce procès demande, elle aussi, un volume : Joly l'a écrit (2) ; il le résume en montrant ses compagnons et lui livrés aux rigueurs d'une captivité barbare, Miron torturant les accusés, la terreur planant sur la ville, la mort du capitaine Bastien portant l'épouvante à son comble, l'appel des trois Ordres au roi, l'arrivée de Jeannin, le départ des prisonniers pour Paris, les démarches du capitaine Saubole pour obtenir leurs dépouilles, la sentence finale et le retour des acquittés à Metz où les deux frères, bouillant de dépit, les traitent indignement.

Alors le peuple messin se lève ; abjurant sa docilité de souffre-douleur, il dévoile au roi les exactions et les violences de ses tyrans. Le roi défend aux Sauboles d'opprimer les plaignants : ils se rient de ses volontés. Un vaillant

----

(1) Caresses, flatteries.
(2) L'impression, dit-il, en est suspendue pour quelque temps. Nous n'avons pas trouvé trace de ce texte.

chef, le doyen Foës, encourage ses concitoyens ; son ardeur
se communique à tous ; et le ciel, qui veille sur les gens de
bien, leur envoie un sauveur en la personne du duc d'Épernon. Ce bon seigneur blâme les deux frères, mais encore
attaché à eux il souhaite que tout s'arrange, et le roi
le désire aussi. Saubole aîné, alors en cour, reçoit l'ordre
d'aller se réconcilier avec les habitants. En chemin, il
rencontre un messager du doyen, l'arrête, lit ses lettres,
s'en offense sans sujet, foule aux pieds de son cheval le
malheureux qui reçoit, en outre, les étrivières ; puis,
arrivé à Metz, il convoque les trois Ordres auxquels,
offrant la paix d'un ton menaçant, il fait sentir qu'il se
vengera de leurs plaintes : ce dont, au reste, ils sont si
convaincus qu'ils rejettent tout accommodement.

Prié par Sa Majesté d'intervenir, le duc d'Épernon
s'achemine à Metz, avec le sieur de Boissise, dont il a
demandé l'adjonction. La venue de leur cher gouverneur
ravit les Messins : déjà personne ne salue plus Saubole
et c'est à peine si le peuple lève un œil dédaigneux sur
lui ; néanmoins, pour complaire au roi, le duc s'efforce de
ramener la concorde, mais tout ce qu'il dit et fait dans ce
dessein produit l'effet contraire. La Providence veut la
chute du tyran, et l'on ne peut rien contre les décrets du
ciel ; les événements le montrent bien : chassés aussitôt
du pouvoir, les partisans de Saubole font place à ses
adversaires ; ceux-ci exposent au duc tous leurs griefs
et requièrent l'exil des deux frères ; sinon, le peuple messin quittera la ville. Le sieur de Saubole, furieux, parle
de se faire respecter à coups d'épée ; songer à la paix,
dans ces circonstances, est folie ; pourtant, sur l'ordre du
roi, le duc d'Épernon convie les belligérants à une assemblée où les Sauboles refusent de se rendre ensemble, témoi-
gnant à leur bienfaiteur une outrageante et criminelle
défiance. Le duc presse, prie, insiste ; Boissise et Viart.
unissent leurs instances aux siennes ; peine perdue : les
rebelles persistent dans leur insolence ; retranchés dans

la citadelle, dont ils ont fait un nid de voleurs et d'assassins, ils s'arment pour une lutte ouverte. Alors, pour prévenir de grands malheurs (et d'ailleurs justement irrité contre ces ingrats), le duc commande d'investir la forteresse ; en vain le sieur de la Varenne tente de fléchir la résolution des Messins ; il n'y a qu'une issue au conflit : la victoire des bons ou des méchants ; que Sa Majesté choisisse !

Ici finit le *Récit du sujet pour lequel le Roi fit un voyage à Metz en l'an* 1603, récit qui, dans le plan primitif de l'ouvrage, en devait constituer la première partie, la seconde étant consacrée aux *signes et marques de réjouissance qui y furent faites en son entrée.* Cependant Petrus Lepidus n'osa publier l'ouvrage tel quel : non qu'il en eût honte ; — il était trop vil pour cela — mais craignant une censure plus « aigre » encore que la précédente, il retrancha de son pamphlet ce qui pouvait lui nuire : l'histoire de Saubole disparut ; celle de l'entreprise aussi ; des atténuations plaquées ça et là donnèrent l'illusion de l'impartialité ; il y resta néanmoins assez de venin pour satisfaire l'auteur qui, par une lâcheté dernière, n'y mit point son nom et s'abrita sous celui de l'éditeur Fabert. Dédié au duc d'Épernon, le livre parut en 1610 (1) sous ce titre un peu modifié : *Le voyage du Roi, l'occasion d'icelui, ensemble les signes de réjouissance faits par les habitants pour honorer l'entrée de Sa Majesté* ; et depuis 316 ans tous les historiens qui ont eu à parler de Saubole, y ont puisé leurs informations. Seul Rosières, voisin du théâtre des événements, s'est documenté à de bonnes sources : mais son manuscrit, destiné aux ducs de Lorraine, resta enfoui dans leurs archives. Quant aux compatriotes contemporains de notre héros, ils traitent la question en toute ignorance de cause : échos et racontars sont mis en œuvre par les plus sérieux, de Thou, l'Étoile, Palma-

(1) Dès la mort d'Henri IV, sans doute.

Cayet, dont l'exposé abonde en erreurs grossières. Baptiste Legrain, cependant, voit clair. « Je ne veux pas, dit-il, assurer ce qui était reproché à Sobole, que les citadins appelaient tyran et disaient qu'il tranchait du seigneur souverain quoiqu'il ne fût que lieutenant d'un lieutenant de roi ; et lui, au contraire, disait *qu'on lui suscitait ces reproches parce qu'il ne voulait reconnaître que le roi et se montrait fidèle à Sa Majesté* ; et de fait, quand ce vint à y donner ordre, il trancha le mot qu'il ne remettrait la citadelle sinon es mains de Sa Majesté. Je ne sais si tout le monde en était content : *mais il est certain que plusieurs mal contents de lui étaient portés à leurs mécontentements par des mouvements bien contraires entre lesquels c'était au roi à se garder* ». Cette voix isolée se perd dans le concert des historiens épernonistes. Girard, Pierre Mathieu, Dupleix peignent des plus noires couleurs le perfide Saubole qui, profitant des *embarras* du duc en Provence, « où il semblait que le ciel et la terre eussent conjuré sa ruine, prit le titre et la qualité de gouverneur en chef et, par une ingratitude insupportable, témoigna ne vouloir plus dépendre de son bienfaiteur ». Un sien frère « adonné à l'avarice », laissait « les soldats courir la campagne et y commettre excès et violences ». Tous deux, cantonnés dans la citadelle, « tenaient cette place comme Tibère l'empire » ; tellement que le roi, arrivé à Metz, « n'y voulut point entrer qu'ils n'en fussent hors » : à quoi ils obtempérèrent par couardise plus que par devoir. Le pauvre Du Gué, qui lut ces gentillesses, en étouffa d'indignation. « La prospérité et le bonheur de son service, dit-il de son maître, n'ayant jamais été sans envie de ceux qui en pouvaient recevoir plus de dommage et de honte que d'avancement à leur élévation et de salut à leur tranquillité (tranquillité qu'ils lui firent, et non à eux, trouver lorsqu'ils pensèrent avancer ses jours au tombeau de douze années plus tôt qu'il n'a rencontré son cercueil) (ils) ont, de rage d'avoir été ainsi trompés, *pratiqué et suborné ces plumes fabuleuses* qui, en diverses sortes, ont, de relations imaginaires, mis en avant des choses aussi éloignées de la vérité que puissante est la vérité de les faire rougir de leur faux aligné... L'honneur dû à la mémoire du sieur de Saubole oblige tous les gens de bien d'éplucher ligne à autre ce qu'on a mis en lumière de discours passionnés où il est intéressé, et par la relation de la nue vérité des choses mal rapportées, les rejeter à la honte de leurs auteurs ».

Ce vœu ne se réalisa pas. Henri IV mort, d'Épernon maître de Metz, personne ne tira la *nue vérité* de son puits ; et comme le roi d'Austrasie vécut près d'un siècle (1), redouté jusqu'aux derniers temps de sa vie, nul ne s'aventura sur un terrain dangereux. A la mort du duc, la légende de Saubole avait 40 ans. Elle en a 316 aujourd'hui ; pas un historien n'y a touché ; chacun recopiant ses devanciers, s'est borné, pour « faire neuf », à corser leurs épithètes et à développer leurs thèmes. « L'ingratitude » de Saubole, *insupportable* chez Dupleix, devient *monstrueuse* chez Meurisse ; de l'allusion classique à Tibère sort un tableau des citoyens de Metz « *réduits à une pire condition que n'étaient ceux de Rome sous le triumvirat ; on ne parlait que de chaînes, de gibets et de proscriptions* » : et tout cela afin de ravir leurs biens par d'injustes confiscations ». Ce tableau passe chez les Bénédictins, qui l'embellissent. « *Afin de satisfaire leur infâme avidité pour l'or et l'argent... ces deux tyrans accusaient ceux qu'ils voulaient perdre de félonie et d'intelligence avec l'ennemi* ». Ainsi de fleur en fleur et d'objet en objet, les frères Saubole n'eurent plus forme humaine : ils furent Tibère, Néron, Barbe-Bleue, Croquemitaine ; et le Messin Emmery à bout de qualificatifs, en vint à s'écrier : « *Les Soboles — car c'est ainsi que l'horreur publique les nomme encore à*

---

(1) Il décéda en 1642, à 88 ans. Comme bien on pense, Joly fut son âme damnée à Metz, où il mourut de la peste en 1622.

Metz ! » — Voilà les tours que l'histoire-phrase joue aux
gens réputés sérieux. Il est cependant probable que l'idée
de consulter un document serait venue quelque jour à
quelqu'un ; mais la guerre de 1870, qui fit de Metz une
ville allemande, détourna les esprits de ces recherches ;
tout le monde s'en tint à la légende, et l'histoire de notre
héros demeura ce que l'ignorance et la passion l'avaient
faite.

De cette histoire faussée par la haine, nous avons re-
cueilli les pages éparses. Le temps en a détruit et obscurci
plus d'une ; néanmoins, de textes désormais acquis à la
science, on peut tirer des conclusions solides. Roger de
Comminges, sieur de Saubole, ne fut ni un monstre ni un
saint : ce fut un homme de son siècle, mais bien né et
dévoué au roi et à la France ; il crut les servir en servant
le duc d'Épernon ; désabusé, il résista au traître sans
renier le protecteur ; et quand celui-ci consomma sa
ruine, il accepta le mal en souvenir du bien. Chef de l'État
messin, il se trouva, par le malheur des temps, investi
d'une sorte de dictature ; mais s'il eût été le despote de
la fable, jamais ses administrés — les gens les moins endu-
rants de France — n'eussent vécu seize ans avec lui en si
bon accord. Un malheureux accident vint tout perdre ;
issu des trames espagnoles, il n'eut d'autre auteur que
la fatalité : et si notre héros en porta la peine, c'est parce
que ses ex-ministres en pâtirent ; alliés au duc d'Épernon,
ils renversèrent par représailles le régime dont ils avaient
été les serviteurs, les prôneurs et les profiteurs. Saubole
succomba sous une double vengeance : et sans la funeste
affaire qui causa sa chute, il eût peut-être — à quoi
tiennent les choses ! — laissé le renom d'un des plus
habiles, des plus heureux et des meilleurs gouverneurs
de Metz.

A cette figure, dégagée des ombres du passé, nous
avons tenté de restituer ses traits véritables. Elle a du

caractère : elle atteint même à la grandeur. Au Panthéon de l'ancienne France, sa place l'attend depuis trois siècles : et s'il nous est permis d'exprimer un vœu en terminant, c'est que cette modeste étude puisse contribuer tant soit peu à la lui rendre.

TABLE DES CHAPITRES

ABRÉVIATIONS

A. E. — Affaires étrangères.
A. N. — Archives Nationales.
A. D. Nancy. — Archives départementales Nancy.
A. M. — Archives communales de Metz.
A. Mos. — Archives départementales Moselle.

B. I. — Bibliothèque de l'Institut.
B. N. — Bibliothèque Nationale.
B. Nancy. — Bibliothèque de la ville de Nancy.
B. M. — Bibliothèque de la ville de Metz.

Ms. — Manuscrit.
N. acq. fr. — Nouvelles acquisitions françaises.
Fr. — fonds français.

Cop. — Copie.
Ch. — Chapitre.
Cf. — Conférer.
Ed. — Edition.
Fo — Folio.
Orig. — Original.
Ro-Vo. — recto-verso.
V. — Voir.
Vol. — Volume.

Les Presses Universitaires de France, 49, Bd. Saint-Michel, Paris, V^e

LES PRESSES UNIVERSITAIRES DE FRANCE

49, Boulevard Saint-Michel — Paris (5ᵉ)

GAUTHEROT (Gustave). — **Un gentilhomme de grand chemin, le maréchal de Bourmont** (1773-1846), d'après ses papiers inédits. Un vol. in-8°, 480 pages . . . . **25 fr.**

GODART (Justin) — **Le journal d'un bourgeois de Lyon en 1848.** Un vol in-8°, xvi-184 pages . . . . **30 fr.**

LE CONTE (René). — **Louis XVII et les faux dauphins.** Un vol. in-8°, 196 pages . . . . **18 fr. 75**

MARION (Séraphin). — **Relations des voyageurs français en Nouvelle-France au XVIIᵉ siècle.** Un vol. in-8°, viii-276 pages . . . . **20 fr.**

MARTIN (Gaston). — **Carrier et sa mission à Nantes.** Un vol. in-8°, 410 pages . . . . **18 fr. 75**

MEYER (Alfred). — **L'abbé Bernier, apôtre de la Vendée, négociateur du Concordat, évêque d'Orléans.** Un vol. in 8°, cartonné, vi-336 pages, un hors texte . . . . **18 fr. 75**

MEYNIER (Albert). — **Les coups d'état du Directoire. I. Le dix-huit fructidor An V (4 septembre 1797).** Un vol. in-8°, 220 pages . . . . **22 fr.**

RUDLER (Gustave). — **Michelet historien de Jeanne d'Arc.**
Tome I. — **La méthode.** Un vol. in-8°, 230 pages . . . . **12 fr. 50**
Tome II. — **La Pensée et l'art.** Un vol. in-8°, 220 p . . . . **20 fr.**

TUBERT (Capitaine). — **Archers du vieux Paris. Les trois nombres.** Étude sur les anciennes compagnies bourgeoises des 60 Arbalétriers, des 120 Archers et des 100 Arquebusiers de la Ville de Paris. Un vol. in-8°, 130 pages . . . . **15 fr.**